청중이해와
설교전달

이 강 률 지음

청중이해와
설교전달

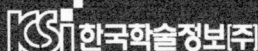한국학술정보㈜

　금번에 한국교회 설교자들에게 도움을 줄 수 있는 좋은 안내서인 이강률 목사의 귀한 글이 출간되게 되어 진심으로 축하합니다. 바쁜 목회현장에서 아주 중요한 설교에 관한 학문을 석사와 박사과정에서 연구하고 그 연구 결과물을 내어놓는다는 것은 그리 쉬운 일이 아닙니다. 그러나 이강률 목사는 목회자요 신학자로서 금번에 귀한 책을 출간하게 되었습니다.

　이 책은 학문을 하는 신학자들뿐만 아니라, 목회현장에서 하나님의 말씀을 전하는 데에 심혈을 기울이는 모든 설교자들에게 꼭 필요한 책입니다. 설교에 관심을 기울이는 사람들이라면 반드시 읽어야 할 책이며 독자들에게 큰 유익을 줄 것입니다.

　이 책은 특별히 사역의 현장에서 설교자가 되고자 하는 사람이라면 누구나 꼭 한 번 읽어 볼 것을 권합니다. 설교자는 성경본문에서 저자이신 하나님께서 무슨 말씀을 하시는지를 분명히 이해해야 합니다. 그러나 여기에서 멈춘다면 그것은 기껏해야 '주석' 내지 '성경강론'에 그칠 뿐입니다. 올바른 설교는 강해설교입니다. 강해설교란 '강해'를 기반으로 하면서 동시에 '설교'입니다. 설교는 청중을 상대로 전달되는 것입니다. 설교는 그 표적이 되는 청중에게 분명하고도 정확하게 전달되어야 합니다. 청중에게 설득력 있게 전달되어 청중을 변화시켜야 합니다. 설교자가 아무리 잘 다듬어진 설교를 전하더라도 청중이 듣지 못하고, 받아들이지 않는다면 아무런 소용이 없습니다. 따라서 설교자는 말씀을 듣는 청중을 고려하여 성경본문을 연구할 뿐만 아니라, 그에 못지않게 청중의 특성과 청중의 필요, 청중에 대한 전체를 연구하고 청중을 이해해야 합니다. 청중이해가 선행되어야 청중이 이해할 수 있는 방법으로 본문을 청중에게 보다 효과적으로 전달할 수 있고, 청중을 하나님의 의도대로 변화시킬 수 있습니다. 이러한 면에서 "청중이해와 설교전달"을 다룬 이 책은 독자들에게, 특히 설교자들에게 신선한 체험을 하게 할 것입니다.

바라기는 이 책이 신학자들뿐만 아니라, 목회현장에서 사역하시는 설교자들에게도 널리 애용되어 강단에서 설교발전이 있고, 말로만 아니라 청중인 성도들의 삶에 능력과 성령과 큰 확신의 역사가 풍성히 나타나기를 소망합니다.

주후 2008년 3월 10일
총신대학교 목회신학전문대학원 설교학 교수 정우홍

하나님의 교회를 세우고, 하나님의 나라를 확장시켜 갈 때에 설교의 중요성과 필요성을 아무리 강조해도 지나침이 없다. 그 중요성과 필요성만큼 설교는 하나님 중심, 성경 중심이어야 하며 언제나 바른 신학을 바탕으로 그 설교가 구성되고 시행되어야 한다. 그런데 그 설교가 아무리 훌륭해도 청중에게 전해지지 않으면 소용이 없다. 설교는 전달이다. 아름다운 소식을 전달하는 자들을 통하여 복음을 듣는 자들이 있게 되고, 복음을 듣는 자들에게 믿음이 생기고, 거기에서 주의 이름을 부르게 되며, 거기에 구원의 역사가 있게 된다(롬10:13-17참고). "믿음은 들음에서 난다"(롬10:17 참고). 여기에서 우리는 설교전달방법이 중요함을 발견하게 된다. 어떻게 청중의 관심을 끄는 설교를 할 것인가? 어떻게 청중을 일깨워 말씀에 반응하고 말씀대로 변화되게 할 것인가? '들려지는 설교'를 해야 한다. 그러기 위해서는 설교자는 '무엇을 전할 것인가?'와 더불어서 '어떻게 전달할 것인가?', '누구에게 전할 것인가?'에 대한 질문을 던지고 그 대답을 찾아야 한다.

그러므로 설교의 효과적인 전달을 위해서 설교자는 설교의 주권자이신 성령님의 역사하심에 순종하면서 본문에 대한 정확한 해석 못지않게 자신의 청중의 상황에 대한 정확한 이해와 그에 따른 설교전달을 해야 한다. 따라서 필자는 청중이해에 따른 설교전달의 중요성과 필요성을 청중에 대한 설교학자들의 이론에서 찾아내고, 또한 청중의 상황에 따른 사도행전의 베드로설교와 바울설교의 전달을 분석하여 청중이해에 따른 효과적인 설교전달방법을 찾아냄으로써, 이것을 토대로 청중이해에 따른 설교전달방법을 제안하고 있다.

나아가 현대한국청중의 상황에 따른 설교전달 가능성을 이야기식 설교전달의 활용에서 찾고, 현대사회의 특징에 따른 설교전달방법을 제안한다. 여기에서 청중의 상황이해와 설교전달과의 관계가 필연적인 관계로서 설교자가 청중을 향하여 설교할 때에 항상 청중의 상황을 이해하고, 청중이해에 따라, 청중을 고려해야 한다는 사실을 발견하게 된다. 고린도전서 9장 22절에서 바울사도는 "……여러 사람에게 내가 여러 모양이 된 것은 아무쪼록 몇몇 사람들을 구원코자 함이니"라고 하였다. 바울사도가 "유대인에게는 유대인과 같이 되고", "율법 없는 자에게는 율법 없는 자와 같이 되고", "약한 자들에게는 약한 자와 같이 된 것"은 바로 설교의 타당성과 효과성을 위한 성령의 위대한 사역이라고 해도 과언이 아니다. 이러한 의미에서 이번 연구는 연구한 사도행전에 나타난 베드로의 설교와 바울의 설교들이 각각 다른 형태의 청중이해에 따라 행하여졌음을 입증하고 있다. 베드로의 설교(행2:14-41, 10:34-48)와 바울의 설교(행13:13-43, 17:16-34)에서 우리는 일관된 적응 형태가 없다는 것을 발견하게 된다. 청중의 상황이해에 따라 융통성과 유연성이 있게 된다. 베드로설교와 바울설교 모두 그 설교의 주제와 목표, 도입부, 전개(설명, 증명, 적용)가 있는데, 모두 청중의 상황이해에 따라 결정되고 시행되었음을 발견하게 된다.

여기에서 우리는 동일한 한 가지의 복음, 즉 측량할 수 없는 예수 그리스도의 풍성함과 하나님 속에 감추어진 비밀의 경륜을 전하는 데에 있어서 그 설교를 여러 가지 색다른 청중들에게 전할 때에 하나의 일관된 전달 방법만 고집할 수 없다는 사실을 알 수 있다. 문제는 설교에서 '과녁'이 무엇이냐 하는 점이다. 베드로는 오순절에 특별계시(구약성경)의 권위를 인정하는 유대인들이 그 과녁이었고, 고넬료의 집에서는 유대인들이 부정하다고 여겼던(그러나 복음에 호의적인) 이방인들이 과녁이었다. 바울은 안디옥에서 특별히 '하나님을 경외하는 자들'이었고, 아덴에서는 우상숭배와 철학적 쟁론을 좋아하며 허무한 이념과 사상을 추구하는 사람들이 그 과녁이었다. 따라서 설교자는 설교의 그 과녁을 바로 정하고, 청중의 상황을 이해하고, 그 청중의 상황이해에 맞게 설교전달을 해야 한다. 급속히 변화하는 현대사회 속에서 설교자는 끊임없이 청중이해에 깨어 있어야 한다. 이에 설교자는 올바른 설교를 위하여 설교의 본문인 성경을 심혈을 기울여 연구해야 할 뿐만 아니라, 본문의 주된 사상을 재구성하여 청중들에게 설교할 때에 그 타당성과 효과성의 증대를 위하여 자신의 설교를 듣는 청중의 상황을 이해하고, 그 청중이해를 고려하여 설교전달을 해야 한다.

필자는 이상과 같은 이해를 가지고 "청중이해에 따른 설교전달 방법의 연구"라는 논문을 쓰게 되었고, 2006학년도에 총신대학교에서 박사학위 심사를 통과하여 동학교의 설교학 전공자로서 제1호 신학박사(Th.D. 설교학전공)학위를 받게 되었다. 모든 것이 하나님의 은혜이고, 아직도 모든 것이 부족하여 부끄러울 뿐이다. 여전히 고쳐야 할 것이 많고, 보충하며 채워가야 할 부분이 많다. 그러나 많은 동료목사님들과 여러분들이 이구동성으로 논문을 출판하여 나눌 것을 권함으로 이에 용기를 내어 한국교회와 설교자들에게 조금이나마 도움이 되도록 하기 위하여 본서를 출판하였다. 아무쪼록 이 책이 하나님의 말씀을 청중에게 전달하는 설교자들에게 조금이나마 도움이 되고 한국교회의 부흥에 작은 불씨가 되었으면 하는 바이다.

2007년 여름
삼례동부교회 목양실에서
저자 이강률

목 차

제4장 현대한국청중을 위한 설교전달 가능성 / 201

결 론 / 273

참고문헌 / 285

서   론

1. 문제제기

설교자의 목적은 양 떼를 세우고, 하나님의 교회를 세움으로써 하나님을 영화롭게 하는 데 있다.[1] 그러면 설교자가 무엇으로 양 떼를 세우고, 교회를 세워 가는가? 교회의 탄생과 성장에 빼놓을 수 없는 아주 중요한 요소 중의 요소는 하나님의 말씀을 충실히 전하는 설교다. 레이너(Thom Rainer)는 성도들의 "교회 등록의 결정적인 요인은 목사와 설교다"라고 말한다.[2] 교회공동체적으로나 기독교회 전체적으로 볼 때에 설교를 아무리 강조해도 지나침이 없다. "교회갱신을 위한 목회자협의회"에서 발표한 "한국장로교

---

[1] Jay E. Adams, *Preaching with Purpose: The Urgent Task of Homiletics* (Grand Rapids, Michigan: Zondervan Publishing House, 1982), 21.

[2] Rainer는 제한이 없는 질문과 복수답변이 가능한 설문조사를 근거로 교인들이 교회를 선택하고 교회에 출석하게 된 이유의 90%가 목사와 설교라고 말하면서 성도들이 교회에서 가장 도전적이며 흥미를 갖는 것도 설교(93%)라고 하고 있다. 그러면서 그는 설교자의 열정적인 설교를 강조하고 있다. Thom Rainer, *Surprising Insight from the Unchurched and Proven Ways to Reach Them* (Grand Rapids, Michigan: Zondervan, 2001), 77-124, 301-20.

교인들에 대한 의식조사"에 따르면 목사 역할의 우선순위로 설교가 67.2%로 단연 1위를 차지하였고, 뒤이어 기도(12.1%), 성경연구(8.07%), 심방, 상담(4.04%)의 순으로 나타났다.3) 사실, 한국교회에서 부흥하는 교회나 성공적인 교회성장을 이룬 교회를 섬기는 설교자들의 설교는 다른 여러 설교자들에게 많은 도전을 던져주고 있을 뿐만 아니라, 심지어 그것을 모방하는 양상으로까지 나타나고 있다. 그만큼 교회의 탄생과 유지 그리고 그 성장에 있어서 설교는 중요한 견인차 역할을 해왔고, 하고 있으며, 앞으로도 계속적으로 그 역할을 감당할 것이 틀림없는 사실이다.

서철원은 "교회의 문제는 설교의 문제이며, 개신교회에 있어서 설교는 교회의 시작과 마지막점이다"고 강조한다.4) 또한, 스토트(John R. W. Stott)는 "교회의 건강은 설교에 달려 있다"고 주장한다.5) 예수님이 신명기의 말씀을 확인하시며 말씀하셨듯이, "사람이 떡으로만 살 것이 아니요 하나님의 입으로 나오는 모든 말씀으로 살 것이라"(마4:4, 신8:3)고 하신 것은 그리스도인 개인뿐만 아니라, 교회에게도 똑같이 해당된다.

교회는 하나님의 말씀으로 살고, 자라나며, 번성한다. 말씀이 없으면 교회는 시들고 말라 버린다. 그러므로 스토트(John R. W. Stott)는 "교회는 끊임없이 하나님의 말씀을 들을 필요가 있다. 그

---

3) 이성희, 『미래목회 대예언』(서울: 규장, 1998), 113.
4) 서철원, 『복음적 설교』(서울: 총신대학교출판부, 1996), 5.
5) John R. W. Stott, *The Contemporary Christian*, 한화룡 · 정옥배 역, 『현대를 사는 그리스도인』(서울: 한국기독학생회출판부, 1993), 268.

래서 공적 예배에는 설교가 중심이 되어야 한다"고 주장한다.6) 이
러한 이유로 스토트는 "하나님의 음성이 들리게 하고 하나님의 백
성들이 그분을 순종하게끔 신실함과 민감함으로 영감된 본문을 열
어 보이는 것이 설교"라고 하면서 진지한 성경적 설교의 회복을
강조하고 있다.7) 이처럼, 기독교에서 설교가 차지하는 비중은 그
어느 것에 비교할 수 없으며, 더더욱 하나님의 음성을 듣게 하는
'하나님 중심의 설교',8) '성경 중심의 설교',9) '성령께서 주도하는
설교',10) '바른 신학을 바탕으로 한 설교'11)가 중요한 것은 아무리

---

6) 안병만, 『존 스토트 설교의 원리와 방법』(서울: 도서출판 프리셉트,
   2001), 17.

7) Stott, 267-73.

8) 정성구는 '박윤선 목사의 설교에 나타난 하나님 중심사상'을 논하면서
   이것이 설교에서의 칼빈주의의 핵심임을 강조하고 있다. 정성구, "박
   윤선 목사의 신학과 설교 연구", 신학지남(1991 여름호 통권228호),
   37-42.

9) 정성구는 '박윤선 목사의 설교에 나타난 오직 성경만(Sola Scriptura)
   의 사상'에서 '오직 성경'의 신학이 종교개혁자들과 칼빈주의자들의
   설교에서의 특색이라고 하고 있다. Ibid., 43-7. 또한 정성구는 "진정
   한 의미의 성경적 강해설교의 기준과 내용에는 '오직 성경'과 '성경전
   부'가 전제되어야 한다"고 강조하고 있다. 정성구, "강해설교론", 대한
   예수교 장로회 총회, 『목사계속교육강의집 제2권 예배와 설교』(서울:
   유니온 학술 자료원, 1990), 67-75.

10) "기독교 교회 안에서 설교하는 일은 성령을 동반하지 않는다면 완전
    히 무의미하다. 설교의 효력은 그리스도의 구원사역에 대한 성령께서
    참여하시는 것과 믿는 자의 심령에 성령께서 역사하시는 것이 서로
    일치할 때 일어난다. 설교의 역사는 성령의 역사로부터 시작되고, 성
    령의 역사로부터 그 효력이 발생한다. 따라서 설교자는 언제나 성령
    께 의지하고, 청중을 하나님의 임재 앞으로 데리고 오도록 하기 위

강조해도 지나침이 없다. 따라서 설교자는 어떠한 상황에서든지 하나님의 도우심을 구하면서 진실하게 하나님의 말씀을 전파해야 한다.[12] 우리가 하나님의 말씀인 복음을 전파하면 거기에 사람들을 구원하는 하나님의 능력이 나타난다. 왜냐하면 성령께서 모든 역사를 이루어가시기 때문이다.[13]

설교자는 언제나 복음은 사람들을 구원하는 하나님의 능력임을 믿고, 설교에서의 성령의 주권적인 역사에 의지해서 예수 그리스도와 그의 사역과 하나님의 나라를 선포해야 한다.[14] 설교자가 하

해서 성령께서 주시는 은사에 전적으로 의지해야 한다." William H. Willimon and Richard Lischer, *Concise Encyclopedia of Preaching,* 이승진 역, 『설교학 사전』(서울: 기독교문서선교회, 2003), 422-25. 참고.

11) 틸리케(H. Thielicke)는 '모든 설교의 위기는 항상 잘못된 신학으로부터 비롯된다'고 하였다. H. Thielicke, *Leiden an der Kirche Ein persönliches Wort,* 심인섭 역, 『현대교회의 고민과 설교』(서울: 대한기독교출판사, 2000), 94.

12) William Black, 박명섭 역, 『강해설교 어떻게 준비할 것인가?』(서울: 한국성서유니온 선교회, 2000), 23.

13) 서철원은 "복음이 선포되면 성령이 역사하므로 사람들이 변화된다. 복음이 그 내용대로만 제시되면 복음이 제시한 목표대로 사람들은 변화된다. 이처럼 복음선포에 기적이 발생한다. 인간 사회에서 일어나는 큰 기적은 바로 사람이 변화되는 것이다. 이처럼 복음은 하나님의 구원이어서, 선포되면 능력으로 역사한다. 이 복음 외에 다른 어떠한 길로도 하나님의 구원이 될 수 없다. 그러므로 전도자들은 언제든지 복음을 선포해야 한다."고 하였다. 서철원, 16. "복음이 선포되면 반드시 성령이 역사하사 선포를 들은 사람들이 믿음에 이르고, 그리스도인이 되며, 그리스도인으로 자라 완전에 이른다…… 말씀이 선포되고, 복음이 선포되어야 한다." Ibid., 27.

나님의 사자로서 말씀을 전할 때 '하나님의 말씀'을 바로 외치지 않으면 안 된다. 그렇지 못할 때 어떠한 외침도 합당한 기독교 설교라고 할 수 없다. 그런데 문제는 설교가 단순히 신 관념의 재정립 곧 정통성을 재확립하는 데 급급한 나머지 실생활(청중의 상황)에서는 유리되어 버린다는 데에 있다.[15]

오늘날 하나님의 비밀의 말씀을 "청중"[16)에게 전할 때에 여러 가지 장애가 있으며, 그에 따라 설교의 영향력이 떨어지는 일이 많다.[17) 그중에서도 설교자가 일방적으로 외치기만 함으로써 청중

---

14) Ibid., 31-48.
15) Haddon W. Robinson, *Biblical Preaching*, 정장복 역, 『강해설교의 원리와 실제』(서울: 대한기독교출판사, 1999), 14-5.
16) "청중이란 …… 우리의 커뮤니케이션을 수행할 때 염두에 두는 그 대상을 가리킨다." H. Lloyd. Goodall, Jr. and Christopher L. Waagen, *The Persuasive Presentation*: *A Practical Guide to Professional Communication in Organizations* (New York: Harper & Row, Publishers, 1986), 28.
17) 오늘날 설교의 장애 요소가 많다. 설교자가 지나치게 주관적인 설교를 함으로써 본문과는 상관없는 자기 사상을 전하는 경향이 있고, 청중의 귀를 가렵게 하려고 예화중심, 시사중심의 설교를 하다가 본문의 저자이신 하나님의 말씀을 놓쳐버리고, 또한 설교자가 삶으로써 모범을 보여 주지 못함으로 설교의 영향력이 줄고 있는 것이 사실이다. 또한 옛 시대에 비하여 설교자의 권위가 약화되어 가고, 급속도로 변화하는 세상에서 적응하다가 영성이 흐려지고 무디어가는 교인들, 영상매체 등의 발달로 설교의 영향력이 현저하게 줄어들고 있는 실정이다. 그래서 교회는 이제는 설교만으로는 안 된다고 하면서 제자훈련, 전도폭발훈련, 가정생활세미나, 각종 강연회 등등 많은 프로그램 등에 관심을 쏟는다. 물론 필요한 부분이지만 하나님의 말씀을 청중들에게 전하는 설교의 영향력이 줄어든다는 데에 그 문제

과의 "커뮤니케이션"18)이 없는 설교가 현대설교에서 회복되어야 할 아주 중요한 문제점 중의 하나다. 로사도(Caleb Rosado)는 오늘의 시대 속에 하나님 말씀의 선포와 증거라는 측면에서 보면 현대교회가 직면해 있는 가장 큰 장애물은 교회가 현대사회의 특징에 대한 이해에 실패하고 있다는 점이라고 주장한다. 특히 현대사회가 어떻게 변화되고 있는지에 대한 이해에 있어 교회의 실패는 복음 전달의 실패와 연결된다고 본다.19) 나름대로 설교를 잘 준비했다고 하더라도 설교자가 청중을 이해하지 못했을 때 그 설교는 허공에 맴돌기 쉽다.20) 청중이 설교를 듣지 못하면 그것은 설교의 비극이다. 라이드(C. Reid)는 설교에 대한 그의 비판을 7가지 범주

의 심각성이 있는 것이다. 그 밖에 기복주의적 설교, 도덕과 윤리적 설교, 철학적 설교, 회개가 없는 설교 등이 설교가 설교되지 못하게 하고 있으며, 설교자가 일방적으로 외치기만 할 뿐 청중과의 커뮤니케이션이 없는 설교도 수정되어야 할 문제점이다.

18) "우리가 우리 자신을 정의하고, 자신을 결정하며, 우리의 자기 가치(self-worth)와 자존감(self-esteem)을 결정하고, 우리의 강약점을 배우며, 우리가 사는 환경에 대해 영향을 끼치는 것 등은 실상 다른 이들과의 커뮤니케이션에 대한 반응을 통해서다" H. Lloyd. Goodall, Jr. and Christopher L. Waagen, 27.

19) Caleb Rosado, "The Nature of Society and the Challenge to the Mission of the Church", *International Review of Mission,* no.77 1988, 22.

20) 라이드(Reid)는 "오늘의 설교는 대부분 듣는 사람(청중)의 형편과 무관한(irrelevant) 것이어서 설교가 현대인들이 필요로 하는 것에 도달하고 있지 못하다"고 하면서 설교자의 청중이해의 문제점을 지적하고 있다. C. Reid, *The Empty Puldit,* 정장복역,『설교의 위기』(서울: 대한기독교출판사, 1988), 22.

로 세분화하였다.

> (1) 설교자들은 고어체를 지나치게 자주 사용한다.
> (2) 대부분의 설교는 지루하고 단조롭고 청중의 관심을 끌지 못한다.
> (3) 오늘날의 설교는 현실과 무관할 때가 많다.
> (4) 오늘날의 설교는 담대하지 못하다.
> (5) 대부분의 설교는 청중과의 의사소통에 실패하고 있다.
> (6) 현대 설교는 영혼을 변화시키는 힘이 미약하다.
> (7) 대부분의 설교는 과장하여 말한다.[21]

라이드(C. Reid)의 비판은 현대설교가 청중과의 의사소통에 실패하고 있다는 것이며, 그는 이러한 현상을 현시대의 설교가 처한 위기의 가장 근본적인 문제라는 지적이다. 중세의 종교개혁이 이루어졌던 것도 청중으로 하여금 듣지 못하게 한 로마 가톨릭 때문이었음을 우리는 기억해야 한다. '믿음은 들음에서 나온다.' 따라서 '듣게 하는 설교'가 필요하다. 이를 위해서는 설교자와 청중과의 막힘이 없는 커뮤니케이션이 필요하다. 설교에서 성령의 주권적인 역사를 믿는다고 해서 청중과의 커뮤니케이션을 무시해서는 안 된다. 오히려 성령의 역사는 서로 교통(交通)하는 데 있다. 그런데 오늘날 여전히 많은 설교자들, 특히 보수교단의 설교자들 가운데 상당수가 설교를 듣는 청중에 대한 고려 없이 본문만을 일방적으로 외치기만 함으로써 청중으로 하여금 하나님의 말씀과 자신

---

21) Ibid., 20-9.

의 삶과는 멀리 떨어진 별개의 것으로 여기게 만든다. 그럼으로써 설교자의 외치는 소리가 설교의 목적인 청중의 변화를 이끌지 못하고 청중으로 하여금 오히려 방황하게 하고 영적인 환자에서 벗어나지 못하게 한다.

이러한 이유로, 로우리(E. L. Lowry)는 "어떤 난감한 질병으로 의사를 찾아온 환자에게 정확한 진단이 중요한 것처럼, 설교 임무의 핵심적인 것은 명확한 진단이요, 설교의 가장 큰 약점 하나는 진단을 제대로 못 내리는 것이라고 하면서 바른 분석과 진단을 위하여 설교자는 청중과 함께 분석과 진단의 과정을 경험해 가야 한다"고 강조하고 있다.[22] 따라서 크래독(F. B. Craddock)이 보는 것처럼, 설교는 "설교자에게서 청중에게 나아가는 일방통행이 아니라, 설교자와 청중이 함께 참여하는 공동의 행위"[23]로서 쌍방적인 커뮤니케이션(Communication)으로 이해해야 한다.[24] 또한, 설교자는 설교를 준비하는 단계에서부터 자신의 설교를 듣는 사람들이 누구인지에 대해 생각해야 하며,[25] 설교가 완성되기 위해서는 반드시 청중이 필요하다는 것을 확신하고,[26] 설교자의 청중이 처

---

22) Eugene L. Lowry, *The Homiletical Plot,* 이연길 역, 『이야기식 설교구성』(서울: 한국장로교출판사, 2001), 51-64.

23) Fred B. Craddock, *As One Without Authority,* 김운용 역, 『권위 없는 자처럼』(서울: 예배와 설교아카데미, 2003), 73-5, 223-5. Willimon and Lischer, 656-7.

24) 한진환, "어떻게 청중 중심의 설교를 할 것인가?" 김상복, 박영선 외, 『이제는 감동 중심 설교보다는 성화 중심 설교를 해야 교인들이 변한다』(서울: 나침반출판사, 1998), 15.

25) Black, 82.

한 상황을 명확히 알고 청중을 바로 이해해야 한다.

물론, 우선적으로는 공동체와 성도들의 삶을 위하여 성경본문을 해석하여 전하는 것이 설교다.[27] 하지만 설교자가 커뮤니케이션(Communication)에 대한 이해와 청중의 중요성에 대한 인식이 결여된 상태에서 설교한다면 그 설교는 제대로 전달되지 못할 것이 분명하다. 설교자가 본문에 대한 정확한 해석 못지않게 의사소통의 한 축을 이루고 있는 청중의 위치, 청중의 중요성에 대해서 눈이 열려야 한다. 설교자가 청중에 대해 열려 있고 청중에 대한 폭넓은 이해를 할 때에 보렌(Rudolf Bohren)이 말한 것처럼, 설교를 통하여 "하나님에 대한 가장 이해하기 쉬운 증명을 만들어낼 수 있다."[28] 설교자와 청중이 공통의 정보, 공통의 관념, 공통의 코드를 가질수록 설교는 허공에 머물지 않고 잘 박힌 못과 같이 청중의 마음 판에 자리하게 된다.

설교자는 성경본문이 기록된 그 당시에 하나님께서 무슨 말씀을 하셨는지 이해해야만 한다. 그러나 만일 설교가 거기에서 끝나고 만다면 그것은 불완전한 것이다. 설교의 표적인 청중에게 분명하게, 설득력 있게, 확신 있게 전달되어야 한다. 설교자가 아무리 잘 다듬어진 설교를 전하더라도 청중이 받아들이지 않는다면 아무 소용이 없다.[29] "강해설교의 목적이란 설교를 듣는 사람들의 삶의

---

26) Craddock, 74.

27) Willimon and Lischer, 272.

28) Rudolf Bohren, *Predigtlehre*, 박근원 역, 『설교학원론』(서울: 대한기독교출판사, 2003), 14.

변화에 있다."30) 그러므로 설교자는 성경본문을 연구하듯이 청중의 특성, 청중의 필요, 청중 전체를 연구하고 알아야만 한다. 설교자가 청중을 보는 눈이 열려야 설교의 위기를 극복할 수 있으며, 설교에서 청중의 이해가 선행되어야 본문을 청중에게 효과적으로 전달할 수 있으며, 본문의 세계와 오늘의 청중 세계를 만나게 하여 청중을 본문이 제시하는 하나님의 세계 속으로 이끌어 설교의 궁극적 목적인 청중의 변화를 가져올 수 있다.31) 따라서 본 연구에서 '청중이해에 따른 설교전달방법'을 연구하는 일은 효과적인 설교전달과 설교발전에 기여할 것이 분명하다.

2. 연구의 목적

"강해설교란 성경본문의 문맥에 맞는 역사적, 문법적, 문학적 연구를 통하여 발굴하고 알아낸 성경적 개념을 전달하는 것으로서,

---

29) Rick Ezell, *Hitting A Moving Target: Preaching To The Changing Needs Of Your Church*, 민병남 역, 『설교, 변화하는 청중을 사로잡으라』(서울: 생명의말씀사, 2004). 205-7.

30) 류응렬, "적용을 향해 나아가는 개혁주의 강해설교", 『신학지남』(서울: 신학지남사, 2005 여름호/통권 제283호), 232.

31) 정창균, 『고정관념을 넘어서는 설교』(수원: 합동신학대학원출판부, 2002), 13.

성령은 그 개념을 먼저 설교자의 인격과 경험에 적용시키고, 그 다음에 설교자를 통하여 청중에게 적용시킨다."[32] 따라서 설교자의 메시지는 성경본문에서 출발하지만 동시에 청중의 상황에 적실성이 있어야 한다. 설교가 청중의 상황에 적실성이 있어야 설교의 효과가 증대된다는 사실은 누구도 부인할 수 없다. 적용의 적실성 때문에 설교자는 자신의 설교를 듣는 청중의 상황에 따라 설교의 본질은 그대로 유지하면서 그 설교전달방법을 달리할 필요가 있다. 왜냐하면 하나님의 말씀으로 변해야 할 청중은 어떤 특정 생활 상황에 처한 사람들이기 때문이다. 따라서 설교자는 그 설교가 항상 특정한 상황(context)에서 행해진다는 사실을 기억하고 설교전달을 해야 한다. 설교는 단일상황보다는 함께 상호작용하고 있는 복합적인 상황들 속에서 행해진다. 물리적으로 그리고 현상적으로 설교는 지금 교회의 한 공간에서 진행되고 있지만 청중과 설교자의 마음과 설교가 담고 있는 세상은 그 공간을 초월한다. 설교환경은 청중들의 개인적인 삶과 청중들의 가족과 이웃, 그들이 속한 지역과 국가와 나아가 지구촌의 다양한 이슈들을 자유롭게 넘나든다. 여기서 말하는 상황(context)은 교회의 한정된 공간이라는 물리적인 면뿐만 아니라, 감성적이고 지적이고 행동적이다.[33] 결코 정적이지 않다. 복합적인 상황들이 서로 작용하면서 항상 변화한다. 그러므로 설교자는 변하지 않는 진리인 복음의 관점에서 변하는 청

---

32) Robinson, Haddon W. *Biblical Preaching,* 정장복 역, 『강해설교의 원리와 실제』(서울: 대한기독교출판사, 1999), 16.

33) R. Allen, *Interpreting the Gospel*(St. Louis: Chalice Press, 1998), 19.

중의 상황을 이해해야 한다.

설교자는 성경 말씀이 청중 내 각 개인에게 적용되어 그들의 삶에 변화를 일으키기 위하여 필연적으로 각 개인 내면의 상태와 그가 처한 시대정황을 자세히 파악할 필요가 있고, 그 파악한 청중이해를 바탕으로 본문의 핵심사상을 효과적으로 전달하기 위하여 '청중이해에 따라 설교전달'을 해야 한다.34) 따라서 설교자는 하나님 말씀인 성경본문에 대한 이해뿐만 아니라, 청중을 연구하여 바로 이해하고, 청중이해에 따라 설교를 전달하여, 청중이 설교를 듣고 변화를 받도록 해야 한다.

우리는 이처럼, 청중을 이해하고, 청중의 상황에 적응하여 동일한 그리스도의 복음이 그 온갖 상황에 맞게 재구성되어 설교되었음을 사도행전의 베드로설교(2장, 10장)와 바울설교(13장, 17장)에서 발견하게 된다.35) 우리는 베드로설교와 바울설교를 청중중심으로 연구함으로써 설교에서 청중이해의 중요성과 필요성을 실감하게 될 것이 확실하며, 또한 '청중에 대한 이해가 설교의 전달방법에 영향을 미친다.'는 사실을 발견하게 될 것이다. 연구에서 발견된 결과를 근거로 청중이해에 따른 설교전달방법을 제안하고, 급

---

34) 청중의 상황을 이해하고 그에 따라 설교전달을 이루어갈 때에 언제나 놓치지 말고 전제해야 할 것은 "성경 중심의 설교, 하나님 중심의 설교, 성령의 역사 중심의 설교, 바른 신학을 바탕으로 한 설교"이다. 이것이 없이는 설교에 생명이 없는 것이다.

35) 베드로의 설교(행2:14-41과 행10:34-48)와 바울의 설교(행13:13-43과 행17:16-34)에서 우리는 '청중의 상황이해와 설교전달방법 사이에 관계'가 있음을 발견하게 된다.

속히 변화하는 현대한국청중을 위한 설교전달가능성을 제안코자한다. 이러한 연구를 통하여 설교자의 설교가 청중들의 이해력에 적응되는 설교의 타당성과 설교의 효과성의 증대를 가져올 것을 기대한다. 또한 이러한 연구를 통하여 측량할 수 없는 예수 그리스도의 풍성함과 하나님 속에 감추어진 비밀의 경륜을 전하는 데에 보다 더 효과적으로 설교할 수 있는 바람직한 강해설교를 위한 전략과 전술을 얻게 될 것을 확신한다. 나아가 본 논문을 통하여 한국교회설교자의 설교 발전과 설교의 역동성에 작으나마 공헌하리라고 확신한다.

3. 연구의 배경과 한계

옛 시대에 주어진 하나님의 말씀을 오늘의 상황에 적실하게 전해야 하는 설교는 그 상황의 변화에 민감해야만 생명력을 유지할 수 있다. 토플러(Alvin Toffler)는 현대를 가리켜 "변화에 의해 압도되고 있는" 시대로 묘사하면서 그러한 변화에 적응하는 것을 재빨리 터득하지 못한다면 커다란 붕괴에 처하게 될 것임을 경고한다.[36] 이러한 경고에 부응이라도 한 듯 사회변화에 적응하지 못한

---

36) Alvin Toffler, *Future Shock*(New York: Random House, 1970), 3-4.

서구교회는 현 사회의 급격한 변화와 함께 과거에 비하여 서구 사회 속에서 그 역할과 영향력이 감소되어 가고 있다. 남인도교회 선교사로 35년의 사역을 마치고 고향인 영국으로 돌아온 뉴비긴 (Lesslie Newbigin)은 사회의 변화가 교회를 침몰시키고 있음을 발견하면서 이제 기독교 국가로 알려져 있던 서구 사회가 '선교지'(mission field)가 되어야 함을 주장한다.[37]

현대사회의 급격한 사회문화적인 변화는 21세기 교회 사역, 특히 설교자의 설교사역에 커다란 도전으로 다가오고 있다. 여기에 설교자는 올바른 해석자(interpreter)로 서서 그 임무를 다해야 한다. 성경본문에 대한 해석자로 바로 서 있을 뿐만 아니라, 사회문화적인 해석자, 청중에 대한 해석자로서 하나님의 종이 되어야 한다. 해석을 통해 얻게 된 이해를 바탕으로 하나님의 메시지를 청중들에게 적절한 방법을 통해 효과적으로 전달해야 한다.

시대가 흐를수록 세상은 더욱더 급변할 것이다. 급변하는 시대에 상관성(relevance)이 중요한 관점으로 다가 온다. 만일 설교자들이 청중들의 상황을 제대로 파악하지 못한다면 그 설교는 공허한 메아리로 남게 된다. 급변하는 시대 속에 살아가는 청중들의 요구에 응답할 수 있는 설교가 되어야 한다. 설교가 사람들의 흥미를 끌지 못하고, 설교에서 청중들이 떠나가고, 더 이상 삶에 영향을 끼치지 못하게 된다면 그 결과는 너무도 어두울 수밖에 없다.

따라서 본 연구자는 급속히 변화하는 시대에 설교자들이 하나님의 말씀인 성경본문에 대한 연구 못지않게 청중들을 바로 알고 이

---

37) Lesslie Newbigin, *Unfinished Agenda*(London: SPCK, 1985), 3-80.

해하여 청중들이 듣는 효과적인 설교전달방법을 얻기 위하여 본 논문을 쓰게 되었다. 급변하는 시대에 뒤쳐지지 않고 청중의 상황 변화에 적응하는 설교전달방법을 얻어 효과적인 설교전달을 하고자 이 논문을 쓰게 된 배경이다. 특별히, 청중에 대한 이해를 베드로설교와 바울설교를 통하여 성경적인 청중이해를 보다 깊이 알아가며, 성경적인 설교전달방법을 알아가고자 한다.

　근래에 와서 많은 설교학자들이 청중에 대한 많은 연구를 통하여 설교자들의 관심을 청중에게로 돌리고자 힘쓰면서 청중의 상황에 맞는 설교를 강조하고 있다. 본 논문도 여기에 맥락을 같이 하는 면이 있다. 그러나 본 논문은 현대설교학자들이 인본주의적 청중이해를 함으로써 하나님의 말씀을 전달하기보다 청중의 흥미에 치우치는 면을 배격한다. 물론, 설교는 청중들이 살고 있는 그 상황에 대한 '생활 상황설교'일 필요가 있다. 그러나 이에 집착한 나머지 다른 복음(갈1:6-8)을 전한다면 위험천만한 일이다. 그러므로 철저하게 성경에 입각한 복음적인 설교를 해야 한다.[38] 성경을 하나님의 말씀으로 알고 성경중심의 복음적인 설교가 청중을 하나님의 의도대로 변화시킨다.

　복음적인 설교라 하더라도 그 전달방법은 얼마든지 달리할 수 있다. 우리는 사도행전의 베드로설교(2장, 10장)와 바울설교(13장, 17장)가 온갖 다른 청중의 상황에 대한 깊은 이해와 또 그 이해를 바탕으로 전개되었음을 발견한다. 청중이해가 설교전달방법과 깊

---

38) R. G. Turnbull, *A History of Preaching Vol.3* (Grand Rapids: Baker, 1974), 58.

은 관계가 있다. 이 논문을 통하여 얻게 될 결과가 변화하는 시대에도 변하지 않는 하나님의 말씀을 전하는 설교자의 설교사역에 활력을 줄 것을 기대한다.

그러나 본 논문의 연구에 한계가 있다. 각종 논문이 집결되어 있는 국회도서관이나 국립중앙도서관에서 검색 결과 '설교에서의 청중'에 대한 연구논문으로 석사논문은 다수 있으나 박사논문은 이장연의 "청중분석을 통한 효과적인 설교 방안 연구"(RTS, D. Min) 외에 발견하지 못하였다. 또한 최근 많은 설교학자들이 설교에서 청중을 말하고, 그 설교전달을 말할 때에 그들의 이론이 너무 청중중심으로 치우쳐 있음으로써 본 논문이 요구하는 성경중심, 하나님 중심의 청중이해라는 맥락에서 한계가 있다. 그러나 청중중심의 이론이라 하더라도 그들의 이론을 통하여 성경적인 청중이해를 이끌어내고, 그 이해에 따라 설교전달방법을 연구하는 일은 의미가 있다고 할 것이다. 특히 성경, 사도행전에 나타난 베드로설교와 바울설교를 집중 연구하여 설교전달방법을 제시하고자 한다. 청중에 대한 이해는 같은 장소, 같은 시간, 같은 청중임에도 불구하고 설교자에 따라 다르고, 청중개인에 따라 다를 수가 있다. 이에 사도행전에 나타난 베드로와 바울의 설교를 청중중심으로 살펴 설교전달방법의 원리를 찾고, 오늘의 청중들을 본문의 의도대로 변화시키는 효과적인 설교전달방법을 얻고자 한다.

4. 연구의 논제 질문

　본 연구의 중요 논제 질문은 '청중이해에 따른 설교전달을 어떻게 효과적으로 할 수 있을까?'이다. 이것은 가장 성경적인 설교라 할 수 있는 강해설교를 전제하고서 하는 말이다. 성경본문의 원저자이신 하나님의 의도를 오늘의 청중들에게 바로 전달하기 위해서는 우리는 분명히 성경본문을 성령의 조명하심을 따라 심혈을 기울여 연구해야 한다. 그러나 설교는 '강해'로만 그쳐서는 안 된다. 설교는 '강해'와 동시에 '전달'이 잘 이루어져야 한다. 이를 위하여 설교자는 성경본문에 대한 연구와 더불어 그 메시지를 받는 청중들을 연구하여 청중에 대한 바른 이해를 가지고 있어야 한다.

　시대는 급속도로 변화하고 있다. 청중들의 사고와 삶의 방식들이 하루가 다르게 변하고 있는 세상이다. 여기에서 우리가 청중의 현장을 무시한 채, 내용만 외치기만 하면 설교는 그 효과가 미약할 수밖에 없다. "설교자가 청중에게 자기의 사상을 직접 전달할 수 있다고 생각하는 것은 착각이다. 설교자가 주해 작업을 해서 떠오른 메시지를 언어나 문장이나 기호를 통해서 청중들에게 전달할 때에 청중들은 그것을 받아서 자기의 신호체계하에서 해석하여 의미를 파악하게 된다. 여기에서 문제가 되는 것은 정확성의 문제이다. '설교자가 전하려는 사상을 언어라는 도구로 기호화할 때에 얼마나 정확하게 옮겼느냐?' 또는 '설교자가 사용하고 있는 기호신호가 청중들이 가지고 있는 기호신호와 잘 일치하느냐?'의 문제가 발생한다. 따라서 설교자는 어떤 어휘를 선택하고 어떤 신호를 선택할 때에 '청중들이 이것을 어떻게 이해할 것인가?', '청중들의 신호체계는 어떠한가?', '내가 전달하고자 하는 바를 청중들이 제대로 파악할 수 있을 것인가?' 하는 것을 반드시 생각해야 한다."[39] 과거에는 설교자의 관심이 '무엇을 전할 것인가?'에 그 관심이 치우쳤다면, 이제는 그 질문과 더불어서 '어떻게 전할 것인가?'에 대한 관심을 갖자는 것이며, 이를 위해서는 '누구에게 전할 것인가?'에 대한 질문을 던져야 하는 것이다. 이상적인 것은 설교자는 언제나 '무엇을, 어떻게, 누구에게 전할 것인가?'에 대한 물음을 가지고 있어야 한다.

설교자와 청중들이 공통의 정보, 공통의 관념, 공통의 기호 체계를 가질수록 효과적인 커뮤니케이션이 이루어진다. 이러한 의미에서 설교는 근본적으로 쌍방의 커뮤니케이션으로 보는 것이 타당하다. 설교에 대한 전통적인 사고는 설교를 일방적 커뮤니케이션으로 이해하였다. 그래서 설교자가 메시지를 잘 준비해서 청중에게 일방적으로 전달하였다. 그러나 일방적 커뮤니케이션으로는 효과를 거둘 수 없다. 설교는 선포의 면도 있지만, 동시에 설교는 대화이다. 오츠(Wayne Oates)는 설교자가 청중들에게 일방적으로 전달하는 설교에 대하여 아주 비판적으로 고찰하였다.

초대교회 때 복음의 진리가 전달되는 형태는 쌍방 커뮤니케이션이었는데 서구 세계의 수사학파가 기독교의 메시지를 전하게

---

39) 한진환, 13-14. 참고.

되었을 때 그들은 기독교 설교를 아주 다른 형태의 것으로 만들어 버렸다. 즉 웅변이 대화를 대신하게 되었다. 웅변가인 설교자 한 사람의 위대함이 예수 그리스도의 놀라운 사건을 대신해 버렸다. 그리고 말하는 사람과 듣는 사람의 대화는 독백 형식의 설교 속으로 사라져버렸다.[40]

그렇다면, 오늘날 가능한 조치는 무엇일까? 설교를 대화식으로 바꿔버릴 것인가? 아니다. 설교를 대화식으로 하지 않는다 하더라도 설교는 청중과의 대화라는 사실에 설교자들이 눈이 열리면 되는 것이다. 비록 말로써 이루어지는 대화는 아니라 하더라도 정신적으로, 영적으로, 또 설교를 준비하는 모든 자세에서 항상 대화하는 기분으로 하면 된다. 더 나아가 설교를 준비할 때뿐만 아니라, 설교 도중에도, 설교 후에도 마찬가지다. 청중이해에 따라 같은 본문의 내용이라 하더라도 그 내용을 효과적으로 전달하기 위하여 다양한 방법을 사용할 수 있다. 그러므로 먼저 청중을 이해하는 것이야말로 그 본문을 그 청중에게 효과적으로 적용시킬 수 있는 중요한 과제다.

설교는 과거에 주어진 본문을 오늘의 신앙 공동체를 위하여 해석하여 전달하는 것이다. 과거에 주어진 본문과 오늘의 청중이라는 단절 사이에서 설교의 상황화는 그 필연성을 갖게 된다. 따라서 설교는 고대의 본문이 지금 여기의 청중에게 전달되게 하기 위하여 본문을 청중의 상황으로 가지고 오는 것이다. 그리하여 두

---

40) Ibid., 17.

개의 다른 상황의 만남이 설교를 통하여 이루어진다. 그러나 본문이 가지고 있는 초문화적 혹은 초상황적 내용은 청중으로 하여금 변화를 일으킬 것을 요구한다. 본문에 의한 청중의 재상황화가 이루어진다. 이 변화야말로 설교의 궁극적인 목적이다. 그러므로 설교자는 어떻게 하면 본문이 요구하는 변화가 청중에게 일어날 수 있을 것인지를 고민해야 한다. 그러기 위해서는 성경본문에 대한 이해 못지않게 청중이해가 중요하다. 설교는 성경본문에서 출발하지만 동시에 청중이해에 따른 청중의 상황에 적실성이 있어야 한다. 따라서 설교자는 반드시 그 청중의 상황을 연구하고, 청중을 이해하여 성경본문이 청중에게 적용되어 그들의 삶이 변하게 해야 한다. 그러한 방안을 도출하기 위하여 "청중이해에 따른 설교전달을 어떻게 효과적으로 할 수 있을까?"라는 질문을 배경에 두고 이 논문을 쓴다.

5. 연구의 의의

본 연구는 아래와 같이 몇 가지 중요한 의의를 갖는다.

첫째로, 지금까지의 전통적인 설교사역이 본문에서 '무엇을 전할 것인가?'에 치중함으로 인하여 '어떻게 전할 것인가?'에 소홀히 하였으나 본 연구는 '무엇을 전할 것인가?'를 전제하고, 설교에 있어서 청중을 바르게 이해하고, 그에 따라 '어떻게 전할 것인가?'와 '누구에게 전할 것인가?'를 발전시켜 그 설교의 적용의 적실성을 높이자는 데에 그 의의가 있다. 설교자는 본문 지지의 의도인 핵심사상을 일관성 있게 청중에게 전달할 때에 그 전달하는 내용을 청중으로 하여금 듣게 만들어야 한다. 왜냐하면 '믿음은 들음에서 나며, 들음은 그리스도의 말씀으로 말미암기 때문이다(롬10:14-17 참고).' 아무리 좋은 설교라고 해도 청중이 듣지 못한다면 그것은 아무 소용이 없다.

둘째로, 성경본문의 핵심사상은 변하지 않지만, 시대가 급속도로 변화하는 시대에 설교자들은 변화하는 청중의 상황에 적응하여 보다 효과적으로 복음을 전하자는 데에 그 의의가 있다. 그러므로 본 연구는 설교자들에게 효과적인 설교를 하도록 도전을 주며, 활력을 줄 것이 틀림없다.

셋째로, 본 연구는 청중이해를 다루고 있지만, 그 지향점은 바람직한 성경적인 설교인 강해설교다. 본문으로부터 저자의 의도인 핵심사상을 도출해 내어, 여러 재료를 동원하여 청중에게 알맞게 재구성하여, 청중의 생활상황에 적용하되, 본문의 의도대로 청중을 효과적으로 변화시키자는 데에 그 의의가 있다. 청중이해를 말하지만 먼저 본문에 대한 충분한 이해를 전제로 한다.

따라서 본 연구를 통하여 설교현장에서 청중이해가 효과적으로 이루어지고, 성경본문의 의도가 청중에게 막힘없이 전달되어 그 적용의 적실성이 증대되기를 희망한다. 또한 한국교회 설교자의 설교 발전이 이루어지고, 그리하여 한국교회가 하나님의 말씀 가운데서 질적으로, 양적으로 성장하기를 기대한다.

6. 연구의 방법과 범위

본 연구는 실천신학적, 설교학적 입장에서 시행된다. 하나님의 말씀을 청중에게 전달(Communication)하는 설교가 본문에서 성경의 저자이신 하나님이 의도하신 의미를 이끌어내어 청중에게 그 말씀을 전하는 하나님 중심, 성경 중심이어야 함을 전제하면서 설교에서 청중에 관한 부분에 연구의 초점을 맞추고자 한다. 먼저, 청중에 대한 설교학자들의 연구결과를 토대로 설교에서 청중의 위치와 청중이해의 범위를 논하면서 청중이해의 중요성(필요성)을 살펴보고, 청중이해의 한계성도 지적하고자 한다. 특별히 사도행전에 나타난 베드로설교와 바울설교를 중심으로 "청중이해에 따른 설교 전달방법을 연구"함으로써 설교에 있어서 청중의 이해에 따른 설교전달의 필요성을 성경적으로 밝혀내고자 한다. 이렇게 함으로써 설교자의 청중이해의 중요성을 부각시키고, 청중이해에 따른 설교구성의 맥(설교전달 방법)을 찾아가며, 현대한국청중의 상황에 대한 적용가능성을 찾아보고자 한다.

본 논문의 기본 자료로는 Haddon W. Robinson의 *Biblical Preaching*, John MacArthur외의 *Rediscovering Expository Preaching*, Fred B. Craddock의 *Preaching*, H.J.C. Pieterse의 *Communicative Preaching*, Thomas Grier. Long의 *The Witness of Preaching*, Eugene L. Lowry의 *The Homiletical Plot*, C. Reied의 *The Empty Puldit*, Rudolf. Bohren의 *Predigtlehre*, Myron R. Chartier의 *Preaching as Communication: An Interpersonal Perspective*, James F. Engel의 *Contemporary Christian Communications: Its Theory and Practice*, H. Lloyd. Goodall, Jr. and Christopher L. Waagen 의 *The Persuasive Presentation: A Practical Guide to Professional Communication in Organizations*, Craig A. Loscalzo의 *Preaching Sermons That Connect: Effective Communication through Identific-ation*, Duane Litfin의 *Public Speaking: A Handbook for Christians* 등이 사용되었으며, 그 밖에 일반 설교학 교재와 설교학에 관련된 일반 학문의 책들이 다수 사용되었다. 또한 성경으로는 *The Greek New Testament* (United Bible Societies), *New International Version of The Holy Bible* (International Bible Society), 『한글개역성경』 (대한성서공회)이 사용되었으며, 이 밖에 각종 성경주석들이 사용되었다.

각 장의 개요는 다음과 같다.

1. 서론에서는 문제의 제기, 연구의 목적, 연구의 논제질문 그리고 연구의 의의와 방법과 범위에 대하여 논한다.
2. 설교에 있어 청중이해의 중요성 내지 필요성을 설교학자들이 먼저 연구한 내용을 중심으로 설교학적인 관점에서 살핌으로써 설교에 있어서 청중의 위치를 확인하고, 청중의 상황이해에 따라 청중을 고려하여 설교가 진행되어야 하는 이유를 찾아낸다. 또한 설교에서의 청중이해의 범위와 그 한계(위험성) 그리고 그 한계극복방안을 논하고자 한다.
3. 사도행전에 나타난 베드로와 바울의 설교, 즉 행2:14-41과 행 10:34-48에 나타난 베드로의 설교와 행13:13-43과 행 17:16-34에 나타난 바울의 설교의 전달을 분석함으로써 설교에 있어서 "청중의 이해와 설교전달방법 사이에 관계"가 있음을 찾아낸다.
4. 사도행전에 나타난 베드로설교와 바울설교전달을 분석함으로써 나타난 결과를 토대로 설교전달방법을 제안하고자 한다.
5. 연구된 결과가 어떻게 구체적으로 오늘의 한국청중에 적용가능한가를 논하고자 한다.
6. 결론에서는 앞에서 제시된 문제들을 비판적으로 평가하고 현대설교에 대한 종합적 제안을 하고자 한다.

제
1
장

청중의 이해의 중요성과
필요성

로빈슨(Haddon W. Robinson)은 설교자들이 자기청중이해가 설교에서 열쇠인 것을 지적한다.[41] 따라서 그는 설교자가 청중들에게서 들어야 할 것을 말하면서 피드백(feedback)이야말로 커뮤니케이션(Communication)의 활력이라고 강조한다.[42]

설교에서 성경본문을 잘 해석하여 하나님의 의도를 정확히 전해야 하는 일은 아무리 강조해도 지나침이 없다. 그러나 설교는 진실하게 작성되고 전달되어야 한다. 아무리 본문을 잘 해석한 설교라 하더라도 청중을 잠들게 함으로써 청중에게 전달되지 못하면, 그것은 헛수고만 할 뿐이다. 그러므로 설교의 전달을 위해서는 설교자의 청중의 상황에 대한 이해가 필요하다. 청중을 알지 못하고 설교하는 것은 설교자의 직무유기이다. 아무리 실력 있는 의사라 하더라도 환자를 진단하지 않고 처방하는 일은 없다. 또한 잘못 진단하면 오히려 환자의 병을 더 키울 수도 있으며, 같은 병명의 환자라 하더라도 처방의 강도에 차이가 있게 된다. 마찬가지로, 영

---

41) Haddon W. Robinson, *Making a difference in preaching: Haddon Robinson on Biblical Preaching,* Edited by Scott M. Gibson(Grand Rapids: Baker Books, 1999), 118-28.

42) Ibid., 129-35.

혼의 의사라고 할 수 있는 설교자들이야말로 청중들에 대한 정확한 진단과 처방이 필요한 것이다. 만일, 청중의 상황이 축하의 자리요, 잔치자리인데 경직된 가운데 회개하라고만 외친다면 그 메시지가 본문에 충실했다 하더라도 청중의 마음 문은 꽉 닫혀질 것이다. 또한 청중의 상황이 죄악 가운데 있어 회개해야 할 형편인데 듣기에 좋은 설교, 축복의 설교만 한다면 그것도 문제이다. 만일, 사랑하는 사람을 잃고 슬픈 가운데 있는 청중에게 무작정 찬양을 호소하는 일 또한 그에 적합하지 않은 일이다. 그러므로 설교자들은 자기 청중을 알고 이해하기 위하여 전심전력해야 한다.

설교는 근본적으로 영혼들을 돌보는 일의 일부이다. 그리고 그 영혼들을 돌보는 일은 청중을 철저히 이해하는 일을 포함한다.[43] 따라서 모든 설교자는 자신의 설교를 듣는 청중에 대한 올바른 관점과 이해를 가지고 있어야 한다. 어떤 면에서 특정 설교는 설교자가 나름대로 가지고 있는 청중에 대한 내면적 이해의 발현(manifestation)이라고 할 수 있다. 청중을 어떻게 보고 있느냐의 시각과 관점이 특정 설교를 만들어내는 동인으로 작용하고 있는 것이다.[44] 예를 들면, 로우리(Eugene L. Lowry)가 지적한 것처럼, "일단 한 사람이 타락과 죄, 소외 등에 대한 그 사람의 입장을 밝혔다고 한다면 그 사람은 이치에 맞는 정확성으로 상응하는 구원의 교리를 전할 수 있을 것이고, 죄라는 것이 무지(Ignorance)의

---

43) J. M. Reu, *Homiletics*: *A Manual of the Theory and Practice of Preaching*(Grand Rapids: Baker, 1967), 129.

44) 이승진, 『설교학 I』(천안: 천안대기독신학대학원, 2003), 26.

어떤 형태라고 믿으면서 인간의 상황에 대해 꽤나 낙관적인 입장을 취하는 사람들은(그들이 일관된 입장을 가지고 있다면) 그리스도를 교사로 강조할 것이다. 지혜는 구원의 수단이다. 인간을 희망 없는 무능력자 혹은 덫에 빠져 헤어 나올 수 없는 자로 보는 사람들은 거기에 걸맞은 'high' 기독론을 주장할 것이다. 대속이 구원의 열쇠가 될 것이다."[45]

이와 같이 설교자는 자신의 설교를 듣는 청중의 삶의 현장을 이해하게 될 때에 거기에 맞게 설교를 작성하고 말씀을 선포하게 된다. 문제는 설교자가 청중에 대하여 얼마나 균형 있게 구체적으로 이해하고 있느냐이다. 피터스(Pieterse)는 "설교자들이 회중의 구체적인 상황에 익숙하지 않을 때 설교가 성경 편향적인 경향을 띠게 되므로, 교구민들의 필요에 따라 메시지를 잘 전하기 위하여 설교자는 그들의 상황에 익숙해야 한다"[46]고 지적하고 있다.

물론 설교는 오늘의 청중에게 하나님의 음성을 듣게 해주는 작업으로서, 옛 시대에 주어진 하나님의 말씀인 성경을 오늘의 하나님의 소리로 재생시키는 데 있어서는 그 중심은 언제나 "종교 개혁자들의 정신과 같이 하나님 앞에서, 오직 하나님의 영광을 위해서 오직 믿음, 오직 성경, 오직 은혜"[47]로서 "하나님 중심"이어야 하고, 하나님의 말씀인 "성경 중심"이어야 하는 것은 사실이다. 하

---

45) Lowry, 51.
46) H.J.C. Pieterse, *Communicative Preaching*, 정창균역, 『설교의 커뮤니케이션』 (수원: 합동신학대학원출판부, 2002), 203.
47) 정성구, "박윤선 목사의 신학과 설교 연구"(신학지남, 1991 여름호 통권228호), 54.

지만 역사적으로 옛 시대에 주어진 하나님의 말씀인 성경본문을 오늘의 청중들을 위하여 시대상황에 맞게 해석하는 작업이 필요하다. 정일웅 교수는 "성경은 해석되지 아니하고 설교될 수 없다 …… 역사적인 하나님의 말씀을 이 시대적 상황에 처한 사람들에게 지금 살아계셔서 말씀하시는 하나님의 음성으로 듣게 하는 것이 설교자의 임무"라고 지적하고 있다.48) 하나님의 말씀을 청중으로 하여금 듣게 하려면, 과거에 주어진 본문과 오늘의 청중이라는 단절 사이에서 설교의 "상황화"는 그 필연성을 갖게 된다.

그러므로 설교자는 성경본문에 대한 정확한 해석 못지않게 청중의 상황에 대한 이해가 있어야 필요하다. 청중을 이해하지 못하고 일방적으로 독백만 한다면, 그것은 설교의 비극임에 틀림이 없다. 그러므로 설교자는 먼저, 청중의 상황을 충분히 이해하고 알아야 한다. 보렌(Rudolf Bohren)은 다음과 같이 말함으로써 설교에서 설교자의 청중의 상황에 대한 이해의 중요성을 강조한다.

> 하나의 설교자는 그 다섯 장소를 바꿀 때마다 다른 설교자가 되며, 청중이 달라지면 설교자 자신도 달라지는 것이다…… 나의 청중은 언제나 같은 청중이라고 해도 설교의 경우에는 달라지게 된다.49)

---

48) 정일웅, 『기독교 예배학 개론』, (서울: 솔로몬 출판사, 1996), 239.
49) Bohren, 198-9.

청중의 상황에 대한 이해가 없는 설교는 그 전달에 실패함으로써 설교의 효과성을 떨어뜨리게 된다. 따라서 설교자는 효과적인 설교전달을 위해서 반드시 청중의 상황에 대한 이해가 요구된다.

이러한 의미에서 '설교의 구성요소'[50] 중의 하나인 청중에 대한 올바른 이해가 요구되는 것이다. 우리는 이제 설교에서의 청중의 위치와 청중에 대한 이해의 범위를 살펴봄으로써 청중이해의 중요성(필요성)을 발견하고 그에 따른 설교전달의 필연성을 발견하게 된다. 그러나 청중이해의 중요성이 강조되더라도 분명히 설교에서 그 중심축이 성경본문에서 멀리 떨어지고, 지나치게 청중중심으로 치우침으로써 생기는 청중이해의 한계가 있음을 지적함으로써 올바른 성경적인 강해설교를 지향하고자 한다.

---

50) 일반적으로 설교를 설교되게 하는 설교의 핵심적인 요소를 '하나님', '설교자', '성경', '청중'의 4가지로 말한다. 다만, 학자에 따라 조금은 다르게 구분하는 경우도 있다. 토마스 롱(Thomas Grier Long)은 '그리스도의 임재', '설교자', '설교의 메시지', '청중'의 4가지 요소로 말하고 있다. Thomas Grier Long, *The Witness of Preaching*, 정장복 · 김운용 역, 『증언으로서의 설교』(서울: 쿰란출판사, 1998), 30. 후레드 크래독(Fred B. Craddock)은 '성령', '설교자', '성경', '청중'을 설교를 구성하는 핵심요소로 이해하고 있다. Fred B. Craddock, *Preaching*, 김영일역, 『설교』(서울: 도서출판 컨콜디아사, 2001), 28-37.

1. 청중의 위치

설교에서 청중은 일정한 위치에 자리한다. 하나님 앞에 나와 있는 존재로서 하나님과 일정한 관계를 가지며, 하나님의 청중을 향한 말씀인 성경과의 관계, 하나님의 말씀을 해석하여 설명하고 증거하고 그 말씀을 청중에게 호소하는 설교자와의 관계, 설교자가 옛 시대에 주어진 성경본문을 해석하고 오늘의 청중을 해석하여 오늘의 청중이 하나님의 의도된 말씀을 듣고 하나님의 의도대로 변화하도록 하는 설교와 밀접한 관계에 있다.

(1) 하나님과 청중

청중은 하나님과의 언약적 관계에 있으며, 동시에 하나님과 세상 사이에 역설적 긴장관계에 있다. 나아가 성령의 역사와 밀접한 관계에 있다.

1) 하나님의 언약백성으로서 청중

로이드 존스(D. M. Lloyd-Jones)가 "교회가 자신이 그리스도인이라고 주장하는 사람들 혹은 그렇게 생각하는 사람들 그리고 단순히 교회에 출석하는 사람들을 모두 그리스도인으로 간주하고 있음으로써 설교자는 기존신자에게 하듯 설교할 것이고 거기에는 복음적 요소가 결여될 것이며, 따라서 회심이 일어나지 않을 것이라는 점에서 위험하고 잘못되었다"고 지적함으로써51) 신앙이 없이 출석하는 사람들을 배려한 복음적 설교를 해야 한다는 것에 협의의 의미 속에서 동의한다. 그러나 광의의 의미 속에서 올바른 청중이해의 출발점은 청중을 하나님 앞의 존재로 이해하는 데에서 시작된다. 청중은 그의 신분이 하나님과 생명의 언약관계를 맺고 있으며 이제 하나님의 말씀을 듣기 위해 하나님 앞에 모인 하나님의 백성으로 하나님께 대한 믿음을 가지고 있다.52) 물론, 교회들마다 있을 법한 몇몇의 불신자의 경우 설교를 통해서 하나님께 대한 믿음이 시작될 수도 있고, 불신자인 상태로 그대로 머물 수도 있다. 하지만 오늘날 한국교회에 출석하여 하나님 앞에 예배를 드리며 설교자를 통하여 메시지를 듣는 대부분의 청중은 하나님의 은혜를 따라서 구원을 받은 하나님의 백성으로 보는 것이 타당하다. 또한 성경말씀이 어떤 특별한 개인에게만 주어진 것이 아니다. 신앙공동체인 하나님의 백성에게 주어졌다. 따라서 청중은 신앙을 바탕으로 한 공동체적(Communal) 성격을 지니며, 하나님과 언약적 관계에 있다. 따라서 성경적 설교의 특성은 고유의 대중적인 호소를 지니고 있음이 분명하다.53)

---

51) D. M. Lloyd-Jones, *Preaching & Preachers* (London Sydney Auckland Toronto: Hodder and Stoughton, 1971, reprint, 1998), 146.

52) 이승진, 27

하나님의 백성인 청중은 하나님께 대한 믿음과 인식을 가지고 있으며, 설교를 통하여 자신들의 인식과 믿음을 공적으로 확인받기를 원한다. 설교를 통하여 전혀 새로운 사실을 접하는 것으로가 아니라, 이미 아는 것을 배움으로써 성장하게 된다.54) 따라서 크래독(Fred B. Craddock)은 "교회가 이미 가진 메시지를 구체적으로 표현해 내는 설교자의 능력은 교인들이 설교에 열성적으로 참여하도록 하는 데 기여하는 중요한 요소"라고 하고 있다.55) 설교는 새로운 사실을 선포하고 가르치는 측면도 있지만 청중은 하나님과의 영적인 관계를 맺고 있으며 예수님의 말씀처럼, 예수님도 자신의 양을 알고 양 역시 예수님의 음성을 알기 때문에(요10:14), 설교자의 메시지가 청중이 가진 하나님께 대한 이미지와 믿음에 부합하고 그것을 확증시켜 줄 때에 청중은 자신의 믿는 바가 확증되는 가운데 안정감을 누릴 수 있게 된다. 만일 설교자가 청중이 이미 가진 칭의에 대한 교리를 전혀 강조하지 않는다면 청중은 변화된 삶의 중요성을 이해하지 못하게 된다.56) 그러므로 설교자는 하나님과의 언약적 관계에 있는 청중을 바로 이해하고, 청중이 익숙한 청중의 자리에서, 청중과 함께 걸어가면서 그 청중으로 하여금 안

---

53) R. Larry Overstreet, *Biographical Preaching: Bringing Bible Character to Life* (Grand Rapids: Kregel Publications, 2001), 40.

54) Craddock, 55.

55) Ibid., 54.

56) Keith J. Hardman, *The Spiritual Awakeners: American Revivalists from Solomon Stoddard to D. L. Moody* (Chicago: Moody Press, 1983) 40.

정된 가운데 하나님께 대한 믿음이 점점 커가도록 돕는 설교를 해야 한다. 이 점에 대하여 크래독(Fred B. Craddock)은 다음과 같이 지적한다.

> 설교자가 레코드 상점을 방문해 봄으로써 인식과 친밀성에 대해서 많은 것을 배울 수 있다. 젊은 사람들이 들어오면 하나의 테이프를 여러 번 들어보고 그것을 사게 된다. 사람들은 이미 아는 것에 친밀하다. 연주회에 가서 가장 잘 알려진 음악에 대해 가장 큰 박수가 터져 나오는 것을 주의해서 보라.[57]

우리의 설교사역은 오늘 당장에 내가 전하는 메시지를 통해서 무슨 회심의 역사나 감동의 역사가 일어나야 하는 문제 이전에 하나님의 백성들이 하나님의 말씀을 듣는 가운데 하나님의 하나님 되심과 자신의 영적인 존재를 재확인해가며, 그 모임 가운데 임하시는 하나님을 좀 더 분명하게 인식하며 그를 경배하는 지속적인 과정이다. 일반적으로 설교에 대한 청중의 반응은 오랜 시간이 지나는 동안 그 모든 과정에서 겪는 수많은 경험과 수많은 설교를 듣고, 수많은 것들이 복합되어 나타난다는 사실을 기억해야 한다. 물론, 예외도 있겠지만 설교자의 단 한편의 설교로만 반응한다고 보는 것은 큰 착각일 가능성이 크다. 설교자가 모든 것을 다할 수 있다고 오해해서는 안 된다. 설교에 대한 청중의 반응은 청중의 수많은 삶의 과정(경험)이 쌓여서 나타난다. 그 삶의 과정에 하나

---

57) Craddock, 56.

님께서 간섭하시고 하나님께서 청중의 변화를 이루어 가신다. 설교자는 그 한 과정에서 수종 드는 일꾼일 뿐이다. 청중을 변화시키시기 위해 설교자를 통해 일하시는 하나님의 일꾼 말이다. 이러한 의미에서 마이런 차티어(Myron R. Chartier)는 다음과 같은 질문을 던지고 있다.

> 설교에서 바라는 효과(결과)가 획득된다고 해도, ① 설교자는 어떻게 그런 획득이 설교와 직접적으로 연관된다는 것을 안단 말인가?, ② 그러한 획득이(메시지 때문이라기보다 오히려) 다양한 원천들로부터 오는 여러 가지 진행적 메시지들(ongoing messages) — 이들은 메시지 이전에, 메시지와 더불어, 혹은 메시지 이후에 나타나는데 — 때문일 수는 없겠는가?, ③ 설교자는 화살(메시지)과 바라던바(혹은 바라지 않던바) 어떤 이의 반응 사이의 관련여부를 어떻게 판단하겠는가?, ④ 설교자는 어떤 이의 반응이 바로 그 화살(자신이 전한 메시지)에 대한 것이고, 다른 수천의 궁수들이 오랜 기간에 걸쳐 쏜 화살들에 대한 것이 아니라고, 어떻게 확신할 수 있겠는가?[58]

오랜 시간 수많은 과정을 통해서 성도의 믿음이 자라가고 그를 향한 하나님의 거시적인 목적을 향해서 종말론적으로 진행해가는 과정에서 설교자와 청중은 함께 선포되는 가운데 드러나는 하나님의 임재와 그 은혜를 누릴 수 있는 것이다. 설교를 지속적인 순례의 과정으로 이해할 때에 설교의 강조점은 윤리적이고 도덕적인

---

58) Myron R. Chartier, *Preaching as Communication: An Interpersonal Perspective* (Nashville, Tennessee: Abingdon, 1981), 16.

적용을 강요하는 것이 아니라, 그 순례의 과정 속에서 늘 우리와 함께 하시는 다양한 하나님의 모습 — 늘 우리를 참아 기다리시는 하나님, 공의와 진실로 우리를 판단하시는 하나님 — 을 꾸준히 선포하면 된다. 청중의 변화는 메시지로부터 그러한 하나님, 자기가 늘 감지해왔지만 어렴풋했던 하나님을 발견할 때, 그리고 그 하나님의 모습이 청중의 내면에 강하게 자리잡게 될 때 적용과 실천이 자연스럽게 뒤따르게 된다. 청중을 변화시키려고 하기 이전에 변화의 주역이 되시는 하나님의 모습을 이슬비처럼 꾸준히 선포하고 보여주면 된다.59) 이를 위하여 설교자는 하나님과의 언약적 관계에 있는 청중을 바로 이해해야 한다.

2) 하나님과 세상 사이에 있는 청중

청중은 하나님과 언약을 맺었으나 지금 현재 그들은 그 언약이 위협을 당하고 있는 이 세상 속에 살아가고 있는 존재이다. 따라서 청중은 하나님과 세상 사이에서 역설적 긴장을 유지하고 있는 존재이다. 청중은 비록 하나님을 바라보지만 그들에게는 해결되지 않은 삶의 실존적인 고뇌가 있으며, 하나님께 대한 믿음으로 모든 것이 해결될 것 같음에도 불구하고 이 모든 것은 여전히 해결되지 않음으로 말미암은 믿음의 역설적 실상에 직면하면서 그것에 대해 고뇌하고 또 그 현실을 부둥켜안고서 살아가야 하는 존재이다.60)

---

59) 이승진, 30-1.
60) Ibid, p.28.

이러한 역설적인 삶의 실상 때문에 청중은 하나님의 말씀을 들으러 강대상 앞에 모일 때 자신의 마음속에 뿌리 깊게 자리잡고 있는 이 역설을 말씀 앞에 내어놓기를 원한다. 그리하여 이 역설이 말씀 앞에서 해결되든지, 해결의 방향이 제시되든지, 아니면 최소한 역설이 설교에서 다루어지기를 기대하고 있다. 그러므로 설교자는 하나님과 세상 사이에서 역설적 긴장을 소유하고 있는 청중의 상황을 보다 더 적극적으로 알아야 하며, 그것을 이해하고 설교에서 다루어야 한다. 그렇게 함으로써 청중은 설교 중에 하나님을 만나는 체험을 하고, 삶의 현장에서 그 하나님과 동행하는 삶을 이루어가게 된다.

3) 성령의 역사로 변화되는 청중

설교는 처음부터 마지막까지 성령의 역사로 시작되고, 성령의 역사로 결실을 이루게 된다. 성경에 나타난 하나님의 마음을 알기 위해서는 성령의 역사가 필요하다.[61] 또한 하나님의 의도대로 청중을 변화시키는 설교전달사역도 성령의 역사로 가능하다. 따라서 성경을 해석할 때에 설교자는 성령의 역사에 의지해야 하고, 잘 해석된 말씀을 청중들에게 전달할 때에도 성령의 역사에 의존해야

---

61) 맥아더(John MacArthur)는 "성령의 조명하시는 역사를 떠나 객관적인 하나님의 계시인 성경을 옳게 이해한다는 것은 불가능하다……능력 있는 설교로 이끄는 성경의 명백한 이해는 성령의 조명하시는 역사 없이는 불가능하다."고 하였다. John MacArthur, *Rediscovering the Expository Preaching*(Chicago: Moody, 1992), 102.

한다. 설교자는 자신의 설교가 청중을 향한 '성령의 조명하시는 역사' 없이는 아무것도 성취할 수 없다는 사실을 기억해야 한다.[62] 청중을 이해하고 그 청중이해에 따라 설교전달을 이루어갈 때에 언제나 전제되어야 하는 것은 설교가 설교되게 하고 청중을 변화시키는 모든 설교 역사(役事)의 주인공은 성령 하나님이시라는 사실이다.

설교의 주체는 하나님이시다. 이에 설교자는 그 마음속에서 성경본문이 말하고자 하는 메시지를 전달할 때 말씀을 잘 적용해야겠지만 설교자 자기 마음대로 설교본문을 끝없이 적용해서 쓰려고 하지 말고 본문의 특수한 구속사적인 의미에 초점을 맞추면서 청중을 향해야 한다. 이를 위하여 설교자는 설교에서 설교사역의 출발점인 성령의 역사(役事)하심에 대한 바른 이해와 성령의 인도하심에 순종하는 자세와 태도를 지녀야 한다. 설교자는 그 설교가 다루는 성경본문 속에서 인격적인 하나님을 만나야 하며, 그 하나님의 음성 앞에서 결단하고 하나님께서 자신에게 요구하는 바에 순종할 수 있어야 한다. 블랙(William Black)의 지적처럼, "설교자

---

62) 능력 있는 설교는 오직 성령에 의해 조명된 하나님의 사람이 성령에 의해 영감된 계시의 말씀을 성령에 의해 조명된 청중을 향해 명백하고 권위 있게 강해할 때에 발생하는 것이다. 조명(illumination)이란 하나님의 말씀의 의미를 깨닫도록 신자의 영안을 여는 성령의 역사를 말한다. 거기에는 설교자와 청중이 포함된다. 하나님의 목적과 역사적으로 과거 계시는 성령의 현재 역사 없이는 정확하게 이해될 수 없다. 신자(청중)에게 적용될 때 '조명'은 단순히 성령께서 교리를 깨닫게 하시고 그것을 삶에 적용케 하시는 그의 지속적인 역사이다. Ibid., 102-3.

는 성령께서만 하실 수 있는 것을 하시게 해야 한다."63) 설교라는 것은 본래 하나님을 위해서 말씀을 전하여 청중을 하나님의 임재 앞으로 데리고 오도록 하기 위해서 성령께서 주시는 은사에 전적으로 의지하는 카리스마적인 행위(a charismatic act)이기 때문이다.64)

설교자의 가장 큰 의무는 본문에 담긴 성령의 목적을 파악하는 것이다. 성령의 목적을 모르고 설교한다는 것은 성령을 무시하는 행위이다. 설교를 할 때 한 가지 주제로 통일을 이루고 보존해야 하는 이유는 균형이나 조화 등 문학적 이유들 때문이 아니라, 본문에 대해 성령께서 의도하신 목적에 초점을 맞추고 그것에 충실하게 위해서이다.65) 하나님의 깊은 것까지라도 살피시면서 성령께서는 하나님이 원하시는 목적지로 청중(성도)들의 삶을 이끌어 가신다(고전2:10). 바로 이러한 의미에서 설교가 성령 하나님의 역사라고 말하는 것은 정확하고 필연적이다.66) 하나님으로부터 나온

---

63) 블랙(W. Black)은 설교자는 성령께서만 하실 수 있는 것을 하시게 해야 한다고 하면서 설교자는 다음 세 가지를 인정해야 한다고 하였다. ① 설교자는 성령님만이 사람의 진정한 필요가 무엇인지를 아신다는 사실을 인정해야 한다. ② 설교자는 성령님만이 사람의 마음을 여실 수 있다는 사실을 인정해야 한다. ③ 설교자는 성령님만이 사람들로 하여금 자신의 죄를 깨닫게 하시고 그들에게 믿음을 주실 수 있음을 인정해야 한다. William Black, 77-8.

64) Willimon and Lischer, 422.

65) Jay E. Adams, *Preaching with Purpose*: *The Urgent Task of Homiletics*(Grand Rapids, Michigan: Zondervan Publishing House, 1982), 25.

66) Willimon and Lischer, 422.

말씀으로서 설교는 단순한 인간의 말로서가 아니라 반드시 신적인 권위에 의하여 선포되어야만 한다. 설교에 있어서 이러한 신적인 권위의 차원은 신약성경에서 설교의 위임이 주어질 때에 충분히 확증되고 있다(마28:18-20). 그리고 그리스도에 의하여 부름을 받은 제자들은 안수를 받고 그의 이름으로 설교할 권위를 받는다. 제자들은 예수 그리스도의 이름으로 병자를 고쳤고 귀신을 쫓아냈으며 하나님 나라가 가까웠음을 선포하였다(막3:14). 이러한 사역의 위임 속에는 성령론적인 기름부음에 관한 결정적인 국면이 담겨져 있다.[67] 교회의 대표자들로서 그리스도의 복음을 설교할 사람들을 구별하여 파송하는 것은 성령께서 주도하시는 일이다(행13:2-3). 따라서 하나님의 복음을 전파하는 설교하는 일은 성령께서 역사하시지 않는다면 완전히 무의미한 것이다.[68]

설교의 효력은 그리스도의 구원사역에 성령께서 참여하시는 것과 청중의 심령에 성령께서 역사하시는 것이 서로 일치할 때 일어난다. 성령의 역사로 말미암을 때 기독교의 설교는 확신 있게 구원의 능력들을 증거할 수 있다. 법정에서의 증인처럼 성령 하나님은 설교의 메시지를 청중에게 증언하면서 설교에서 제기된 주장의 진실성을 청중에게 확증시켜 준다. 그렇게 하면서 성령께서는 청중으로 하여금 메시지에 대한 믿음과 불신의 평결과 결단을 요구한다. 이것이 바로 칼빈이 말한 성령 하나님의 내적 증거이다. 하나님의 말씀을 믿는 바로 이 능력은 하나님의 능력으로서 청중 속

---

67) Ibid., 423.
68) Ibid., 424.

에서 역사하고 계시는 성령 하나님께서 주신 은혜의 결과이다(롬 10:14-17). 이러한 성령의 내적인 역사로 말미암아 청중은 예수 그리스도를 믿고 구주로 받아들이며 그리스도와 함께 영적인 몸인 교회의 일부로 연합되어 가는 것이다.[69]

그러므로 설교자가 설교를 할 때 모든 면에서 성령 하나님께 의지해야 한다. 오직 성령에 의해서만 청중은 성경으로부터 하나님의 말씀을 들을 수 있다. 성령께서는 살아 있는 하나님의 말씀을 설교자에게 들려주며 이 말씀이 생명을 살리는 메시지로서 청중에게 들려지도록 만들어주신다. 성령께서는 설교를 듣게 될 청중의 심령과 그들의 정황을 분별하고 그들의 영적인 삶을 인도하기 위하여 설교준비과정과 전달과정 속에 역사하신다. 이러한 과정은 설교를 통하여 성령께서 청중에게 나누어주시는 은사 그 자체인, 청중에게 믿음을 부어주는 것뿐만 아니라 그 믿음을 자라게 하고 깊어지게 하는 것까지도 포함한다.[70]

설교사역의 처음과 끝, 모두가 성령 하나님의 주권적인 사역임에 틀림이 없다. 따라서 설교자는 설교에서 성령의 역사에 대한 분명하고도 바른 이해를 가지고 설교전달을 이루어가야 한다. 이것은 청중의 상황을 이해하고 그에 따라 설교전달을 이루어갈 때에 언제나 놓치지 말아야 할 진리요, 설교의 본질이다. 설교자가 설교에서 성령 하나님이 주권을 가지고 역사하심을 이해하고, 믿고, 성령의 지배를 받으며 성령 충만할 때에 그는 청중이해에 적

---

69) Ibid., 425.
70) Ibid.

응한 효과적인 설교를 할 것이 틀림이 없다. 바로, 사도행전에 나타난 베드로설교와 바울의 설교 모두가 다 성령의 역사하심 속에서 이루어졌고, 성령께서 열매 맺게 하셨다. 설교자가 언제나 설교에서 성령의 사역에 대한 바른 이해를 가지고 있고, 성령의 인도하심을 받는 가운데 본문에 대한 바른 해석을 하며, 성령의 인도하심을 받는 가운데 청중에 대한 바른 이해를 가지고 설교전달을 이루어감으로써 청중을 성령하나님의 의도대로 변화시킬 수 있게 된다.

(2) 성경과 청중

청중은 설교의 상황에서 하나님과 관계를 맺고 있을 뿐만 아니라, 성경과도 독특한 관계를 맺고 있다. 설교의 핵심적인 목표를 선포된 메시지를 통해서 청중으로 하여금 하나님의 임재하심을 깨닫고 그 앞에 합당한 순종의 반응을 이끌도록 하는 것이라고 볼 때에 청중이 하나님의 임재 앞으로 인도함을 받게 되는 것은 물론 설교자가 선포하는 메시지를 통해서 그 앞으로 인도함을 받지만 이 메시지는 설교자 개인에게서 나오는 것이 아니라 성경으로부터 나온 것이다.[71] 그러므로 설교자의 성경관은 아주 중요하다. 성경에 대한 자세에 따라 설교가 결정되는 것이다. 류응렬은 개혁주의 설교자가 지녀야 할 성경관을 아래와 같이 제시하고 있다.

---

71) 이승진, 31.

첫째, 성경은 영감된 하나님의 계시다. 계시란 하나님이 스스로 드러내는 것을 가리킨다. 하나님은 성경을 통하여 자신을 계시하였으며 성경에서 우리가 발견해야 하는 것은 삼위일체 되신 하나님에 대한 모든 것이다. 둘째, 성경은 하나님의 진리의 말씀으로서의 절대적 권위를 지니고 있다. 여기서 '절대적'이란 말은 중요하다. 성경은 그 시대와 청중에 따라 진리성이 달라지는 것이 아니다. 하나님이 변함이 없는 분이시듯 하나님의 모습을 가장 잘 계시하고 있는 성경도 시대와 상황에 변함없는 영원한 진리이다. 셋째, 성경말씀을 통해 하나님은 오늘도 말씀하신다. 개혁주의 설교자는 말씀을 고정된 문자로 볼 것이 아니라 하나님의 영이 살아 움직이는 역동적인 진리 자체로 보아야 한다. 즉 성경자체가 하나님께서 우리에게 말씀하시는 통로가 된다는 사실이다. 성경에 대한 이러한 인식은 성경을 대하는 설교자로서의 자세를 바꾸어 놓는다. 진리의 말씀 앞에 주님을 대하듯 경외감이 있다. 주님의 숨결이 있고 주님의 피가 흐르고 하나님의 사랑이 배어 있는 말씀으로 대하게 된다. 개혁주의 강해설교를 표방하는 설교자가 지녀야 할 첫 자세가 이 하나님의 말씀에 대한 절대적 권위와 신앙을 견지하는 것이다.[72]

하나님의 임재를 지향하는 메시지라면 그 설교에서 청중은 성경과 필연적인 관계를 맺고 있는 것이다. 이 관계는 성경이 설교의 상황에서 청중과 맺는 두 가지의 관계를 통해서 더욱 분명하게 이해될 수 있다.

---

72) 류응렬, "개혁주의 강해설교가 나아가야 할 다섯 가지 방향", 신학지남(2005년 · 가을호/통권 제284호), 206-207.

1) 하나님 앞에서 성경의 중재를 받는 청중

하나님의 임재하심을 지향하는 설교의 상황에서 성경은 하나님과 세상의 역설적 긴장 속에 위치한 청중으로 하여금 하나님의 임재하심 안으로 이끌림을 받을 수 있도록 하는 일종의 중재적 역할을 감당하고 있다. 하나님은 위에 계시거나 청중의 인식 영역 밖에 거하시고 청중은 세상 속에 속하여 있고 이 두 요소 사이에는 역설적인 긴장이 존재하고 있으며 청중은 그 긴장을 붙들고 강단 앞으로 나아온다면 그 긴장을 해소시키면서 청중을 하나님의 임재의 영역 안으로 이끌어 들이는 역할을 하는 것이 바로 성경이다.[73]

칼빈(John Calvin)은 "창조주 하나님을 알려 하는 모든 사람에게 안내자와 교사로서 성경이 필요하며, 하나님은 우리에게 성경을 통해서만 자신에 대한 실제적인 지식을 알려 주신다"고 하였으며,[74] "노안이나 약한 시력을 가지고 있는 사람들이 안경의 도움을 받아 책을 분명히 읽는 것처럼, 성경은 하나님께 대한 지식을 우리 마음속에 모아주고 우리들의 어리석음을 제하여 주어 참하나님을 분명히 보여 준다"고 하여 하나님 앞에서 성경의 중재를 받아야 하는 청중을 말하고 있다.[75] 또한 코메니우스(J.A.Comenius)도 우리를 창조주에게로 되돌아오게 하는 하나님의 말씀인 성경을

---

73) 이승진, 31.

74) John Calvin, *Institutes of The Christian Religion.* vol.Ⅰ.6.1.『기독교강요Ⅰ』(서울: 바라, 1989), 95.

75) Ibid., 96.

통한 범지혜의 학습을 말하고 있다.[76]

성경을 제외하고서는 하나님을 만나거나 하나님의 임재하심 안으로 우리가 들어갈 수 있는 방안이 없다. 그러므로 칼빈(John Calvin)은 "성경을 떠나면 우리는 모두 오류에 빠지게 된다."고 하였다.[77] 또한 그는 오류에 빠지지 않기를 바라면서 다음과 같이 말하였다.

> 우리가 하나님의 말씀으로부터 빗나간다면 우리가 아무리 빨리 달려갈지라도 이미 트랙에서 벗어나 있으므로 결코 골인점에 도달할 수가 없다. 우리는 사도 바울이 '가까이 가지 못할'(딤전 6:16) 것이라고까지 말한 하나님의 광채 나는 모습은 말씀의 실마리가 우리를 인도해 주지 않는 한 불가해한 미로에 지나지 않는다는 것을 생각해야만 한다. 그러므로 정로를 벗어나 최대 속도로 빨리 달리는 것보다는 옳은 길에 들어서서 걸으면서 가는 것이 나을 것이다.[78]

성경에서 보여주고 있는 하나님의 말씀을 통해서, 하나님께서 역사 속에서 일하셨던 구원사의 기록을 대하면서 그리고 하나님의 역사하심에 대한 성도들의 반응을 읽는 가운데 우리는 우리와 하나님 사이의 영적인 간격이 좁혀지면서 하나님의 임재하심 안으로 이끌리게 되는 것이다. 따라서 성경은 하나님의 임재를 추구하는

---

76) Van der Linde, *Die Welt hat Zukunft,* 정일웅 역, 『미래를 가진 하나님의 세계』(서울: 여수룬, 1999), 85.

77) John Calvin, 98.

78) Ibid., 99.

설교적 상황에서 청중의 역설적 긴장을 해소하는 중재적 역할을 감당하게 된다. 이러한 의미에서 우리는 설교전달을 할 때 언제나 그 설교의 바탕을 성경에 두고 청중의 상황을 이해하며 설교전달을 해야 함을 잊지 말아야 한다.

2) 성경과 긴장 관계에 있는 청중

성경은 하나님의 계시의 말씀이기는 하지만 하나님 그 자체는 아니다. 성경은 청중을 하나님께로, 그의 임하시는 영적인 인식의 영역 안으로 이끌어 들이는 매개체이다. 다시 말해서 청중은 하나님뿐만 아니라, 그 하나님께로 인도하는 성경과도 여전히 긴장관계에 있다. 이 긴장의 관계를 한마디로 해석학적 긴장의 관계라고 말할 수 있다. 왜냐하면 하나님과 청중의 긴장관계는 성경을 통해서 해소되지만, 성경 역시 청중과도 어느 정도 긴장관계에 있으며 성경을 통해서 하나님에게로 나아가고자 할 때에 청중은 자신의 해석적인 노력을 통해서 그 긴장을 극복해야 하기 때문이다. 이러한 해석적 긴장관계 때문에 청중은 설교의 현장에서 안정감 이외에 참된 이해를 얻으려는 욕구를 가지고 강단 앞에 나오는 것이다.[79] 하나님 앞에 나아가기를 원하는 청중들의 소망은 전체 예배에서는 물론이고, 설교에서도 기대된다.[80]

---

79) Van der Geest, *Presence in the pulpit: The impact of personality in preaching* (Atlanta: John Knox, 1981), 28-9.
80) Craddock, 107.

62

청중은 하나님과 세상 사이의 긴장에서 야기된 문제가 성경을 설교하는 가운데서 이해되고 그 답답함이 해소되기를 기대하고 강단 앞에 나아오는 것이다. 버트릭(Buttrick)은 설교에서 청중이 가지고 있는 이러한 해석학적 욕구는 청중 자신의 신학적 존재로부터 필연적으로 파생된다고 한다.[81] 청중은 하나님과 세상의 양극단 사이에 위치하기 때문에 자연히 믿음의 갈등 문제에 직면하게 되고, 설교는 이러한 문제에 대하여 나름대로의 영적인 해결책을 담고 있는 성경을 설교하는 것이기 때문에 설교가 성경을 해석할 때 이러한 문제에 대한 나름대로의 해답이 제공되기를 기대하는 마음으로 설교를 듣는 청중의 요구에 응답할 수 있어야 한다. 여기에서 설교자는 교육할 기회를 갖게 된다. 설교자가 이러한 청중에 대한 이해와 확신이 있어야만 설교 준비에 있어서나 실제 설교에 있어서 설교자의 능력이 가지고 있는 모든 힘을 발휘할 수 있게 된다.[82]

(3) 설교자와 청중

하나님의 임재를 추구하는 설교에서 청중은 하나님과 성경 이외에 설교자와도 관계를 맺고 있다. 브룩스(Phillips Brooks)는 "설교란 택함 받은 설교자가 그 시대의 커뮤니케이션을 통하여 청중에

---

81) David Buttrick, *Homiletics: Moves and structures*(Philadelphia: Fortress, 1987), 41.
82) Craddock, 129-130.

게 하나님의 말씀인 성경의 진리를 선포하고 해석하여 이 진리를 사람들의 삶에 적용하는 것"이라고 하였다.[83] 설교는 하나의 전달이다. 그리고 그 전달은 쌍방간에 일어난다. 그렇기 때문에 설교에 있어서 설교자와 청중의 관계는 간과할 수 없는 중요한 부분이다.

우리가 설교자와 청중과의 관계를 다룰 때 '설교자에 대한 이미지들'[84]을 중심으로 살펴보면 설교에 있어서 설교자와 관계에 있는 청중을 보다 더 풍성히 이해하게 된다. 여기에서는 말씀의 전령(Herald), 목양자(Pastor), 이야기 전달자(Storyteller), 증인(Witness)의 이미지를 중심으로 살펴보고자 한다. 그러면 이러한 이미지들을 가진 설교자와 청중과의 관계는 어떠한가? 설교자는 왜 설교가 진행될 때에 청중의 위치를 확인하고, 청중을 감안하여 설교를 해야 하는가? 우리는 다음에서 그 해답을 얻게 된다.

---

83) Phillips Brooks, *Lectures on Preaching*(Grand Rapids: Baker Book House, 1978), 9.

84) 설교자에 대하여 묘사하는 다양한 이미지들 있는데, 그것은 먼저 ① 하나님의 말씀 그 자체를 강조하는 이미지들로 「말씀의 해석자(Interpreter), 전령(Herald), 말씀의 사역자(Minister of the Word), 하나님의 대변인(Spokesman of God), 중재자(Mediator), 사자(使者, Messenger)」가 있으며, ② 하나님과 청중 중간에서 중재적이며 지도자적인 역할을 감당하는 이미지들로 「목자(Pastor), 경영인(Manager), 교육가(Educator), 교사(Teacher), 신학자(Theologian), 선견자(Foreseer), 선지자(Prophet)」가 있다. 그리고 ③ 청중의 입장에서 의사소통을 중시하는 이미지들로 「의사소통자(Communicator), 웅변가(Orator), 대화참가자(Dialogue), 이야기꾼(Storyteller), 시인(Poet)」이 있다. 각각의 이미지들은 설교에 대한 신학적 입장을 반영하고 있는 것이다. 이승진, 17-8.

1) 말씀의 전령(Herald)으로서의 설교자와 관계에 있는 청중

칼 바르트(Karl Barth)는 "말씀 선포(Proclamation)는 어떤 왕이 자신의 전령의 입을 통하여 자기의 메시지를 전달하는 것과 같이, 하나님께서 인간의 언어를 통해 인간의 언어로 말씀하시는 것을 의미한다"[85]고 하였다. 이것은 설교자는 청중들에게 하나님의 말씀을 충실하게 전하기 위해 보냄을 받았다고 보는 것이다. 따라서 전령으로서의 설교자의 이미지를 주장하는 사람들은 어떤 커뮤니케이션의 전략이나 매끄럽고 인기 있는 메시지를 준비하려는 시도들, 즉 청중들이 좋아할 '적합한' 메시지를 준비하는 것에 대해서는 별로 관심을 갖지 않는다. 이 경우 만약 설교자가 하나님께서 전하도록 주신 메시지를 수정하거나 변경하여 그것을 청중들에게 보다 '합당한' 메시지로 만들려고 시도한다면 그것은 하나님께 대한 오만한 행동이 되는 것이다.[86] 설교자는 다만 하나님께 받은 메시지를 청중들에게 증거할 뿐이다. 성경은 교회의 책이며, 설교는 교회의 사역이고, 설교자는 교회를 섬기는 말씀의 종(servant)이라는 사실이다. 이러한 전령의 은유는 설교가 하나님'으로부터(from),' 전령인 설교자를 '통하여(through),' 청중'에게로(to)' 움직이는 것이라는 확신을 강조한다.[87]

---

85) Karl Barth, *The Doctrine of the Word of God*, "Church Dogmatics", Ⅰ/1, trans. G. T. Thomson(Edinburgh: T. & T. Clark, 1936), p.57.

86) Long, 38.

87) Ibid., 41.

그러나 설교자의 개인적인 특성과 설교자와 청중 사이의 관계성의 질(質)은 임무 위주의 전령 이미지가 일반적으로 보여 주는 것보다 훨씬 중요한 요소이다. 청중들이 설교자를 신뢰하든지 그렇지 않든지 간에, 그리고 설교자가 하나님의 말씀을 증거하는 데에 있어서 하나님의 말씀이 가지는 순수성(integrity)을 인식하든지 그렇지 않든지 간에, 청중들이 말씀을 수용하는 데에 영향을 끼친다는 것은 부인할 수 없는 사실이다.[88]

전령으로서의 설교자의 이미지를 말한 바르트(Karl Barth)조차도 "설교자가 그의 설교를 준비하는 동안 그가 말씀을 전하려고 하는 대상인 청중이 설교자의 마음속에 계속해서 자리잡고 있어야 한다"[89]고 강조하고 있다. 설교에서 청중이해를 고려하지 않을 수 없는 것이다.

2) 목양자(the Pastor)로서의 설교자와 관계에 있는 청중

롱(Thomas Grier Long)은 "목양자로서의 설교자에게는 청중들의 필요들(needs)이(반드시 그들의 욕구가 아니더라도) 전령의 이미지에서보다 훨씬 중요한 요소가 된다"[90]고 지적하고 있으며, "목회자로서의 설교자는 메시지의 어떤 구조보다 더 깊이 알아야

---

88) Ibid., 46.
89) Karl Barth, *The Preaching of Gospel*, trans. B. E. Hooke (Philadelphia: Westminster Press, 1963), p.74.
90) Long, 49-50.

할 것들이 많이 있는데, 설교자는 사람들을 잘 알아야 하며, 그들이 어떻게 메시지를 잘 듣는가를 연구해야 한다"[91]고 강조한다. 또한 메이어스(Robin R. Meyers)는 "설교자는 말씀을 준비하고 듣는 귀를 준비하는 데 더 많은 노력을 해야 하며, 따라서 설교자는 자신이 말하는 사람의 한 모형뿐만 아니라, 듣는 사람의 한 모형이 되어야 한다"[92]고 지적하고 있다. 이처럼, 설교자는 설교에서 청중을 위한 보다 알차고 요긴한 환경을 만들어야 할 책임이 있는 것이다. 그러므로 강단의 설교자는 언제나 다음과 같이 물어야 한다. "무엇이 청중들로 하여금 설교를 잘 듣도록 만들어 주는가?"[93]

롱(Thomas Grier Long)은 "목양자의 이미지를 가진 설교자에게 있어서 설교의 가장 중요한 차원은 청중들의 내면에서 일어나는 사건이며, 청중과 설교자의 관계성이다"라고 지적한다.[94] 설교자는 자신의 청중들과 인격적이고, 사랑스런 관계가 중요함을 기억해야 하며, 설교자가 강단에 섰을 때 진실성과 영적 권위를 가지고 있어야 한다.[95] 이러한 의미에서 설교는 설교자의 품격(인격)을 통해서 존재되는 진리이다.[96] 따라서 목양자의 이미지를 가진 설교자

---

91) Ibid., 51.
92) Robin R. Meyers, *With Ears to*: *Preaching as Self-Persuasion*, 이호형 역, 『설득력 있는 설교의 비밀』(서울: 쿰란출판사, 1999), 66.
93) J. Randall Nichols, *The Restoring Word*: *Preaching as Pastoral Communication*(San Francisco: Harper & Row, 1987), p.6.
94) Long, 51-53.
95) Haddon W. Robinson, *Making a difference in preaching*: *Haddon Robinson on Biblical Preaching*, Scott M. Gibson, editor(Grand Rapids: Baker Books, 1999), 112.

는 효과적인 설교를 하고자 한다면 청중과의 관계성을 수립하기 위한 청중이 신뢰할 수 있는 덕목97)들을 소유하고 그것들을 보여

---

96) D. M. Lloyd-Jones, *Preaching & Preachers,*(London Sydney Auckland Toronto: Hodder and Stoughton, 1998), 81-2.

97) 이홍재 교수(동아방송대)의 학위 논문인 '목회자의 이상적 자질 요인에 관한 조사 연구'에 따르면, 목회자가 갖춰야 할 자질로는 인격이 가장 중요한 것으로 꼽혔고, 이어 설교, 상담, 경륜, 외양, 가정환경 순이었다. 여론조사 전문기업인 리서치&리서치를 통하여 설문조사를 했는데, 여기에 기독교인 66명, 비기독교 80명이 참여했으며, 28개 항목에 대해 중요도에 따라 0점에서 4점까지 점수를 매기는 리커트식 5점 척도법으로 조사됐다. 설문결과는 다음과 같다. 김지방, "목회자 최고 덕목은 '인격'", 국민일보, 2003년 3월 7일 금요일(제4366호), 32.

목회자에 중요한 자질 설문결과

순위	항목	점수	분류
1	봉사헌신	3.53	인격
2	진실성	3.51	인격
3	성도에 대한 사랑과 배려	3.48	인격
4	청렴한 생활	3.25	인격
5	기도 생활	3.23	인격
6	화목한 가정	3.08	인격
7	전도의 열정	3.07	설교
8	성격, 사고방식	3.05	인격
9	성경 지식	3.04	설교
10	성령 충만	3.03	설교
11	신학지식 비전	2.95	설교
12	설교(교육) 능력	2.82	설교
13	교회행정 능력	2.23	설교
14	상담, 심방	2.16	상담
15	웃는 얼굴	2.14	외양
16	목회 경력	2.03	경륜

줄 수 있어야 한다. 그리고 설교자는 청중들의 내적 상황들을 바로 알고 설교의 언어와 형태 그리고 설교내용을 결정해야 한다.

목양 설교자들은 청중과 상관이 없고, 청중들에게 생의 활기를 주지 못하는 설교에는 결코 만족하지 못한다. 그들은 청중들이 "이것은 바로 나에게 주신 말씀이고, 우리를 위해 주신 말씀이야"라고 응답하는 방식으로 복음을 설교하려고 지속적으로 노력하는 사람들이다.[98] 따라서 설교자는 설교에서 청중이해를 고려하지 않을 수 없다.[99]

3) 이야기 전달자(the Storyteller)로서의 설교자와 관계에 있는 청중

설교 가운데서 청중들은 이야기를 좋아하며, 사실 우리는 이야기 가운데 살고 있다. 우리는 이야기를 가장 잘 기억하며, 이야기를 통해 꿈꾸고, 이야기를 통해 우리의 가치관을 형성한다.[100] "예

---

98) Long., 55.

99) 물론, 이 경우 토마스 롱(T. G. Long)이 지적하는 것처럼 청중과 관련하여 목양자 이미지를 통해 설교한다고 할 때에 복음에서 공동체성이 경시되고 보다 개인적인 주제를 선호하는 경향과 오늘의 상황에 집착하는 경향은 복음의 충만성과 전체성을 감소시키며, 신학을 인간학으로 축소시킬 위험을 가지고 있는 것이 사실이다. Ibid., 55-62 참고. 그러므로 우리가 청중의 상황을 고려하여 설교를 한다고 할 때에 언제나 잊지 말아야 할 것은 복음의 근원이 하나님이시고, 복음의 몸통이 성경이라는 사실이다. 이러한 하나님 중심의 설교, 성경중심의 설교를 전제하는 가운데 복음을 어떻게 하면 청중에게 효과적으로 전할 수 있을까 하는 적용의 적실성에 대하여 문을 열어야 하는 것이다.

100) Ibid., 65.

수께서 비유(이야기)가 아니면 말씀하지 아니하시고"(막4:34)라고 기록된 것은 결코 우연한 일이 아니다. 버트릭(David Buttrick)은 "이야기(narration)의 강점(power)이 제시되면서 기독교 역사의 대부분을 통하여 설교가 이야기체로서 묘사된 것은 가장 잘 된 것"101)이라고 하였다. 이렇게 보면, 이야기를 좋아하고 이야기 가운데 살고 있는 청중에게 이야기 형태를 따라 준비되는 설교가 가장 효과적인 설교가 될 수 있다. 로우리(Eugene L. Lowry)는 아예 "설교란 바로 이야기 식으로 이루어지는 하나의 줄거리이다"102)고 하였으며, 보다 효과적인 설교를 위하여 "설교자는 청중과 함께 분석의 과정을 경험해 가야 하며, 강단에서 질문은 계속해서 되물어져야 한다"103)고 하였다.

이야기 전달자(Storyteller)로서의 설교자의 이미지를 주장하는 사람들은 설교의 목표를 설교를 통해서 복음의 이야기(혹은 하나님의 이야기)와 청중의 이야기에 교차점을 만드는 것이라고 주장한다. 이야기 전달자로서의 설교자의 이미지는 이야기 예술에 있어서 숙련된 사람으로서 '설교자의 인격(person)'104)에 강조점을 둔다. 이야기를 잘하는 것은 언변이 탁월한 것 이상으로 이야기꾼의

---

101) Buttrick., 12.
102) Lowry, 24.
103) Ibid., 61.
104) 정일웅 교수는 "설교는 행하는 자의 인격을 통하여 묘사되는 것이며, 어쩌면 그의 전인격적인 모습을 담아내는 일이라 할 것이다. 그러므로 그의 신앙적인 인격이 온전하지 못하면서 설교자로 역할을 한다는 것은 불가능한 일이다"라고 지적하고 있다. 정일웅, 241.

너그러운 인품에 대한 신뢰감도 동반되며, 청중과의 연대감 내지는 동질감을 강화시켜주기 때문에 공동체적 결속력을 높여주는 장점도 있다.[105]

좋은 설교는 이야기를 잘하는 것을 요구한다. 더욱이 전령의 모델이 설교에서 개인적인 일화들을 도입하는 것을 회피하고 있는 반면, 이야기 전달자의 모델은 설교자 자신의 이야기가 아주 가치 있는 설교의 자료가 된다. 설교자는 청중들의 공동체 밖에 서 있는 것이 아니라 그 공동체의 한 구성원으로서 그 한 중간에 서 있게 된다. 복음과 말씀에 대한 설교자 자신의 경험에 관한 이야기는(긍정적인 측면과 부정적인 측면에서 함께) 청중들이 참여할 수 있는 것이며, 어떤 점에서 자신의 경험으로 받아들일 수 있는 것들이다.

이야기 전달자의 목표는 설교를 통하여 청중들에게 중대한 어떤 변화가 일어나도록 하는 것이다. 목양자의 모델이 치유와 변화를 기대한다면, 이야기 전달자의 모델은 보다 넓은 의미에서 경험적인 목표를 가지고 있다. 청중들은 성경 말씀 속에 나타나는 인물들을 통해 생명력을 느끼게 될 것이며 새로운 방법으로 그 자신을 보게 될 것이다. 또한 거기에서 하나님의 임재를 느끼며 믿음과 실제 생활의 경험 사이의 교차점을 보다 완전하게 이해하게 될 것

---

105) 이야기 전달자로서의 설교자의 이미지의 많은 장점에도 불구하고, 청중을 향한 복음의 윤리적 단호함이나 또는 논증적 측면에서 설교자가 우유부단해질 수 있고, 또한 재미있는 이야기에 대한 청중의 기대와 체험으로 하나님께 대한 신앙이 왜곡될 위험성이 있기 때문에 언제나 이 점에 유의해야 할 것이다.

이다.106) 이야기 전달자로서의 설교자에게 있어 청중참여라는 보다 적극적인 면을 볼 때에 효과적인 설교를 지향한다면 청중이해에 따른 설교전달은 당연하게 나타나게 된다.

4) 증인(혹은 목격자, Witness)으로서의 설교자와 관계에 있는 청중

증인(μάρτυς)의 일차적인 의미는 자신이 목격한 사건을 법정에서 그대로 진술하는 사람을 가리키지만, 성경에서의 증인은 구약에서부터(사43:9,10,12,107) 44:7-8) 하나님의 계시적 사건과 구속적 사건에 대한 참여자와 목격자로서 이를 열방에 공적으로 전파하고 증거하는 사자(使者)의 의미를 담고 있다. 신약에서의 증인(행20:24108))도 예수 그리스도의 십자가의 죽으심과 부활의 구속적 사건에 대한 참여자와 그 사건에 대한 공적인 증거자의 의미로 쓰이고 있다. 또한 스데반의 순교적 증거(행22:20109))나 베드로전서

---

106) Thomas Grier Long., 70-1.

107) (이사야43:9,10,12) "(9)열방은 모였으며 민족들이 회집하였은들 그들 중에 누가 능히 이 일을 고하며 이전 일을 우리에게 보이겠느냐 그들로 증인을 세워서 자기의 옳음을 나타내어 듣는 자들로 옳다 말하게 하라 (10)나 여호와가 말하노라 너희는 나의 증인 나의 종으로 택함을 입었나니 …… (12)내가 고하였으며 구원하였으며 보였고 너희 중에 다른 신이 없었나니 그러므로 너희는 나의 증인이요 ……"

108) (사도행전20:24) "나의 달려갈 길과 주 예수께 받은 사명 곧 하나님의 은혜의 복음 증거하는 일을 마치려 함에는 나의 생명을 조금도 귀한 것으로 여기지 아니 하노라"

5장 1절에서처럼, 그리스도의 고난에 직접 참여하고 체험한 자로서의 증인의 의미가 함께 담겨지면서, 증인이라는 단어는 피와 생명으로 진리를 증거하는 순교자(martyr)의 의미를 함께 담게 된다(계17:6[110]).

증인(μάρτυς)으로서의 설교자는 보고 들은 것 때문에 권위가 있는 것이다. 그러므로 롱(Thomas Grier Long)은 "설교자는 하나님의 임재하심을 기대하고 그 본문을 통하여 하나님의 요구하심이 무엇인지 발견하기를 바라면서 설교 준비를 통해 하나님의 음성을 들었을 때, 설교자는 성경을 통하여 그가 들었고 보았던 것에 증인이 되는 것이다"고 하면서 따라서 "설교자는 청중이 매주 그들 자신을 위하여 하나님의 말씀을 듣고 전해 주도록 성경 말씀 속으로 보낸 사람이다"고 하였다.[111] 여기에서 청중들의 설교자에 대한 신뢰는 더욱 강조된다. 진리의 말씀을 듣기 원하는 청중의 요청이 거짓되고 신뢰할 수 없는 증인에 의해 심각한 손상을 입을 수도 있기 때문이다. 증인으로서의 설교자의 이미지에서도 목양자 내지 이야기 전달자로서의 설교자 못지않게 설교자의 인격이 강조된다. 그렇기 때문에 크래독(Fred B. Craddock)은 설교자는 "설교만이 아니라 인격도 준비되어야 한다"[112]고 하였다. 청중들은 메

---

109) (사도행전22:20) "또 주의 증인 스데반의 피를 흘릴 적에 내가 곁에 서서 찬성하고 그 죽이는 사람들의 옷을 지킨 줄 저희도 아나이다"

110) (요한계시록17:6) "또 내가 보매 이 여자가 성도들의 피와 예수의 증인들의 피에 취한지라 ……"

111) Long., 81.

112) Craddock, 253.

시지와 더불어 그 메시지를 전하는 설교자를 함께 경험하게 되는 것이다.

교회와 세상의 필요들이 무엇이든지 간에 설교자가 성경을 통하여 하나님께서 요구하시는 바를 보고 듣게 되면, 설교자는 그를 기다리는 청중에게 되돌아와서 그가 발견한 진리의 말씀을 전하게 된다. 여기에서 증인은 추상적으로 증언하도록 부름 받은 것이 아니고, 증인이 보고 들었던 일(사건)들을 청중들에게 효과적으로 전달할 수 있는 적당한 언어와 패턴을 발견하도록 요청받는다. 증인이 증거하는 진리의 말씀은 그것이 효과적으로 전달되기 위해 언어적인 형태를 필요로 하며, 증인의 책임은 적절한 언어적인 형태를 도입하는 일이다.113) 그러므로 정일웅은 "설교는 하나님의 말씀의 증거요, 진리의 증거이다. 그 때문에 듣는 자(청중)로 하여금 감동을 받고, 그대로 생활에서 실천할 수 있도록 설득해야 한다. 그 때문에 설교에는 수사학적인 기술이 요구되기도 한다"114)고 함으로써 증인으로서의 설교자가 설교의 메시지는 성경본문에서 출발하지만 동시에 청중의 정황에 적실성이 있어야 함을 지적하고 있다. 이러한 이유로 설교자는 자신의 설교를 듣는 청중상황을 이해하고 그에 따라 설교전달을 해야 하는 것이다.

효과적인 설교는 성경본문에 충실하면서 청중의 특성과 취향을 반영하는 것이다. 증인으로서의 설교자는 청중과 함께 그 공동체에 서 있는 존재로서 청중을 위하여 성경으로 나아가며, 청중들을

---

113) Long., 85.
114) 정일웅, 240-1.

위하여 여기, 오늘이라는 시점에서 청중들을 위한 특별한 말씀을 듣기 때문에 언제나 청중의 상황을 반영해야 효과적인 설교를 이룰 수 있는 것이다.

(4) 설교와 청중

설교는 청중을 향하여 선포되고 전달되어야 하며, 청중이 실감 나도록 해야 한다. 설교는 청중 안에서 발생하도록 할 때에 진정한 설교가 이루어지는 것이다. 욘커(W. D. Jonker)는 "설교가 주석 없이 존재할 수 없으나 설교는 사람들(청중)에게 전달되어야 한다는 점에서 단순한 주석 이상의 것임"을 지적하고 있다.[115] 바로 청중 없는 설교가 있을 수 없고, 설교는 청중을 위하여 있는 것이다.

1) 설교의 궁극적인 대상으로서 청중

설교는 설교해야 되는 분명하고 구체적인 대상을 가지고 있다. 이 대상이 바로 청중이다. 그러므로 청중은 어떤 의미에서 설교의 존재 이유이기도 하다. 청중이 있기에 설교도 있는 것이다. 설교란 청중을 향하여 하는 말인 동시에 청중을 위하여 하는 말이다.[116]

---

115) W. D. Jonker, *Die Woord as opdrag*(Pretoria: N. G. Kerkboekhandel, 1976), 39.
116) Craddock, 32. 이것은 결코 단순히 청중들이 "듣기를" 원하는 그러

이러한 의미에서 조용기는 "설교자가 설교내용을 통하여 …… 설교가 다른 누구를 위한 설교가 아니라 바로 청중 자신을 위한 설교라는 것을 강조해야 한다."고까지 하였다.117) 사실, 하나님께서도 청중인 자기 백성들에게 말씀을 주실 때에 청중을 위하여 말씀을 주신다고 하셨다.118) 또한 요한복음 13장에서 16장을 보면, 우리 주 예수님께서도 십자가를 앞에 두고 제자들에게 긴 설교를 하시는 동안 여러 번에 걸쳐서 그렇게 말씀하시는 이유가 청중인 제자들을 위한 것이라고 말씀하시며 강조하셨다.119) 정창균은 설교의 궁극적 대상으로서의 청중을 강조하면서 다음과 같이 말하였다.

한 내용을 설교해야 한다고 제안하는 것이 아니다. 청중의 영혼을 구원하고 청중의 신앙을 성장시키는 생명적 관계에 그 초점을 맞추자는 것이다.

117) 조용기, 『나는 이렇게 설교한다』(서울: 서울서적, 1995), 280.

118) (신명기10:13) "내가 오늘날 네 행복을 위하여 네게 명하는 여호와의 명령과 규례를 지킬 것이 아니냐"

119) (요한복음13:19, 14:29, 15:11,17, 16:1,4,33) "(13:19) 지금부터 일이 이루기 전에 미리 너희에게 이름은 일이 이룰 때에 내가 그인줄 너희로 믿게 하려 함이로다", "(14:29) 이제 일이 이루기 전에 너희에게 말한 것은 일이 이룰 때에 너희로 믿게 하려 함이라", "(15:11) 내가 이것을 너희에게 이름은 내 기쁨이 너희 안에 있어 너희 기쁨을 충만하게 하려 함이니라", "(15:17) 내가 이것을 너희에게 명함은 너희로 서로 사랑하게 하려 함이로라", "(16:1) 내가 이것을 너희에게 이름은 너희로 실족지 않게 하려 함이니", "(16:4) 오직 너희에게 이 말을 이른 것은 너희로 그때를 당하면 내가 너희에게 이른 이 말한 것을 기억나게 하려 함이요……", "(16:33) 이것을 너희에게 이름은 너희로 내 안에서 평안을 누리게 하려 함이라……"

76

어떤 점에서는 성경 전체가 구체적 상황 가운데서 구체적 대상에게 행해진 하나님의 설교의 결과라고도 할 수 있다. 하나님의 백성이 없었다면 하나님의 설교인 성경도 없었을 것이다. 설교의 목적이 실현되는 설교의 종착점은 청중이다. 그러므로 종래의 설교자들이나 설교학의 관심이 "무엇을 설교할 것인가?"와 "누가 이 설교를 할 것인가?"라는 물음에 집중되어 있고, "누가 이 설교를 들을 것인가?"라는 물음을 소홀히 여겨온 것은 잘못이다. 설교의 궁극적인 대상은 청중이고, 설교가 청중을 향하는 궁극적 목적은 청중의 변화이다.120)

위어스비(Warren W. Wiersbe)도 다음과 같이 말함으로써 설교는 청중을 교훈하고, 청중을 책망하며, 청중을 바르게 하고, 청중을 의로 교육하는 문이라고 강조하고 있다.

설교는 벽에 그림을 그리는 것이 아니며, 성도들이 감탄하도록 거기에 걸어두는 것도 아니다. 벽에 있는 창문은 더더욱 아니다. 즉 삶의 실제에 도달하지도 못한 채 아름다운 삶의 겉모습만 보게 하는 창문이 아니란 말이다. 설교는 성도를 순례자의 길로 인도하는 활짝 열린 문이다. 이 문은 성도가 하나님의 영광에 이를 수 있는 봉사하게 하는 문이며, 성도 자신의 영적 성장을 위해 새로운 단계에 이르게 하는 문이다.121)

---

120) 정창균, 14.

121) Warren W. Wiersbe, *Preaching & Teaching with Imagination: The Quest for Biblical Ministry*, 이장우 역, 『상상이 담긴 설교: 마음의 화랑에 말씀을 그려라!』(서울: 요단출판사, 2002), 151.

설교의 궁극적 대상이 청중이고, 설교가 청중을 향하는 궁극적 목적이 청중의 변화라는 사실을 안다면, 우리는 설교에서 청중의 위치를 간과할 수 없는 것이다.

2) 설교의 상황화와 청중

본문(Text)은 고대에 주어졌고, 청중은 "지금 그리고 여기"의 상황에 살고 있다. 이처럼, 과거에 주어진 본문과 오늘의 청중이라는 단절 사이에서 설교의 상황화는 그 필연성을 갖게 된다. 그러므로 설교는 본문의 의미와 더불어 그 의미가 오늘의 상황에 살고 있는 청중에게 함축하는 바(significance)가 무엇인지를 밝혀주어야 한다.[122]

설교를 통하여 본문은 청중에게 전달되어야 한다. 그런데 본문은 문화와 상황의 차이를 초월하는 내용을 그 시대 청중의 문화와 상황의 형식에 담아 말씀하고 있다. 그러므로 설교는 본문의 초월적 내용을 손상하지 않으면서, 그 외형적 형식을 오늘의 청중의 상황에 커뮤니케이션이 되도록 변화를 일으켜야 한다.[123] "설교를 통하여 본문(더 정확하게는 본문의 세계)과 오늘의 청중의 세계와의 맞닥뜨림이 이루어진다. 그러므로 설교는 하나의 사건(Event)이다. 이러한 하나님의 세계와 청중의 세계와의 만남의 사건 속에서

---

122) 정창균, 9.

123) G. R. Osborne, "Preaching the Gospels: Methodology and Contextualization", *Journal of Evangelical Theological Society,* Vol.27(1), 1984, 34.

청중은 적극적인 변화의 요구에 직면하게 된다. 즉 청중 자신의 세계에서 본문이 제시하는 하나님의 세계 속으로 변화할 것을 요구받는다. 이 변화야말로 설교의 궁극적인 목적이다."[124] 그러므로 설교자는 본문을 정확하게 해석하고, 조직을 치밀하게 재구성하여, 청중의 상황인식에 맞추어 그 적실성을 높여야 설교의 효과성을 증대할 수 있게 된다.

3) 설교에 참여하는 청중

크래독은 "설교 신학에 있어서 하나님의 말씀이 설교자의 입에 있다고 보건 청중들의 귀에 있다고 보건 분명한 사실은 그 양자가 서로 대화를 한다"고 말한다.[125]

이러한 입장은 설교 내용이 청중들에 따라서 달라진다고 본다. 물론 우리 모두가 서로 다른 점들보다는 공통된 점이 더 많기 때문에 설교가 광범위한 시대와 장소와 집단에 대하여 보편적으로 타당성을 가질 수 있다. 그러나 설교는 어느 경우에나 해당되는 연설이 아니고 특정한 시간과 장소에 모인 일정한 집단을 위해서 준비한 말씀이다. 그러한 설교는 청중에 대한 철저한 지식과 많은 양의 정보 수집을 필요로 한다. 다른 말로 하면 청중들이 설교자가 청중들에게 말하기 이전부터 설교에 참여하고 있는 것이다. 청중들은 설교자가 청중들에게 말하기 이전에 이미 벌써 설교자에게

---

124) 정창균, 13.
125) Craddock, 31.

말하고 있다. 따라서 설교자는 청중에게 무엇인가를 말하기 이전
에 청중들에게서 먼저 들어야 한다.126) 그렇지 않으면 설교가 청
중들에게 연결되는데 손상을 입어 적용의 적실성이 떨어질 수밖에
없고, 설교의 기대효과는 약해질 수밖에 없다.

우리는 이상에서 하나님, 성경, 설교자, 그리고 설교와의 관계
속에 있는 청중을 살펴봄으로써 청중의 상황이해에 따른 설교전달
의 중요성 내지 그 필연성을 발견하게 된다.

하나님과의 관계에서 청중은 먼저, 하나님과의 언약적 관계에
있기 때문에 설교자는 청중을 하나님의 말씀을 듣기 위해 말씀 앞
에 모인 하나님과 생명적 관계를 맺는 하나님의 백성으로 보고 설
교를 해야 한다. 그러나 그와 더불어 청중이 하나님과 언약을 맺
은 존재이나 지금 현재 그 언약이 위협을 당하고 있는 이 세상 속
에 살아가고 있는 존재라는 것을 잊지 말아야 한다. 하나님과 세
상 사이에서 역설적 긴장을 소유하고 있는 청중이다. 이러한 청중
의 역설적인 삶의 문제를 이해하고, 설교가 작성되며, 설교의 메시
지가 전해질 때에 설교의 전달은 보다 효과적일 것임이 틀림없다.

성경과의 관계에서 청중은 하나님 앞에서 성경의 중재를 받으면
서도 성경과 긴장관계에 있는 것 또한 사실이다. 그러므로 설교에
서 청중을 위한 바른 해석이 필요하며, 설교자는 성경이 제시하고
있는 서사적 세계를 오늘의 청중의 상황에 맞게 재구성해야 한다.

설교자와의 관계에서 청중은 앞에서 살펴본 4가지의 설교자에
대한 이미지를 중심으로 보면, 전령으로서의 설교자는 다만 하나

---

126) Ibid.

님께 받은 메시지를 청중들에게 증거할 뿐이지만, 설교자가 설교를 준비하는 동안 그 대상인 청중을 마음속의 한 자리에 두고 있어야 한다는 면에서 청중의 상황이해를 고려하지 않고 설교를 할 수 없다는 사실이다. 목양자로서의 설교자는 "청중과 설교자와의 관계성"을 강조하는 면에서 설교자가 "청중들의 내적 상황을 알고 설교의 언어, 설교의 형태, 설교의 내용 등을 결정"해야 한다는 사실이다. 이야기 전달자로서의 설교자는 "청중참여"라는 적극적인 요소와 "청중과의 동질성"을 강조하는 면에서 설교에서 청중에 대한 상황이해에 따른 설교접근이 불가피함을 보여준다. 그리고 증인으로서의 설교자 또한 증인으로서 본문에 충실해야 하는 것은 사실이지만 "청중의 설득을 위하여" 청중의 상황을 이해하고 그에 따라 설교접근이 이루어져야 한다는 사실이다.

설교와의 관계에서 청중은 그 설교의 궁극적인 대상이 되며, 설교를 통하여 고대에 주어진 본문이 청중에게 전달될 때에 오늘의 청중의 상황에 커뮤니케이션이 되도록 변화를 일으켜야 한다. 또한 설교는 어느 경우에나 해당되는 연설이 아니고 특정한 시간과 장소에 모인 일정한 집단을 위해서 준비한 말씀이며, 그러한 설교는 청중에 대한 철저한 지식과 많은 양의 정보 수집을 필요로 한다. 즉 청중이 설교자가 청중에게 말하기 이전부터 설교에 참여하고 있는 것이다. 이러한 면에서 청중의 상황이해에 따른 설교전달의 중요성 내지 필요성을 가지게 된다.

2. 청중이해의 범위

설교에서 청중의 이해의 범위는 넓고도 넓어서 그 범위를 말할 때에 한정할 수 없다. 설교자는 설교전달을 위하여 청중의 모든 것을 알고 이해해야 한다. 그러나 설교전달을 위하여 설교자가 몇 가지 꼭 중요하게 여기고 노력하며, 알아야 할 것들을 살펴봄으로써 우리는 청중이해를 보다 효과적으로 이루어가며, 보다 더 설교전달의 효용성을 높여갈 수 있게 된다.

(1) 청중에 대한 사회문화적 이해

설교는 교회와 사회라는 두 축 사이에서 이루어진다. 여기에서 사회는 문화 표현의 장이며, 또한 지속적인 형성의 산실이 된다. 본질적으로 사람은 사회적 존재이기 때문에 사회를 이룰 뿐만 아니라, '기능을 수행하는 사회'를 필요로 한다. 설교자는 사회문화적 존재인 청중을 알고 청중이해에 따라 설교전달을 할 때에 그 효과가 좋게 나타날 것이 틀림없다. 앞에서도 언급하였지만, 로사도(Caleb Rosado)는 오늘의 시대 속에 하나님 말씀의 선포와 증거라는 측면에서 보면 현대교회가 직면해 있는 가장 큰 장애물은 교회가 현대사회의 특징에 대한 이해에 실패하고 있다는 점이라고 주장한다. 특히 현대사회의 변화에 대한 교회의 인식 실패는 복음 전달의 실패와 연결된다고 본다.127) 현대사회의 변화에 대한 이해의 부족과 이해하고자 하는 노력의 태만은 결과적으로 교회로 하여금 그 시대에 뒤떨어지게 하며, 사회적인 현상과 실재에 이르지 못하게 하는 요인이 된다. 그러한 요인은 역시 교회로 하여금 사회와의 관련성에 있어서 적절하지 못하게 하는 요인이 된다. 교회가 사회에 속해 있기 때문이라기보다는 오히려 교회가 가지는 복음 전파 사역의 특성 때문이다. 교회는 오늘의 사회 속에 복음을 커뮤니케이션 해야 하는 임무를 부여받았기 때문에 필연적으로 '커뮤니케이션의 다리'를 축조해야 한다. 교회는 사회 속에서 복음을 전할 수 있게 되기 때문이다. 이러한 다리의 축조는 두 진영이 비슷하게 견고한 토대를 필요로 한다. 교회 쪽에서는 신학이라는 토대를, 사회 쪽에서는 사회학이라는 토대를 필요로 한다. 교회가 효과적인 커뮤니케이션을 세워야 할 이 토대를 형성하는 신학은 복음에 대한 바른 인식을 의미하며, 다른 한쪽의 토대를 형성하는 사회학은 사회에 대한 바른 인식을 의미한다. 그러므로 교회는 하나님 나라의 중심 원리인 예수 그리스도의 복음을 완전하게 연구해야 하고 분명하게 알아야 한다. 또한 교회는 그것이 존재하는 삶의 자리인 사회와 문화에 대한 바른 이해를 필요로 한다. 교회의 메시지(설교)를 듣게 될 다양한 사람들(청중들)의 특성과 그들

---

127) Caleb Rosado, "The Nature of Society and the Challenge to the Mission of the Church", *International Review of Mission,* no.77, 1988, 22.

의 의식 형성에 깊은 영향을 주고 있는 문화 사회적인 다양한 요인들에 대해서도 연구해야 한다.[128]

이처럼, 설교자는 설교에서 청중의 위치, 즉 청중에 대한 '신학적 내지 설교학적인 이해'뿐만 아니라, '사회문화적인 이해'가 있어야 한다. 예수님은 누가복음 19장에서 삭개오의 구원을 선언하실 때에 당시의 사회문화적인 충분한 이해를 가지고 계셨다. 당시 유대인들은 언제나 그랬듯이 자신들만이 구원받을 수 있는 하나님의 택한 백성으로, 혈통적으로 아브라함의 자손임을 매우 과시해 왔다. 그런데 삭개오는 자기 민족으로부터 유대인 취급을 받지 못했으며, 오히려 죄인, 창기, 이방인과 같은 취급을 받아왔었다. 삭개오는 유대인이면서도 이방인처럼 소외감을 느끼며 살아올 수밖에 없었다. 예수님은 이러한 사회문화적인 상황과 삭개오의 상황을 익히 하시고 그가 아브라함이 참자손임을 확인시켜 주셨다.[129] 청중들은 문화와 역사가 서로 맞물려 직접 또는 간접적으로 만나는 사건과 경험들을 통하여 배우는 인간 특성을 공유한다.[130] 그러므로 설교자는 청중의 사회생활에서의 의식구조와 오늘의 청중이 사회생활에서 만나게 되는 정치, 경제, 문화, 종교, 역사, 교육,

---

128) Rosado, 23.

129) "on Luke ch. 1-8", *The Oxford Bible Interpreter which Shows All The Truths of The Holy Bible From Bottom to The Top*(Disciples' Publishing, 2002), 168-9.

130) Ramesh Richard, *Preparing Evangelistic Sermons*: *A Seven-Step Method for Preaching Salvation*(Grand Rapids, Michigan: Baker Books, 2005), 155.

윤리 등에 대한 각종 이해가 필요하다. 이러한 청중의 사회적 상황에 대한 이해가 있어야 오늘의 청중이 무엇을 필요로 하고 있는가를 이해하게 되고 설교에서 그러한 상황들에 초점을 맞추고, 그 문제들을 적극적으로 다룸으로써 적용의 적실성을 높일 수 있게 된다.131) 그러므로 크래독(Fred Craddock)은 "자신의 청중에 대해서 해석해 보려는 노력과 훈련 시간을 갖는 것은 설교에서 아주 중요하다"고 한 것처럼,132) 설교자는 청중의 문화사회적 상황이해에 대한 진지한 노력과 더불어 성경본문에 대한 해석 못지않게 최근의 문화사회일반에 대한 현상을 정확한 영적 통찰력을 가지고 해석해 낼 수 있어야 한다.

(2) 청중에 대한 심리학적 이해

매슬로우(A. Maslaw)의 욕구이론(Needs Theory)에 의하면 인간의 행위는 다섯 가지 욕구에 의해 그 동기가 유발된다고 한다.133) 첫째, 생리적 욕구로서 가장 기초적인 단계인 음식, 체온보존, 고

---

131) 물론 이 경우, 설교자는 진정한 청중의 필요가 무엇인지를 말씀 안에서 결정해야 한다. 따라서 설교자에게 청중이 직면하고 있는 현상학적 필요에 대한 공감과 아울러, 그러한 현상에 대한 영적 통찰력이 요구된다. 정창균, 16-7. 참고.

132) Craddock, 118.

133) A. Maslaw, "A Dynamic Theory of Human Motivation" *Psychological Review*, 1943. 370-96.

통과 상처의 극복 등이 이에 해당된다. 둘째, 안전에 대한 욕구이다. 인간은 안전과 질서를 원한다는 것이다. 셋째, 사랑의 욕구로 가족, 종족, 그룹, 소수민족, 국가와 같은 것에 소속됨으로 자신의 사랑을 확인받고자 하는 욕구이다. 넷째, 명예에 대한 욕구이다. 즉 세상과 타인으로부터 인정받으려는 욕구를 말한다. 다섯째, 자아실현의 욕구이다. 이 욕구는 가장 복합적이고 전체적인 욕구로 자신의 가능성을 실현하고자 하는 욕구를 말한다. 이러한 청중의 기본적인 욕구를 설교자가 이해하고 있으면, 보다 더 청중을 이해하게 되고 적용의 적실성을 높일 수 있는 설교를 하게 될 것이다.

누가복음 19장에서 예수님은 뽕나무 위에 올라가 자기를 보고 있는 삭개오를 바라보시면서 그의 내적 세계에서 일어나고 있는 일들을 보셨다. 평생 사람들의 비난과 죄책감 속에서 살아온 삭개오(7절)가 그의 죄의 상태로부터 벗어나 자유하기를 원하고 있음과 구원자를 만나기를 열망하고 있음을 인지하셨다. 그래서 예수님은 그를 하나님의 자녀로 받아들이시기 위해 삭개오가 먼저 초청하지 않았음에도 불구하고 그의 마음을 앞질러 '내가 네 집에 머물러야 하겠다'고 말씀하신 것이다.134) 이처럼, 설교자는 청중의 상황에 대한 심리학적인 이해를 가지고 있어야 한다.

---

134) "on Luke ch. 1-8", 164.

(3) 청중에 대한 언어학적 이해

설교가 청중에게 커뮤니케이션 되기 위해서는 청중의 언어로 전달되어야 한다. 청중의 언어란 비단 청중이 사용하는 말만을 의미하는 것은 아니다. 청중의 문화, 사고방식, 세계관, 습관 등 의사소통에 영향을 끼치는 제 요소들을 포함하여 말하는 것이다. 또한, 설교에서 언어는 하나님의 들려진 말씀을 다시 전달하는 기능뿐만 아니라, 그 자체로서 정보적(Informative), 인식적(Cognitive), 지령적(Performative), 표현적(Expressive), 친교적(Cohesive) 기능을 가지고 있다.[135] 따라서 설교자는 언어의 본질과 그 역할에 대하여 잘 알고, 그것을 사용할 수 있어야 한다. 크래독은 설교에서 언어의 중요성을 다음과 같이 강조하고 있다.

> 설교 준비를 위해 설교자는 여러 자료를 찾는 일을 가장 먼저 고려해야 한다. 왜냐하면 언어의 의미에 대한 연구는 현대 철학과 신학 그리고 성경 해석에 있어서 가장 중심이 되는 이슈가 되고 있기 때문이다. 이러한 사실은 오늘날 설교에 있어서 문제가 얼마나 심각한가도 보여 주지만 동시에 설교를 새롭게 하는 데 풍부한 전망을 갖게 해 준다.[136]
> 언어는 인간의 사고와 배움, 느낌과 나눔에 있어 아주 풍부하고도 다양한 기능들을 가지고 있는데 이 한 마디의 언어를 통해서 거대한 것들이 유도될 수 있다.[137]

---

135) 김지찬, 『언어의 직공이 되라』(서울: 생명의말씀사, 1999), 16.
136) Craddock, *As One Without Authority,* 38.

예수님은 요한복음 4장에서 물을 길러 온 여인에게 '물을 좀 달라' 하시면서 접촉점을 찾고, 그녀에게 '생명의 물'에 대하여 말씀하셨다. 농촌에서 노인들을 향하여 설교하면서도 도시 중산층 젊은이들의 용어나 논리로 설교하는 것은 현장의 설교라고 할 수 없을 것이다. 같은 이유로, 십대의 신세대에게 하는 설교는 장년에게 하는 설교와 언어나 구성이 달라야 한다. 이것은 다른 말로 하면 설교자는 청중의 코드로 메시지를 작성(encoding)해야 한다는 말이다.[138] 따라서 설교자는 위어스비(Warren W. Wiersbe)가 "말씀을 선포하는 사람은 말씀의 대사로서 가는 곳의 현지어와 현지인들의 사고방식을 알아야 한다(고후5:20)"고 말에 귀를 기울여야 한다.[139]

"성경적 설교란 말을 매체로 하는 의사소통의 한 형태"이기[140] 때문에 설교가 청중에게 커뮤니케이션 되기 위해서 설교자는 청중이 사용하는 어휘나, 표현법 등을 배워야 하며, 청중의 언어적 표현에 대한 많은 연구를 해야 하고, 청중의 상황에 대한 풍부한 언어학적 이해를 가지고 있어야 한다. 그렇게 함으로써 설교의 적용을 위하여 해석된 성경본문을 청중의 언어로 전할 수 있어야 한다. 설교는 설교자가 그의 사상을 사람들에게 전달하려고 노력할 언어를 생각했을 때에만 '완성되는' 것이다.[141]

---

137) Ibid., 41.
138) 정창균, 15.
139) Wiersbe, 282.
140) Ibid., 279.

(4) 청중에 대한 교육, 경제, 신앙 이해

청중들의 관심사는 교육과 경제와 신앙의 차이에 따라 달리 나타날 것이다. 많은 교육을 받은 사람들은 지적인 설교를 하여도 좋아할 것이나, 그렇지 못한 사람들은 지적인 설교에 지루해할 수 있다. 부유층의 사람들과 빈곤층의 사람들의 관심의 차이가 있고, 사고의 차이가 있을 수 있으므로 설교자는 이것을 기억하고 설교 전달을 해야 한다. 신앙생활에 관심이 없는 기독교 학교의 채플에서 설교를 하는 것과 자원하여 변화를 바라며 모여든 수련회에서의 설교는 분명히 달라야 한다는 점을 누구나 공감할 것이다. 설교자는 이러한 점을 이해하고 설교전달을 해야 한다.

(5) 청중에 대한 모든 필요 이해

설교자는 청중들의 삶에 변화를 주려면, 설교학적, 사회학적, 심리학적인 이해뿐만 아니라, 오늘의 청중들의 개인적 및 공동체적 모든 필요를 전반적으로 알아야 한다. 리펠드(Walter W. Liefeld)는 다음과 같이 청중이 처해 있는 상황과 그 필요의 일부에 대해 말하고 있다.

---

141) H. C. Brown, Jr., H. Gordon Clinard and Jesse J. Northcutt, *Steps to The Sermon: A Plan for Sermon Preparation*, 이정희 역, 『설교 방법론』(서울: 요단출판사, 1995), 183.

개인적 필요(근심, 외로움, 비탄, 침체, 영적 고갈, 인도의 필요 등), 청중의 전체 분위기(경제적 관심, 낙심, 갈등, 교회생활에 대한 열의의 부족, 최근에 청중 가운데 일어난 죽음으로 인한 충격, 계획된 건축 프로그램에 대한 염려 등), 교회생활에서 일어난 영적인 중요사건, 교회 내의 특별그룹의 영적 상태(새신자들, 노인들, 젊은이들, 중년의 위기에 처한 사람들, 독신자들, 기혼자들, 이혼한 사람들 등), 계속적인 교화와 교훈의 필요.[142]

만일, 청중이 설교자가 자신들의 필요를 잘 알고 있다고 설교에서 느끼게 된다면, 그 설교의 효과는 보다 크게 나타난다. 요한복음 4장에서 예수님은 사마리아 수가성 여인에게 육신을 위하여 먹는 물보다 더 시급하고 진정한 필요가 있음을 아시고 영생하도록 솟아나는 샘물과 참예배에 대하여 설교하시며, 메시아에 대하여 증거하셨다. 그때에 여인은 길러 온 물동이를 버려두고 동네에 들어가서 메시아이신 예수님을 증거하였다.

설교자는 언제나 청중의 필요를 알기 위해 노력해야 하며, 청중의 필요를 채워주는 각 본문의 가능성에 깊은 주의를 기울여야 한다. 설교자가 청중의 필요를 전혀 모르고 있다면 그의 설교는 청중들에게 외면당하기가 쉽다. 설교자는 끊임없이 청중을 알기 위하여 청중을 향하고, 청중과 접촉하고, 청중을 파악하고, 청중을 분석하고, 청중을 느끼고, 청중에게서 듣고, 청중을 이해해야 한다.

---

142) Walter W. Liefeld, 『신약을 어떻게 강해할 것인가?』, 황창기 역(서울: 두란노서원, 1988), 147.

(6) 청중에 대한 집회의 특성 이해

설교자는 청중이 모이는 집회의 특성을 이해해야 한다.

그 회집이 의례적(Formal)인지 아니면, 비의례적(Informal)인지를 알아야 한다. 교회에서 드리는 정규예배와 체육대회에서 드리는 예배, 장례식장에서 드리는 예배와 축하행사에서 드리는 예배가 다를 것이며, 사실로, 교회에서 주일 낮 예배 시에 대중적인 설교를 하는 교회가 주일 저녁이나 삼일 저녁 예배 시에는 강해나 교리공부를 하는 경우가 많다.[143]

청중의 많고 적음의 규모를 알고, 회집장소의 환경 등을 알아야한다. 보통 15명 이상을 대그룹이라 하는데 많은 인원이 모이면 효과적인 전달을 위한 음향시설을 준비해야 한다. 청중이 많으면, 마이크를 이용하여 웅변식의 설교를 해도 무방할 것이나 청중이 몇 사람 되지도 않은데 마이크를 이용하여 우렁찬 목소리로 전한다면 그것은 청중의 외면을 가져오게 될 것이다. 소규모의 청중일 때는 대화하듯이 하는 설교가 좋다. 청중이 설교자를 다 볼 수 있는 환경인가? 아니면 중간에 장애되는 큰 기둥이라도 있는가? 등의 환경을 고려해야 한다.[144]

회집의 시기를 알고 거기에 적합하게 전달해야 한다. 회집의 시

---

143) 한진환, "어떻게 청중 중심의 설교를 할 것인가?" 김상복, 박영선 외 지음, 『이제는 감동 중심 설교보다는 성화 중심 설교를 해야 교인들이 변한다』(서울: 나침반출판사, 1998), 28-9. 참고.

144) Ibid. 참고.

기가 새벽이냐, 낮이냐, 저녁이냐, 또한 연말이냐, 연시냐에 따라 설교의 형태와 설교의 분위기가 달리 나타나야 청중에게 그 효력을 잘 나타낼 것이다. 연말에는 인생을 돌아볼 수 있는 적절한 시점이다. 그럴 경우 하나님의 은혜에 감사하는 내용으로 차분한 음성으로 설교전달하면 적절할 것이다. 그리고 연초에는 새 희망의 메시지를 힘차게 외치면 그 효력이 더할 것이다. 새벽에 청중의 수도 몇 되지 않은데 야단치듯 큰소리로 회개를 외치는 것은 오히려 청중의 귀를 막을 것이다. 새벽에는 낮에나 밤보다 조용한 목소리로 호소해도 청중은 마음의 문을 활짝 열게 될 것이다.[145]

설교자는 또한 청중의 성별과 연령 그 밖의 청중의 내·외적인 여러 여건들에 대해서 할 수 있는 한 많은 것을 알아야 한다. 성별에 따라 남성과 여성의 차이가 있다. 여성은 감성적이요, 과정적이요, 관계 지향적이다. 반면 남성은 이성적이요, 결과 지향적이요, 일 중심적이다. 연령에 있어서 아이들은 질문에 대답을 잘한다. 그러나 어른들은 질문에 대답하기를 망설이며, 노년에 이를수록 또박또박 떨어지는 큰 목소리를 좋아한다. 노년성도들은 설교소리만 들려도 은혜를 받았다고 한다.

설교자는 이상과 같은 집회의 특성을 이해하고 그에 따라 설교전달을 해야 한다. 청중의 상황을 이해할 때에 설교가 달라지고 설교전달을 효과적으로 시행하게 되며, 그 설교의 효과도 증대되어 나타나게 된다.

---

145) 한진환, 29-30. 참고.

(7) 청중에 대한 수용도 이해

지혜로운 농부라면 씨를 뿌릴 때에 길가, 돌밭, 가시떨기 밭에, 옥토 밭에 무조건 뿌리지는 않을 것이다. 밭을 매고, 거름을 주고 씨를 뿌린다. 마찬가지로 설교자도 듣든지 아니 듣든지 무조건 전할 것이 아니라, 좀 더 청중의 심령을 열수 있는 지혜를 찾아야 할 것이다. 그러면서 설교자가 기억해야 할 것은 청중의 심령이 열려 있는지 여전히 굳게 닫혀 있는지를 알고서 설교전달을 해야 한다. 수용도란 전달되는 메시지에 걸름막(filter)이 열려 있는 정도를 말한다.146) 얼마나 메시지를 받아들일 준비가 되어 있는지를 말한다. 이 수용도를 무시할 때에는 커뮤니케이션에 심각한 오류를 범한다. 수용도가 미미하거나 전무하면 결단과정에 아무런 진전도 없다. 설교자는 이러한 점을 이해하고 고려해서 설교전달을 이루어가야 한다.

---

146) James F. Engel, *Contemporary Christion Communications: It's Theory and Practice*(Nashville, Tennessee: Thomas Nelson Publishers, 1979), 67.

3. 청중이해의 한계

설교에서 '청중이해'를 말하면서 청중에 대한 관심을 강조한 학자들이 "새 설교학자들"[147]이다. 그들은 기존의 설교전달이 청중의 관심을 이끌어내는 데에 실패했다고 결론을 내리고, 새로운 설교전달을 주창하였다. 청중의 관심을 이끌어내는 '들리게 하는 설교'를 해야 한다는 것이다. 그래서 그들은 '청중에 대한 관심'을 강조하고 '어떻게 청중을 일깨워 말씀에 반응하게 할 것인가?'를 연구하며 많은 정성을 쏟았다. 이처럼, 설교에서 청중에 대한 관심을 높였다는 면에서 새 설교학자들의 공헌은 참으로 크다고 할 것이다.

그러나 성경적인 강해설교를 지향하는 오늘 우리들에는 냉정한 통찰력이 필요하다. 물론, 새 설교학자들이 '청중에 대한 관심을 높였다'는 점을 높이 평가해야 하겠지만, 그들이 청중의 경험과 역할에 대하여 지나치게 강조한 나머지 설교의 목적을 진리의 말씀을 전달하는 데에 두지 않고, 청중의 체험에 둠으로써 스스로 설

---

147) ""새 설교학(New Homiletic)"이란 말은 리처드 에스링거가 명제적이고 교훈적인 기존의 설교 양식에서 벗어난 최근의 설교학자들의 주장을 표현하고자 사용한 용어로서 지난 약 30년간의 새로운 설교 형태를 통합적으로 일컫는 말이다." Richard L. Eslinger, *A New Hearing: Living Option in Homiletical Method*(Nashville: Abingdon, 1987), 13-4. 류응렬, "새 설교학: 최근 설교학의 이해와 분석", 『신학지남』(서울: 신학지남사, 2005 여름호/통권 제280호), 142에서 재인용. 주요 "새 설교학자들"로는 크래독, 유진 로우리, 데이비드 버트릭 등이 있다. Ibid., 141-166. 참고.

교를 왜곡시키고, 설교를 망쳐버리는 우를 범하고 만다는 사실이다. 그들은 청중의 체험을 강조하다가 '신학적 상대주의'를 야기하고 말았다.[148] 그들은 성경으로부터 진리를 찾으려고 하지만 성경이 진리라는 것을 고려하지 않는 잘못을 범하여 문제를 발생시킨다.[149]

설교에서 청중이해가 강조되어야 하는 것은 사실이다. 그러나 청중이해에 분명한 한계가 있음을 우리는 기억해야 한다. 하나님의 말씀인 성경의 권위가 설교에서 처음부터 끝까지 유지되어야 하며, 본문의 의도가 분명하게 전달되어야 한다. 그런데 청중이해에 대한 지나친 강조로 인하여 새 설교학자들은 성경의 권위와 본문의 의도를 무시해버리는 우를 범한다. 그들은 설교에서 적용과 결론을 배제해버림으로써 모든 결론을 청중에게 맡겨버리고 만다.[150] 그것은 결국 본문의 의도와는 별개로 청중의 개인적인 체험에만 의지함으로써 진리의 복음에서 벗어나버리고 만다. 성경해

---

148) Charles L. Campbell, *Preaching Jesus: New Directions for Homiletics in Hans Frei's Postliberal Theology*, 이승진 역, 『프리칭 예수』(서울: CLC, 2001), 229.

149) David Larsen, *Telling the Old, Old Story: The Art of Narrative Preaching*(Wheaton, Il: Crossway Books, 1995), 78.

150) "크래독은 청중이 설교에 참여하여 그의 삶에 알맞은 어떤 방식으로든 설교에 결론을 맺는다고 말한다. 사고하고 행동하고 결정을 완전히 내리는 일은 설교자의 일이 아니라 청중의 일이다. 중요한 것은 이 일이 일어나는 과정에 있다. 설교의 목적은 결코 이성적 진리에 있는 것이 아니라 끝이 열려 있는 체험에로의 참여에 있다." Lucy Rose, "The Parameters of Narrative Preaching", *In Journal Toward Narrative Preaching, ed. Wayne Bradley Robinson*(New York: The Pilgrim Press, 1990), 35.

석학적 중심축이 본문의 저자의도에서 벗어나서 청중의 자리에 놓임으로써 절대적인 성경진리의 복음을 상대적인 위험한 위치에 처하게 하고 만다.

예수님께서 성육신하시어 사람들 가운데 오셔서 죄인들을 이해하시고, 죄인들을 받아주시고, 죄인들과 함께 하셨다. 그러나 예수님은 죄가 없으셨다. 예수님의 성육신의 의도는 처음부터 끝까지 일관성 있게 진행되어 갔다. 죄인들을 받아주시고, 죄인들과 함께 하심으로써 끝나는 것이 아니었다. 죄인들의 뜻과 죄인들의 판단에 맡기는 것도 아니었다. 오히려 성육신을 통하여 죄인들을 구원하여 영화로운 천성에 이르게 하는 의도와 목적이 있었다. 예수님은 십자가와 부활로써 그 목적을 이루셨다. 마찬가지로 하나님의 의도된 말씀을 전하는 설교도 그 전달을 위하여 청중을 이해하고, 청중과 함께 해야 하겠지만, 본문 저자의 의도는 끝까지 유지되어야 한다. 그 해석학적 중심축이 성경본문과 저자에 있어야 하고, 본문에 대한 철저한 주해를 통하여 얻어진 저자의 의도를 효과적으로 청중에게 전달하기 위하여 청중에 대한 해석 작업도 철저히 해야 한다.

우리는 성경적인 강해설교를 해야 한다. "설교에서 청중이해를 강조한 나머지 청중이 본문을 지배하는 어리석음을 경계해야 한다. 오히려, 본문이 청중을 지배하게 해야 한다. 설교란 하나님의 의도된 본문말씀으로 청중을 변화시키는 것이다."[151] 따라서 강해설교란 설교의 내용이 철저히 본문의 지배를 받아야 하며, 하나의 원

---

151) 류응렬, "새 설교학: 최근 설교학에 대한 개혁주의적 평가", 206-7.

리가 성경본문으로부터 나와야 하고, 본문의 그 핵심 주제나 사상을 구심점으로 하여 모든 자료들이 하나의 일관된 체계 가운데 통일성 있게 재구성되어서, 그 메시지가 청중의 삶에 적실하게 적용되어 청중으로 하여금 본문의 저자이신 하나님의 의도대로 청중을 변화시키는 것이어야 한다.152) 강해설교에서 청중이해가 필요하고, 청중이해에 따른 설교전달이 이루어져야 한다. 그러나 청중이해를 강조하다가 새 설교학자들처럼 본문이 왜곡되고, 지나치게 청중중심으로 치우쳐서는 안 된다. 하나님의 말씀인 성경의 권위를 인정하고, 성경본문의 저자의도에 따라 청중의 변화를 위하여 언제나 성경적인 강해설교를 해야 한다.

우리는 이상에서 청중이해에 대한 범위를 살피면서 설교에서 청중이해의 중요성 내지 필요성, 더 나아가 설교에서 청중이해의 필연성을 발견하게 되었다. 청중은 하나님과 성경과 설교자 그리고 설교와 더불어 일정한 위치에 있다. 청중이 없으면 설교도 설교자도 있을 수 없다. 청중은 하나님의 백성으로 세상에 살면서 역설적 긴장을 가지고 있지만 설교 중에 성령의 역사로 새 힘을 얻고, 하나님의 의도대로 변화를 받게 된다. 청중은 하나님 앞에서 성경의 중재를 받지만 세상에서 긴장하면서 살아간다. 항상 긴장이 따

---

152) Haddon W. Robinson, *Biblical Preaching*(Grand Rapids: Baker Book House, 1980), 20. Bryan Chapell, *Christ-Centered Preaching* (Grand Rapids: Baker Book House, 1994), 129. Sidney Greidanus, *The Modern Preacher and the Ancient Text*(Grand Rapids: Eerdmans, 1988), 11. 송인규, 『성경, 어떻게 적용할 것인가』(서울: 한국성서유니온선교회, 2001), 227-34.

르지만 설교를 듣는 중에 세상에서 받는 긴장이 해결되고 세상에서 위치를 확인하고 새롭게 지어져 간다. 청중은 말씀의 전령이요, 목양자요, 이야기 전달자요, 증인인 설교자와 일정한 관계를 이룬다. 설교자와 관계를 이루는 데 중요한 것은 설교자와의 인격적 관계다. 설교자가 말씀의 전령이 되고, 목양자, 이야기 전달자, 증인이 되는 것은 청중을 위해서다. 청중은 설교의 궁극적 대상이며, 설교에 참여하여 설교의 중요한 위치에 자리한다.

설교는 청중이 있기에 존재한다. 따라서 설교에서 중요한 위치에 있는 청중을 설교자는 알고 이해해야 한다. 청중을 알지 못하면 청중이 설교를 통하여 변하도록 하는 데 문제가 발생한다. 청중을 알아야 청중이 들을 수 있도록 설교전달을 하게 된다. 청중이 들을 수 있는 설교전달을 이루기 위하여 설교자는 청중에 대한 사회문화적, 심리학적, 언어학적, 교육, 경제, 신앙, 모든 필요, 집회특성, 수용도 등등 청중에 대한 모든 것을 이해해야 한다. 청중에 대한 제반 사항을 이해하고 청중이해에 따라 설교전달을 해야 한다. 설교자는 성경본문에 대한 분명한 해석 못지않게 청중을 알고 청중이해에 따라 해석된 성경말씀을 효과적으로 전달하기 위하여 청중이해에 전력을 다하여야 한다. 전달되지 않는 설교는 이미 설교가 아니기 때문이다.

그럼 이제, 사도행전에 나타난 베드로의 설교(행2장, 10장)와 바울의 설교(행13장, 17장)를 분석함으로써 본문에 나타난 메시지를 전달할 때 청중이해에 따라 적응 형태가 달리 나타나게 되는 것과 청중의 이해가 설교전달방법에 큰 영향을 미친다는 사실을 두 사

도의 설교분석에서 찾으며, 더 나아가 청중이해에 따라 설교전달
이 이루어져야 함을 성경적으로 밝히고, 청중이해에 따른 설교전
달방법을 얻어내고자 한다.

제
2
장

청중이해에 따른 베드로와
바울의 설교전달분석

우리는 다음의 베드로설교(행2장, 10장)와 바울설교(13장, 17장)에서 '무엇을 전할 것인가?'를 분명히 알고, 그 설교 내용을 '어떻게 전달할 것인가?' 속에서 효과적으로 설교한 모범을 발견하게 된다. 베드로와 바울의 설교를 분석하면서 우리는 설교의 공통점을 발견하게 된다. 베드로와 바울의 설교 모두 청중을 이해하고 청중이해에 따라 설교전달이 진행되었다. 따라서 본 연구를 통하여 베드로와 바울의 설교전달에 대한 분석연구를 통하여 설교에서 청중이해의 중요성 내지 필요성을 성경적으로 밝히고, 청중이해에 따른 효과적인 설교전달방법을 찾고자 한다.

1. 베드로의 설교전달분석

우리는 이제 오순절 성령강림 이후 사도시대의 첫 설교자인 베드로의 설교전달을 분석하고자 한다. 베드로의 성령강림 이후, 첫 설교인 사도행전 2장 14-41절과 이방인을 향한 베드로의 첫 설교인 사도행전 10장 34-48절의 설교전달을 분석함으로써 성경에서 설교전달이 어떻게 시행되었으며, 베드로의 설교전달에서 나타난 '청중이해'를 살펴보고자 한다.

(1) 사도행전 2장 14-41절의 설교전달분석

◆ 설교 본문

(행2:14-41) "(14)베드로가 열한 사도와 같이 서서 소리를 높여 가로되 유대인들과 예루살렘에 사는 모든 사람들아 이 일을 너희로 알게 할 것이니 내 말에 귀를 기울이라 (15)때가 제 삼시니 너희 생각과 같이 이 사람들이 취한 것이 아니라 (16)이는 곧 선지자 요엘로 말씀하신 것이니 일렀으되 (17)하나님이 가라사대 말세에 내가 내 영으로 모든 육체에게 부어 주리니 너희의 자녀들은 예언할 것이요 너희의 젊은이들은 환상을 보고 너희의 늙은이들은 꿈을 꾸리라 (18)그때에 내가 내 영으로 내 남종과 여종들에게 부어 주리니 저희가 예언할 것이요 (19)또 내가 위로 하늘에서는 기사와 아래로 땅에서는 징조를 베풀리니 곧 피와 불과 연기로다 (20)주의 크고 영화로운 날이 이르기 전에 해가 변하여 어두워지고 달이 변하여 피가 되리라 (21)누구든지 주의 이름을 부르는 자는 구원을 얻으리라 하였느니라 (22)이스라엘 사람들아 이 말을 들으라 너희도 아는 바에 하나님께서 나사렛 예수로 큰 권능과 기사와 표적을 너희 가운데서 베푸사 너희 앞에서 그를 증거하셨느

니라 (23)그가 하나님의 정하신 뜻과 미리 아신 대로 내어 준 바 되었거늘 너희가 법 없는 자들의 손을 빌려 못 박아 죽였으나 (24)하나님께서 사망의 고통을 풀어 살리셨으니 이는 그가 사망에게 매여 있을 수 없었음이라 (25)다윗이 저를 가리켜 가로되 내가 내 항상 내 앞에 계신 주를 뵈었음이여 나로 요동치 않게 하기 위하여 그가 내 우편에 계시도다 (26)이러므로 내 마음이 기뻐하였고 내 입술도 즐거워하였으며 육체는 희망에 거하리니 (27)이는 내 영혼을 음부에 버리지 아니하시며 주의 거룩한 자로 썩음을 당치 않게 하실 것임이로다 (28)주께서 생명의 길로 내게 보이셨으니 주의 앞에서 나로 기쁨이 충만하게 하시리로다 하였으니 (29)형제들아 내가 조상 다윗에 대하여 담대히 말할 수 있노니 다윗이 죽어 장사되어 그 묘가 오늘까지 우리 중에 있도다 (30)그는 선지자라 하나님이 이미 맹세하사 그 자손 중에서 한 사람을 그 위에 앉게 하리라 하심을 알고 (31)미리 보는 고로 그리스도의 부활하심을 말하되 저가 음부에 버림이 되지 않고 육신이 썩음을 당하지 아니 하시리라 하더니 (32)이 예수를 하나님이 살리신지라 우리가 다 이 일에 증인이로다 (33)하나님이 오른손으로 예수를 높이시매 그가 약속하신 성령을 아버지께 받아서 너희 보고 듣는 이것을 부어주셨느니라 (34)다윗은 하늘에 올라가지 못하였으나 친히 말하여 가로되 주께서 내 주에게 말씀하시기를 (35)내가 네 원수로 네 발등상 되게 하기까지 너는 내 우편에 앉았으라 하셨도다 하였으니 (36)그런즉 이스라엘 온 집이 정녕 알지니 너희가 십자가에 못 박은 이 예수를 하나님이 주와 그리스도가 되게 하셨느니라 하니라 (37)저희가 이 말을 듣고 마음에 찔려 베드로와 다른 사도들에게 물어 가로되 형제들아 우리가 어찌 할꼬 하거늘 (38)베드로가 가로되 너희가 회개하여 각각 예수 그리스도의 이름으로 세례를 받고 죄 사함을 얻으라 그리하면 성령을 선물로 받으리니 (39)이 약속은 너희와 너희 자녀와 모든 먼 데 사람 곧 주 우리 하나님이 얼마든지 부르시는 자들에게 하신 것이라 하고 (40)또 여러 말로 확증하며 권하여 가로되 너희가 이 패역한 세대에서 구원을 받으라 하니 (41)그 말을 받는 사람들은 세례를 받으매 이 날에 제자의 수가 삼천이나 더 하더라"153)

1) 청중의 상황

베드로 설교의 그 대상은 "유대인들과 예루살렘에 사는 모든 사람들" ᾿Ἄνδρε᾿ Ἰουδαῖοι καὶ οἱ κατοικοῦντε᾿ Ἰερουσαλὴμ (ἄπαντε᾿,) ((πάντε᾿,ʃ)— 즉 유대인들만이다.154) 베드로는 자기가 전하는 것에

---

153) "사도행전 2장", 『한글개역성경』(서울: 대한성서공회)
154) "'유대인들'로 번역된 ᾿Ἄνδρε᾿ Ἰουδαῖοι는 두 가지 의미를 가질 수 있다. NASB는 '유대의 사람들(Men of Judae)', 즉 '유대 땅에 거주하는 사람'이라는 뜻으로 번역하였다. 그러나 '유대'가 지명을 가리킨다기보다는 사람을 가리키므로 이러한 번역보다는 NJB처럼 번역하는 것이 좋다. NJB는 '안드레스(᾿Ἄνδρε᾿)'는 사람을 호칭하는 말로 보고 '이우다이오이(Ἰουδαῖοι)'는 혈통적 유대인을 가리키는 것으로 보아 '여보시오, 유대인들이여(Men, Jews)'라고 의역한 것이다. 이처럼 본 설교를 유대 땅이라는 지역에 사는 사람들로 국한하기보다는 오히려 유대인의 혈통을 가진 사람들을 대상으로 한 것으로 보

대한 확신과 열정을 가지고 두려워하거나 부끄러워하지 않고 낯선 말로써 이민족을 대상으로 설교하지 않고 당시 통용되는 언어로 유대인들과 예루살렘에 사는 모든 사람들에게 소리를 높여 말하였다.[155)

사도행전 2장에는 오순절에 예수님의 약속대로 성령이 강림한 사건이 나온다.[156) 즉 다락방에 모여서 기도하던 120명이 모두 다 성령의 충만을 받고 성령이 말하게 하심을 따라 각기 다른 방언으

아야 한다. 왜냐하면 당시 청중들은 오순절을 지키기 위해 모인 사람들로서 유대라는 특정 지역에 살지 않는 디아스포라(diaspora) 유대인들을 상당히 포함하고 있었기 때문이다. 그리고 본문의 문맥에서 볼 때, '유대인들과' 바로 다음에 '예루살렘에 사는 모든 사람들'이라는 표현이 등장하기 때문이다. 즉 전자는 혈통적 개념을 강조하고, 후자는 지역적 개념을 강조하여 나타낸다고 볼 수 있는 것이다. 또한 예루살렘이라는 표현 역시 단지 예루살렘 성내에 사는 사람들뿐만 아니라 예루살렘을 중심으로 살아가는 본토 유대인들을 총칭하는 표현으로 보아야 한다. 즉 예루살렘이라는 표현에는 유대라는 확장된 지역 개념이 포함되어 있다." "On Acts Ch. 1-7", *The Oxford Bible Interpreter which Shows All The Truths of The Holy Bible From Bottom to The Top* (Disciples' Publishing House, 2002), 173-4. 따라서 베드로 설교의 대상은 유대인들만으로 보는 것이 타당하다.

155) Matthew Henry, "Vol.Ⅵ.-Acts to Revelation" *Matthew Henry's Commentary on the Whole Bible*(Fleming H. Revell Company Old Tappan, New Jersey, 1960), 19.

156) (행1:4-5) "(4)……예루살렘을 떠나지 말고 내게 들은 바 아버지의 약속하신 것을 기다리라 (5)……너희는 몇 날이 못 되어 성령으로 세례를 받으리라……" 이 밖에 예수님의 성령에 대한 약속은 요 14:16,17, 15:26, 16:7 등에도 나타난다.

로 말하게 된다. 이와 같은 성령 강림의 결과로 당시에 천하 각국 (본문에 구체적으로 기록된 국명은 15개국)에서 예루살렘에 와서 머물고 있었던 경건한 유대인들 사이에 큰 소동이 생겼다. 왜냐하면 결코 유식하다고는 볼 수 없었던 '갈릴리 출신 사람들'이 세계 각국에서 모여든 사람들의 서로 다른 나라들 말로 각각 알아들을 수 있는 방언을 했기 때문이다.[157) 반응은 두 가지로 나누어진다. 첫째 무리들은 "……우리가 다 우리의 각 방언으로 하나님의 큰일을 말함을 듣는도다…… 이 어찐 일이냐……(행2:11-12)" 하며 놀라움과 의혹을 금치 못했다. 그러나 둘째 무리들은 조롱하며 "저희가 새 술이 취하였다(행2:13)"고 하면서 성령의 거룩한 사역을 주정뱅이의 저속한 행동과 동일시하였다. 그때에 베드로가 일어나서 그들(청중들)에게 이 사건의 진상을 밝힘으로써 청중들의 의혹을 풀어줌과 동시에 이를 복음 전도의 기회로 삼고 설교를 하게 된다. 베드로는 "열한 사도와 같이 서서 소리를 높여" 청중들을

---

157) "갈릴리는 일반적으로 교육의 혜택을 제대로 받지 못한 지역이었다. 뿐만 아니라 갈릴리 지역의 사람들은 히브리어나 아람어의 특징 중의 하나인 후음(喉音), 즉 목으로 내는 된 소리의 발음을 제대로 하지 못했고 말을 할 때에 우물거리는 습관이 있어서 예루살렘 사람들로부터 놀림을 받곤 했었다. 베드로가 예수를 모른다고 계속 부인했음에도 불구하고 사람들이 베드로를 갈릴리 사람으로 확신했던 이유 중의 하나도 그의 독특한 억양 때문이었다(눅22:59). 따라서 군중들은 그런 갈릴리 사람들이 한 번도 가본 적도 없는 여러 나라들의 언어들을 거침없이 쏟아내는 것을 보고 놀라지 않을 수 없었을 것이다." "on Acts ch. 1-7", *The Oxford Bible Interpreter* (Disciples' Publishing, 2002), 155.

향하여 외치기 시작한다.

2) 설교의 주제와 목표

베드로의 설교는 청중이 던지는 질문을 가지고 설교를 하고 있다. '우리가 다 우리의 각 방언으로 하나님의 큰일을 말함을 듣는다'며 놀라는 청중들과 '저희가 새 술이 취하였다'고 조롱하는 청중들을 향해서 이 일(하나님의 큰일)을 청중으로 바로 알게 하려고 설교하는 것이다.158) 베드로는 설교를 통하여 청중들이 궁금해하는 '하나님의 큰 일'이야말로 '예수 그리스도를 통한 하나님의 구원 사역'이라고 증거한다. 우리는 베드로의 설교에서 베드로가 '하나님의 큰 일, 즉 예수 그리스도를 통한 하나님의 구원사역'이라는 제목을 가지고 지금의 상황이 십자가와 부활의 주인공이신 예수 그리스도의 구원사역임을 청중들에게 알게 하여 청중들로 하여금 회개하여 예수 그리스도를 믿고 이 패역한 세대에서 구원을 받게 하려는 분명한 목표를 가지고 설교를 하는 것임을 발견하게 된다. 설교는 하나님의 신비와 인간의 현실을 묶어주는 역할을 하는 것이 특징인데,159) 베드로는 '하나님의 큰 일'에 대한 청중들의 의혹을 풀어줌과 동시에 이를 청중을 구원하는 복음 전도의 기회

---

158) (행2:14) "베드로가 열한 사도와 같이 서서 소리를 높여 가로되 유대인들과 예루살렘에 사는 모든 사람들아 이 일을 너희로 알게 할 것이니 내 말에 귀를 기울이라"

159) 이순한, 『사도행전 강해』(서울: 한국기독교교육연구원, 1993), 83.

로 삼았던 것이다. 청중들의 상황을 이해하고, 그 청중이해에 맞춰 설교의 주제와 목표가 설정되고 진행된 것을 발견하게 된다.

3) 설교의 도입

14절에서 베드로는 열한 사도와 같이 '서서'160) 소리를 높여 "유대인들과 예루살렘에 사는 모든 사람들아 이 일을 너희로 알게 할 것이니"라고 하여 설교의 내용을 암시하고 있다. 그 내용은 지금 청중들이 '놀라며 의혹하는 일', '조롱하는 일'에 대한 것이다. 현실을 무시하거나 현실과 동떨어진 말로 청중을 도외시한 채 전하는 설교가 아니다. 현실 문제를 근거로 전도설교의 "도입"을 삼고 있다. 베드로는 청중을 이해하고 있으며, 그 이해에 따라 청중이 고민하는 일을 가지고 청중의 문제의식을 자극하고 있다. 그러면서 청중들에게 설교가 어디로 나아가는지를 보여주고 있다. 청중들의 고민을 자극하며 그 고민을 해결해주겠다는 베드로의 확신에 찬 목소리이다.

---

160) 칼빈(John Calvin)은 "이 '서서'라는 말로써 누가는 이 모임에서 베드로가 무슨 중요한 설교를 했다는 것을 지적해 준다. 왜냐하면 그들이 좀 더 잘 알아듣게 하려고 할 때, 연사들은 그들 앞에 일어서서 말했기 때문이다."라고 말함으로써 베드로가 청중들로 하여금 좀 더 잘 알아듣게 하려고 청중들을 배려하며 설교했다고 언급한다. John Calvin, *Commentary Upon The Acts Of The Apostles*(Edinburgh: T. & T. Clark, 38, George Street, Vol. I, Chapters 1-13, 1552. Translated into English, 1965, Vol. II, Chapters 14-28, 1554. Translated into English, 1966), 45.

4) 설교의 전개

① 청중을 위한 설명

베드로는 자신의 설교를 듣는 청중들을 고려하면서 차근차근 설명해 감으로써 청중들로 자신의 설교에 귀를 기울이게 하고 있다. 베드로는 15절에서 "때가 제 삼시니 너희 생각과 같이 이 사람들이 취한 것이 아니라"고 하면서 13절에서 유대인들(청중)이 방언하는 제자들을 보고 술에 취하였다고 조롱한 사실에 대해 청중들이 공감하는 이해를 끄집어내어 논리적으로 반박하며 설명하고 있다. 유대인들은 유월절이나 오순절 같은 절기 때에는 오전 10시까지는 보통 금식을 하였다.[161] 그런데 지금 시간은 '삼시',[162] 즉 현대 시간 구분법에 의하면 오전 9시를 가리키므로 제자들이 술에 취하였다는 유대인들의 말은 전혀 근거가 없다는 설명이다. 베드로는 단지 '삼시'는 해가 뜨는 시간으로서 너무 일러서 제자들이 술을 마실 기회가 전혀 없었다고 청중들에게 설명을 하는 것이다.[163] 그리고 베드로는 선지자 요엘의 예언(욜2:28-32)[164]과 다윗왕의

---

161) "on Acts ch. 1-7", *The Oxford Bible Interpreter*, 174.

162) 유대인은 해 뜰 때부터 질 때까지를 12분 했으므로 제3시는 오전 9시에 해당한다. 이 시간은 아침 기도의 시간이며 성전에서는 아침 제물을 바치는 시간이다. 그들은 제4시(오전 10시) 이전에는 식사를 하지 않았고 안식일에는 제6시(정오)에 식사하였다고 한다(Josephus Vita 54). 이상근, 『사도행전 주해』(서울: 총회교육부, 1973), 47.

163) F. F. Bruce, "The Book of The Acts", *The New International Commentary On The New Testament* (Eerdmans, 1954. Reprint, 1974.), 67.

예언(시16:8-11, 시110:1)을 예로 들어 제자들에게 임한 성령강림의 사건과 그리스도 복음에 대하여 설명하고 있다. 이러한 설명은 구약을 하나님이 말씀으로 믿고 구약에 익숙한 유대인들, 즉 청중들이 요엘의 예언과 다윗의 예언을 매우 잘 알고 있을 것이기 때문에 이것을 근거로 들어 설명하면 그들이 쉽게 이해할 것이라는 판단 때문이었다.[165] 칼빈은 "말세에(ἐν ταῖ" ἐσχάται" ἡμέραι")"를 주석할 때에 베드로의 설교가 청중을 고려하면서 또 청중을 위하여 청중들이 익히 잘 알고 있는 것을 가지고 설명하고 있음을 지적한다.

그러므로 베드로의 말은 요엘이 말하려고 하는 의도와 일치한다. 다만 그는 설명의 형식으로 이 말을 첨가한 것이다. 그것은 당시에 실추되었던 교회의 명성이 하나님의 성령에 의하여 새로워지는 일을 통해서만 회복될 수 있다는 사실을 유대인들(청중들)이 알도록 하기 위함이었다. 한 걸음 더 나아가서 교회의 갱신이란 이를테면 새 시대의 시발점을 의미하는 것이기 때문에 베드로는 그것을 마지막 날에 속하는 것으로 생각한 것이다. 그리고 확실히 다음의 사실은 유대인들(청중들)에게 익히 잘 알려진 일이었다. 즉 축복되고 잘 정돈된 모습의 교회에 관한 모든 위대한 약속은 그리스도께서 오셔서 모든 것을 회복하시기까지는 성취되지

---

164) 구약을 하나님의 말씀으로 믿는 유대인들에게 설교하면서, 성령의 강림이 구약 선지자 요엘의 예언대로 된 것이라고 증거 한 것은, 그것(구약예언)을 가장 권위 있고 믿을 만한 것으로 내세우는 것임에 틀림없다. 박윤선, 『성경주석 사도행전』(서울: 영음사, 1988), 67.

165) "on Acts ch. 1-7", *The Oxford Bible Interpreter*, 175.

않을 것이라는 사실이다. 그러므로 여기서 요엘로부터 인용된 것
이 마지막 때에 속한 것이라는 사실은 그들(청중들) 가운데서 의
심의 여지가 없는 것이었다.[166]

② 청중을 위한 증명

복음의 메시지는 사도들의 증거와 선지자들의 증언이 함께 결합
되어 선포의 진실성을 보증해주면서 선포되어 왔다.[167] 베드로는
그리스도가 부활하신 일을 "이 예수를 하나님이 살리신지라. 우리
가 다 이 일에 증인이로다."(32절)라고 함으로써 자신과 동료들이
그리스도가 죽으시기 전에 그를 친히 알았고, 부활하신 후에도 친
히 그와 대화를 나누었으며, "그와 먹고 마셨다"고 주장한다. 그러
나 베드로는 자신의 경험 안에만 갇혀 있지 않았다. 베드로는 청
중들로부터 동의를 얻는데 이용 가능한 모든 합법적 수단을 사용
하였다. 베드로는 "너희가 십자가에 못 박은 이 예수를 하나님이
주와 그리스도가 되게 하셨음"(행2:36)을 증명하기 위하여 경험과
성경 말씀 양자로부터 추론하였다.[168] 예수의 기적들, 십자가, 부
활, 다윗의 무덤, 오순절 날의 현상들, 이 모든 입증할 수 있는 사
건들이 베드로가 펴는 논의의 무게를 더해 주었다. 유대인들로부

---

166) Calvin, *Commentary Upon The Acts Of The Apostles*, 46.

167) Bruce, "The Book of The Acts", 73.

168) 칼빈(John Calvin)은 베드로가 청중들에게 그리스도를 알게 하기 위
하여 요엘과 다윗의 증언을 인용하여 그리스도가 이미 나타나셨음
을 증명하고, 확실히 부활하셨다고 입증한다고 강조한다. Calvin,
Commentary Upon The Acts Of The Apostles, 46. 60.참고.

터 영감을 받은 선지자들로 존경을 받는 요엘과 다윗 두 사람이 사람들이 경험한 바를 설명하기 위한 증언자로 인용되었다. 베드로는 자기 설교의 정당성을 입증하기 위하여 청중이 이미 취득한 지식에 적응해 나갔다.[169]

베드로는 청중인 유대인들이 익숙하게 알고 있는 구약 신학의 정수라고 할 수 있는 메시아 대망 사상을 청중이 잘 알고 있는 요엘(욜2:28-32)과 다윗의 예언(시16:8-11)을 토대로 하여 청중이 또한 익히 알고 있는 나사렛 예수 그리스도의 성육신과 죽으심 그리고 부활에 연결시키고, 뒤이어 바로 이러한 그리스도께서 승천하셔서 성령을 보내주셨음을 증명하고 있다. 이 성령의 역사는 메시아 왕국에 대한 구약 예언의 성취다. 따라서 그 나라가 임박하였다는 증거이며, 또한 다른 구약 예언의 성취라는 것이다. 성령의 임재는 그리스도의 선물로써 그의 부활과 승천의 결과요 그 증거라는 것이다.

사실, 청중들이 이미 예수 그리스도를 알고 있었다. 베드로는 행 2:22에서 "……너희도 아는 바에 하나님께서 나사렛 예수로 큰 권능과 기사와 표적을 너희 가운데서 베푸사 너희 앞에서 그를 증거하셨느니라"고 하였다. 여기에서 베드로가 청중들에게 "너희도 아는 바에"라고 한 점에 우리는 주목해야 한다. 이 말은, "아우토이 오이다테"(αὐτοὶ οἴδατε)로 "너희들 자신들이 알고 있는 대로"의 뜻이다. 그러니까 현재, 베드로의 설교를 듣고 있는 유대인들이 이

---

169) Haddon W. Robinson, *Biblical Preaching* (Baker Book House, Michigan, 1982), 80.

미 경험하였고 익히 알고 있는 역사적 사실이라는 것이요, 그들이 이 일을 부인할 자가 있을 수 없다는 강한 말이다. 베드로는 그의 설교에서 청중이 알고 있는 바를 최대한 활용하고 있음을 발견하게 된다.

더 나아가 베드로는 청중들이 경험하여 아는 바에 청중들이 익숙한 다윗의 예언(시110:1)을 추가하여 예수는 곧 주와 그리스도가 되심을 한층 더 강조하여 증명하고 있다. 현재 청중들 앞에 있는 제자들이 청중들의 오해대로 술에 취한 것이 아니라, 부활 승천하신 예수 그리스도께서 아버지께 받아서 부어주신 성령의 역사임을 청중들에게 증명하고 있는 베드로이다. 베드로는 청중들이 알고 있는 바를 끄집어내어 증명하고 있다.

③ 청중을 위한 적용

베드로는 그리스도의 죽음과 부활과 승천을 자신의 청중들에게 적용시킨다. 19절과 20절에서 말세에 일어날 현상을 지적함으로써 청중들의 회개를 촉구하고, 21절에서 예수를 믿는 자들은 구원을 받게 된다는 사실을 청중들에게 강조함으로써 청중들에게 적용시키며 청중들의 결단을 촉구하고 있다. 새 설교학자들이 말하는 것처럼, 적용과 결론을 배제하면서 넌지시 던진 것이 아니다.[170] 성령 충만한 제자들을 보고 의아해하는 청중의 상황과 긴밀히 연결

---

170) Lucy Rose, "The Parameters of Narrative Preaching", *In Journal Toward Narrative Preaching, ed. Wayne Bradley Robinson*(New York: The Pilgrim Press, 1990), 35. 참고.

시키는 적용의 적실성을 분명히 살리고 있음을 볼 수 있다. 또한, 부루스(F. F. Bruce)가 지적한 대로 "증거된 요소들은 한 가지 결론에 초점을 맞춘다."171) 베드로는 "그런즉 이스라엘 온 집이 정녕 알지니……"(36절)라고 하면서 분명한 결론을 내리고 있다. "하나님이 보내신 예수, 그는 주인이시오, 그리스도로써 이스라엘 온 집(청중들)이 기다렸던 바로, 그분이심을 확실히 알아야 한다고 하며, '정녕'(ἀσφαλῶς)이라는 말은 청중들에게 참으로 그리스도를 신뢰하도록 하기 위함일 뿐 아니라 의심할 여지가 없는 확실한 사항까지도 가끔 그렇게 쉽게 의심하는 많은 사람들로부터 일체의 의심을 깨끗이 제거하기 위함이기도 하다. 그의 설교의 결말에서 그는 그들이 그리스도를 십자가에 못 박은 일로써 다시 한 번 그들을 책망한다. 이로써 그들(청중들)이 양심의보다 깊은 괴로움과 아픔을 느껴 거기에서 치유를 추구하게 하기 위함이다."172)

베드로는 자신의 청중들을 향하여 '유대인들과 예루살렘에 사는 모든 사람들아'(14절), '이스라엘 사람들아'(22절), '형제들아'(29절)라고 부름으로써 자신이 허공에 허무하게 외치는 것이 아니라 분명한 대상인 청중을 향하여 분명한 목적을 가지고 설교하고 있음을 나타내고 있다.173) '유대인들'이라는 말이 일반으로 듣기에는 민족적 이름이라고 할 것이다. 그러나 사실은 바벨론 포로 이후로,

---

171) Bruce, "The Book of The Acts", 73.

172) Calvin, *Commentary Upon The Acts Of The Apostles*, 72.

173) 다음 구절들이 베드로 설교의 목적지향성을 뒷받침해주고 있다. (행 2:14) "…… 이 일을 너희로 알게 할 것이니 내 말에 귀를 기울이라." (행2:22) "……이 말을 들으라……"

민족적 신앙적 전통을 유지하지 못한 사마리아인들에 비하여, 선민의 혈통과 신앙의 전통을 유지하고 있다는 우월감이 깃든 이름이기도 하다. 또한 베드로가 청중을 '이스라엘 사람들아'라고 부른 것은 하나님의 사랑을 받고 있는 민족이라는 뜻이다. 29절의 '형제들아'는 14절의 '유대인들아'나 22절의 '이스라엘 사람들아'보다 훨씬 더 친근한 표현이다. 베드로는 14절에서 혈통적 측면을 강조해서 유대인으로 불렀고, 22절에서는 구약의 언약적 측면을 강조해서 이스라엘 사람으로 불렀으나 "형제들아"는 예수 그리스도로 말미암아 구원받고 한 형제가 될 수 있다는 사실을 강조하기 위해 사용한 호칭이다.174) 베드로가 이렇게 부른 것은 청중을 설득하기 위한 동일시(Identification)의 한 측면이라고 볼 수 있겠다. 이렇게 함으로써 베드로는 그의 설교를 통하여 이스라엘의 최고의 영광과 최고의 소망이 바로 예수 그리스도로 말미암아 성취되었음을 청중들이 깨닫기를 원한 것이다.

베드로는 요엘2:32절을 인용하여 "누구든지 주의 이름을 부르는 자는 구원을 얻으리라 하였느니라"(21절)고 하면서 자신의 청중들을 향해 예수 그리스도를 믿을 것을 강조하고 있다.175) 또한 "이

---

174) "on Acts ch. 1-7", *The Oxford Bible Interpreter*, 190.

175) '예수님을 선포하는 것'으로는 충분하지 않다. 오늘날에는 여러 다른 예수들이 제시되고 있기 때문이다. 그러나 신약의 복음에 따르면, 그분은 역사적이시며(그분은 실제로 역사의 장 속에서 사셨고 죽으셨고 부활하셨고 승천하셨다), 신학적이시고(그분의 삶과 죽음과 부활과 승천은 모두 구원의 의미를 지니고 있다), 현대적이시다 (그분은 지금도 살아계시며 통치하시면서 그분께 응답하는 자들에

스라엘 사람들아 이 말을 들으라"고 함으로써 베드로의 의도는 청중들이 회개하고 복음 되시는 예수 그리스도를 믿고 구원을 받게 하려는 데에 있다. 회개하여 예수 그리스도를 믿으면 죄 사함을 얻게 될 뿐만 아니라 누구든지(너희 청중들도, 성령 충만함을 받아 만국 방언으로 하나님의 큰일을 말하는 지금 우리처럼) 성령을 선물로 받을 것이라(38-40절)고 하여 베드로는 자신의 설교를 청중들에게 적용시키고 있다.

5) 설교의 결과

성령 충만한 베드로의 설교는 대성공적이었다. 성령은 말씀으로 인하여 놀라운 일을 이룩하였다. 자신의 힘으로 회개할 수 없었던 자들이 성령충만한 베드로의 설교를 듣고 크고 놀라운 변화를 받았다. 이것이야말로 "구원에 이르게 하는 하나님의 능력"인 것이다. 베드로의 설교를 들은 청중들의 변화가 확연히 드러난다. 그 설교의 결과는 두 부분으로 나누어진다.

① 1차적 결과: 청중들이 베드로의 설교를 듣고 ① 마음에 찔

게 구원을 내려 주신다). 이처럼 사도들은 같은 예수님의 이야기를 세 가지 측면에서 이야기했다 — 역사적 사건으로서(그들 자신의 눈으로 목격한), 신학적 의미가 있는 것으로서(성경에 의해 해석된), 그리고 현대적 메시지로서(사람들에게 결단의 필요성에 직면하게 하면서) 말이다. 우리도 오늘날 예수님의 이야기를 사실과 교리와 복음으로써 말해야 할 똑같은 책임을 지니고 있다. John R. W. Stott, *The Message of Acts*: *To the ends of earth*(Originally Published by InterVarsity Press, 1990), 88.

려,[176] ② 베드로와 다른 사도들에게 자신들이 어찌해야 되는지를 물었다(37절).[177] 특별히 베드로가 청중들을 향하여 세 번째로 부른 호칭인 "형제들아"(29절)를 청중들이 베드로와 다른 사도들을 향하여 똑같이 "형제들아"(37절)를 사용함으로써 청중들이 베드로의 설교를 진정으로 받아들이고 도움을 청할 마음이 있었음을 잘 보여 주고 있다.

② 2차적 결과: ① 베드로의 설교를 들은 청중들은 하나님의 말씀을 기쁘게 받아들였다. 청중들은 베드로의 증거를 확신하였고, 제공된 증거들을 받아들였다. 그 결과 삼천 명이나 세례를 받고, 예수 그리스도의 제자의 길에 동참하였고(41절) ② 그 청중들이 계속해서 사도의 가르침을 받아 서로 교제하며 떡을 떼며 기도하

---

176) 헨리(Matthew Henry)는 "청중들은 그리스도의 죽음에 동참한 자신들에 대한 분노로 "마음의 찔림"을 받았다. 그들을 반박한 베드로는 이제 그들의 양심을 일깨웠고 골수까지 그들을 찔렀다. 청중들이 이 모든 말씀을 들은 후 그 말씀은 "뼈까지 파고드는 칼날이 있어" 그들이 그리스도를 찔렀던 것처럼 그들을 관통하였다."고 말하면서 "그들은 난처한 입장에 직면하여 무엇을 해야 할지 알지 못하는 사람처럼 말하였다. 그들은 깜짝 놀라서 "우리가 못 박은 바로 그 예수가 주 그리스도시란 말인가? 그렇다면 그를 십자가에 못박은 우리는 어떻게 해야 될까? 우리 모두 범죄하였구나!"라고 말하였다."라고 본문을 해석하고 있다. Henry, 25-26.

177) "청중들은 막다른 골목에 직면한 사람처럼 말하였다. 그들은 즉시 무엇을 지시받든지 그것을 행하리라고 결심하였다. 그들에게 생각할 여유가 없었고 적절한 시기를 기다리기 위해 그들의 확신을 행동으로 옮기는 것을 연기할 수도 없었다. 다만 지금 그들이 직면하고 있는 비참함을 면하기 위하여 어떻게 해야 될 것인지 알고 싶어하였다." Ibid., 26.

기에 오로지 힘쓰며 행복한 공동체를 이루어갔다(42절).[178]

이상의 베드로설교는 오순절 성령강림사건에 대해 천하각국에서 예루살렘에 와서 머물고 있었던 경건한 유대인들, 즉 특별계시인 구약성경을 잘 아는 청중들을 대상으로 청중을 이해하고 설교전달을 하였다. 베드로는 청중들이 궁금해하는 '하나님의 큰 일', 즉 "예수 그리스도를 통한 하나님의 구원사역"을 청중들에게 알게 하여 청중들로 회개하여 예수를 믿게 하려는 주제와 목표를 가지고 설교하였다. 도입에서는 "이 일을 너희로 알게 할 것이니"라고 하여 청중들이 '놀라며 의혹하는 일', '조롱하는 일', 즉 청중의 현실 문제를 근거로 설교의 문을 열고 있다. 전개에서는 청중들이 이해하는 '제3시의 설명', 청중들이 잘 알 뿐만 아니라, 최고의 권위를 두고 있는 특별계시인 구약의 요엘 선지자의 예언(욜2:28-32)과 다윗 왕의 예언(시16:8-11, 시110:1)으로 성령강림사건과 그리스도의 복음을 설명하면서 그리스도의 성육신, 죽으심, 부활, 승천하여 성령 보내주심을 증명하고, 예수의 주와 그리스도 되심을 한층 더 강화하여 증명하고 있다. 청중들이 회개하여 예수 그리스도를 믿으면 죄 사함을 얻고 누구든지 성령을 선물로 받을 것이라고 하여 청중에게 적용하고 있다. 우리는 여기에서 베드로의 설교가 처음부터 끝까지 청중에 적응하여 진행되었음을 발견하게 된다. 바로,

---

178) 이제 방금 회개하고 세례받은 사람들이 교육을 받고, 교제하고, 나누고, 기도하는 일에 오로지 힘썼다는 것은 참으로 놀라운 결과이다. 성령충만한 베드로의 설교와 성령충만한 교회공동체의 하나 됨의 결실임을 기억할 때에 오늘의 설교자와 교회들이 초대교회의 거울 앞에서 겸손히 자신들을 점검하고 새롭게 해야 할 것이다.

설교자가 청중을 알고, 청중이해에 따라 설교전달을 해야 할 필요
성과 그 중요성을 발견하게 된다. 다음은 베드로의 다른 설교를
분석하여 우리의 논의를 발전시키고자 한다.

(2) 사도행전 10장 34-48절의 설교전달분석

◆ 설교 본문

(행10:34-48) "(34)베드로가 입을 열어 가로되 내가 참으로 하나
님은 사람의 외모를 취하지 아니하시고 (35)각 나라 중 하나님을
경외하며 의를 행하는 사람은 하나님이 받으시는 줄 깨달았도다
(36)만유의 주 되신 예수 그리스도로 말미암아 화평의 복음을 전
하사 이스라엘 자손들에게 보내신 말씀 (37)곧 요한이 그 세례를
반포한 후에 갈릴리에서 시작되어 온 유대에 두루 전파된 그것을
너희도 알거니와 (38)하나님이 나사렛 예수에게 성령과 능력을 기
름 붓듯 하셨으매 저가 두루 다니시며 착한 일을 행하시고 마귀에
게 눌린 모든 자를 고치셨으니 이는 하나님이 함께 하셨음이라
(39)우리는 유대인의 땅과 예루살렘에서 그의 행하신 모든 일에
증인이라 그를 저희가 나무에 달아 죽였으나 (40)하나님이 사흘
만에 다시 살리사 나타내시되 (41)모든 백성에게 하신 것이 아니
요 오직 미리 택하신 증인 곧 죽은 자 가운데서 일어나신 후 모시
고 음식을 먹은 우리에게 하신 것이라 (42)우리를 명하사 백성에
게 전도하되 하나님이 산 자와 죽은 자의 재판장으로 정하신 자가

곧 이 사람인 것을 증거하게 하셨고 (43)저에 대하여 모든 선지자도 증거하되 저를 믿는 사람들이 다 그 이름을 힘입어 죄 사함을 받는다 하였느니라 (44)베드로가 이 말 할 때에 성령이 말씀 듣는 모든 사람에게 내려오시니 (45)베드로와 함께 온 할례받은 신자들이 이방인들에게도 성령 부어 주심을 인하여 놀라니 (46)이는 방언을 말하며 하나님 높임을 들음 이러라 (47)이에 베드로가 가로되 이 사람들이 우리와 같이 성령을 받았으니 누가 능히 물로 세례 줌을 금 하리요 하고 (48)명하여 예수 그리스도의 이름으로 세례를 주라 하니라 저희가 베드로에게 수일 더 유하기를 청하니라"179)

1) 청중의 상황

사도행전 10장에서 누가는 하나님께서 모든 유대인들 앞에서 할례받지 않은 이방인을 특별히 높여주신 사건을 전하고 있다. 이것이 특이한 것은 하나님께서 당신의 천사를 임명하시고 그 이방인에게 복음의 초보를 가르치기 위하여 베드로를 가이사랴로 데려오시기 때문이다. 그러나 무엇보다도 먼저 누가는 천사가 하늘에서 내려오고 하나님께서 환상 중에 베드로에게 말씀하게 된 인물인 고넬료가 어떠한 사람인가를 보여주고 있다.180) 가이사랴의 이

---

179) "사도행전 10장", 『한글개역성경』(서울: 대한성서공회)
180) "고넬료는 이태리 보병대 소속의 백부장으로서 가이사랴의 수비대인 자기 100인의 부대와 함께 그곳에 살고 있었다. 다시 말해서 로마에서는 각 유명한 도시에 부대를 주둔시켜 두었다가 갑작스런 반란을 진압하고 있었다. 그가 사실 아주 희귀한 사람인 것은 군인으

달리야 군대의 백부장 고넬료는 경건하여 온 집으로 더불어 하나님을 경외하며 백성을 많이 구제하고 하나님께 항상 기도하는 사람이었다(1-2절). 그러한 고넬료가 환상 중에 '사람들을 보내어 욥바에 있는 베드로를 청하라'(5절)는 하나님의 사자의 지시를 받고, 욥바에서 비몽사몽 간에 환상을 보고 그 의미를 곰곰이 생각하던 사도 베드로를 초청하여 일가와 가까운 친구들과 더불어 하나님께서 베드로에게 명하신 모든 것을 듣는 내용이 본문이다. 바로, 본문의 설교자는 베드로 사도이며 그 청중은 유대인들이 부정하다고 여겼던 이방인인 백부장 고넬료와 그의 가족, 일가와 가까운 친구들이다(24절). 그러나 청중들은 이방인들이었음에도 불구하고 말씀

로서 하나님께 대한 신앙심이 아주 두드러졌으며 인간들과의 태도가 아주 정직하고 신실했기 때문이다. 당시 군복무에 참여한 이태리인들로 말하자면 그들은 굶주린 늑대를 마냥 닥치는 대로 노략하기에 바빴으며 야수나 다를 바 없이 전반적으로 종교심이 없었으며 그들의 신의가 있었다면 산적들의 그것과 다를 바 없었다. 따라서 고넬료의 덕이 더욱더 칭송을 받아 마땅한 것은 당시 타락할 대로 타락한 군대 생활 속에서도 그는 아주 성실하게 하나님을 섬겼으며 사람들에게 해나 악을 끼치지 않고 살았기 때문이다. 그리고 그가 미신 속에서 태어나고 자랐지만 이것을 배척하고 참 하나님의 순수한 경배를 받아 들였다는 점에서 그는 더 큰 칭찬을 받을 만하다." John Calvin, *Commentary Upon The Acts Of The Apostles*, 315. "고넬료는 유대교에 매혹당했던 많은 수의 이방인들 중의 한 사람이었다. 그 같은 헌신은 현재까지 남아 있는 많은 문헌의 여기저기에 나타나 있다. 예를 들면, 플라비우스 가족 중의 한 사람이 유대인들의 관습을 좇아 곁길로 나갔다(Dion Cassius, LX Ⅷ. 44)는 이유로 정죄받았다." E. M. Blaiklock, 『사도행전주석』, 나용화 역(서울: 예수교 문서선교회, 1980), 124.

듣기를 그 누구보다도 갈망하였다. 고넬료는 33절에서 설교자 베드로에게 "이제 우리는 주께서 당신에게 명하신 모든 것을 듣고자 하여 다 하나님 앞에 있나이다"라고 고백한다.

칼빈은 "'하나님 앞에 있나이다'라고 한 고넬료의 말은 하나의 서약의 말이 되고 사람들이 하나님 앞에 모이듯이 이 집에 모여, 그들이 듣는 말씀이 '하나님의 자신의 입술에서 나오는 말씀으로 듣기 위하여' 모였다는 뜻도 된다"고 한다.181) 그리고 렌스키는 "고넬료가 군인이기 때문에…… 고넬료는 무슨 말씀을 주시든지 받고 절대적으로 순종하겠다는 뜻으로 이 말을 한 것이다"라고 한다.182) 또한 부르-스는 고넬료의 이 말에 감격하여, "이(고넬료 일행)보다 더 가망 있는(말씀을 순종하려 하는) 청중을 가진 설교자가 또 있을 수 있을까?"라고 말한다.183) 해첸(Ernst Haechen)은 "마치 베드로가 하늘에서 온 방문객이나 되는 듯이 그의 발 앞에 엎드렸다."라고 말한다.184) 그야말로 설교자 베드로의 청중인 고넬료와 그의 가족 및 친구들의 마음은 주님이 마13:8,23에서 말씀하신 옥토 밭이었다.

---

181) John Calvin, *Commentary Upon The Acts Of The Apostles,* 340.
182) R. C. H. Lenski, 『사도행전(상)』, 차영배 역 (서울: 백합출판사, 1978), 400.
183) Bruce, 223.
184) Ernst Haechen, *The Acts of the Apostles*: *A Commentary*(1956, 14th German edition, 1965, translated into English, Basil Blackwell, 1971), 350.

2) 설교의 주제와 목표

베드로의 설교 제목에는 세 가지의 강조점이 있다. ① 먼저, 계시를 강조하면서 화평에 관한 하나님의 말씀을 새로운 게시로 이해시켰고, ② 그 계시가 본래 이스라엘 자손들에게 주어졌음과 ③ 또한 그 계시는 "만유의 주", "만유"의 그리스도께서 유대인에게나 이방인에게나 다 주가 되시는 것으로 이해되어 그리스도에 속한 이방인도 그 대상이 된다는 사실이다. 여기에서 우리는 베드로가 복음을 이방인 청중들이 이해할 수 있는 말로 전도설교 하고 있음을 발견한다. 즉 "만유의 주"라는 표현으로 특징 지워진 강조이다.[185]

베드로 설교는 청중이 듣고자 하는 그 요청에서 설교가 출발한다. 베드로 사도는 주께서 명하신 모든 것을 듣고자 하는 이방인인 고넬료 일행의 요구(33절)에 청중을 고려하여 "화평의 복음이신 만유의 주 예수 그리스도"라는 제목으로 설교하여 청중으로 하여금 "만유의 주 되신 하나님의 보내신 말씀 곧 '하나님 계시자'이시며, 하나님과 사람 사이를 화평케 하시고, 또한 유대인과 이방인 사이에 존재했던 담도 허물어버리신 십자가와 부활의 주인공이신 예수 그리스도"를 믿게 하려는 데에 그 목표를 두고 있다. 베

---

185) '만유의 주'는 원래 신에 대한 이교도들의 호칭이었으나(참고, Cadbury, BC, 5:361-62) 초대 그리스도인들에 의해서 다시 다듬어져서 정통 기독론적인 호칭이 되었다(참고, 골1:15-20). Lichard N. Longenecker, "the Acts of the Apostles" *The Expositor's Bible Commentary*(Regency Reference Library, Zondervan, 1981), 535.

드로의 설교는 하나님은 하나님을 경외하고 의를 행하는 사람은 유대인이나 청중들과 같은 이방인이나 구별하지 않고 모든 민족과 국가를 초월해 누구든지 받으신다는 사실(34-35절)에서 출발하여, 예수 그리스도의 이름을 힘입어 죄 사함을 받는다는 사실(43절), 즉 '예수 그리스도를 통한 구원'의 메시지로 끝을 맺고 있다.

3) 설교의 도입

베드로의 설교의 첫마디는 "하나님은 사람의 외모를 취하지 않으신다"(34절)는 것이다. 이때에, 베드로는 이미 그가 알고 있던 구약의 말씀(신10:17, 욥34:19)을 깨달은 것이다. 그러니까 하나님은 어느 나라 어느 민족을 막론하고 "하나님을 경외하고 의를 행하는 사람을 받아주신다"(35절)는 것이다. 베드로의 설교에서의 이 첫마디는 유대인과 이방인(지금 청중까지 포함하여) 사이의 간격을 완전히 철폐하셨다는 하나님의 뜻의 선언이다.[186] 하나님께서 민족차별이나 인종차별을 하시지 않으시며, 누구든지 복음으로 거듭나서 하나님을 경외하며 의로워지면 하나님이 그를 받으신다는 것이다.[187] 이것을 베드로가 깨달았다는 것이다. 베드로의 이 말은 이제 유대인의 사도인 베드로 자신이 앞으로 복음을 전할 때에 유대인과 이방인 사이에 차별을 두지 않고 전해야 할 입장이라는 것이다. 또한 지금 현재 설교할 때에 청중에 대한 편견이 없이 전한

---

186) 이순한, 310.
187) 박윤선, 253-4.

다는 말이다. 이렇게 함으로써 베드로는 청중과 공감대를 이루며 설교에서의 커뮤니케이션을 발전시키고 있다.

4) 설교의 전개

① 청중을 위한 설명

베드로는 "만유의 주",188) "화평의 복음"189)을 언급함으로써 '예수 그리스도의 복음'190)을 설명하고 있다. 베드로가 이러한 말을 사용하는 것은 예수 그리스도는 유대인의 주님이실 뿐만 아니라, 할례 없는 이방인(청중)에게도 주님이시며 유대인과 이방인의 담을

---

188) 헬라어에서는 "만유(πάντων)"라는 말이 어순상 역설체(逆說体)이다. 그리하여 예수님이 유대인에게뿐 아니라, 모든 이방인에게도 주님 이심을 밝혀준다. 여기 "만유의 주(πάντων κύριο")"란 성호는 베드로 의 이 설교에서 그의 강령(綱領)이라고 할 수 있다. Ibid. 254.

189) 베드로의 설교가 "이방인 청중들에게 행해진 것이지만 , 그 내용은 사실상 그가 유대인들에게 설교했던 것과 동일했다. 베드로는 자신 의 설교를 하나님이 이스라엘 자손들에게 보내신 그 말씀이며, 또 한 단지 이스라엘의 주가 아니라 만유의 주 되신 예수 그리스도로 말미암아 보내 주신 화평의 복음이라고 부른 것이다. 그것은 베드 로의 말을 듣는 청중들이 알고 있었던, 최근에 일어난 몇몇 사건들 과 관련되어 있었다." Stott, 220.

190) 베드로는 복음의 핵심인 예수 그리스도에 대하여 전하였다. 부루스 는 베드로의 이 설교 내용에 대하여, "이 설교의 내용은 사도적 설 교의 요약이다"라고 하면서 다드(C. H. Dadd)의 말을 인용하여, "이 설교는 원시 교회가 복음 전파를 펴 나가는 초기에 사용한 케 뤼그마(kerugma)의 형태이다(*The Apostolic Preaching and its Developments*[London, 1936], p.56)"라고 하였다. Bruce, 225-6.

허물 수 있는 분으로 제시하고 있는 것이다.191) 이러한 설명을 통하여 유대인 설교자 베드로는 이방인 청중들과 공감대를 형성하고 있는 것이다. 그리고 베드로는 세례 요한의 사역 이후 갈릴리에서 시작하여 온 유대에 퍼지게 된 예수 그리스도에 대한 화평의 복음이 이미 널리 알려진 사실을 들어 설명하고 있다(36,37절). 청중들이 알고 있는 사실을 전제하면서 복음을 설명하는 것이다.

② 청중을 위한 증명

베드로는 하나님이 예수와 함께 하사 성령과 능력을 기름 붓듯 하셨으므로 예수 그리스도께서 그 놀라운 사역을 행하실 수 있었음을 말하고 자신들이야말로 예수 그리스도의 모든 행적에 대한 증인임을 밝히고 있다(38,39절). 또한 유대인들이 예수를 십자가에 달아 죽였으나 하나님께서 사흘 만에 다시 살리셨음을 증언하고 (39,40절), 부활하신 예수께서 나타나시되 모든 이에게 나타난 것이 아니라 택하신 증인들 곧 부활하신 예수와 함께 식사한 자신들에게만 나타나셨음을 증언하고 있다(40,41절).

지금 본문에서 청중들은 설교자인 베드로를 굉장히 신뢰하고 있다. 청중의 대표인 고넬료는 베드로를 맞이할 때에 베드로의 발 앞에 엎드리어 절을 하였으며(25절), 33절에서는 "이제 우리는 주께서 당신에게 명하신 모든 것을 듣고자 하여 다 하나님 앞에 있나이다"고 하였다. 청중이 설교자를 이처럼 신뢰하는데 그 어떤 증명이 필요하겠는가? 설교자인 베드로의 증언에 청중들은 절대적

---

191) "on Acts ch. 8-14", *The Oxford Bible Interpreter*, 297-8.

인 신뢰를 보내고 있다.[192] 이러한 청중들을 잘 알고 있는 베드로는 "우리는……모든 일에 증인이라"(39절)고 하며,[193] 십자가에서 부활하사 우리의 구원 주가 되신 예수 그리스도를 힘 있게 증거하고 있다. 이처럼 청중과 설교자의 관계가 온전한 신뢰 관계에 있을 때에는 설교자의 말 한 마디, 한 마디가 청중들을 위한 증명이 되는 것이다.

③ 청중을 위한 적용

베드로는 계속해서 자신들은 하나님으로부터 예수가 산 자와 죽은 자의 심판자임을 증거하도록 명령받은 사실을 밝히고(42절), 또한 모든 선지자들 역시 예수를 믿음으로 죄 사함을 얻게 됨을 증거하였다고 지적함으로써(43절) 자신의 설교를 청중들에게 적용시키고 있다. 베드로의 설교는 사람은 누구든지(말씀을 듣는 청중들도) 이 주님의 심판에 대하여 대책을 세워야 한다는 것이다. 그

---

192) 신뢰의 수준은 친밀감의 수준과 부합한다. 친밀감의 수준은 설교자가 전하는 복음에 관해 숙고하는 데 필요한 자유와 안전을 지시해 준다. 그러나 신뢰가 없으면 수많은 역기능적인 태도와 행동들이 잇따르게 된다. 설교자는 회중을 원망하고 꾸짖는다. 회중은 설교자를 원망하고 외면하게 된다. 따라서 설교자는 설교에 앞서 청중과 기본적인 신뢰가 형성되어 있어야 한다. Robin R. Meyers, 115-6.

193) 여기 "증인"이라는 말은 "말튀레스"(μάρτυρε")이다. 이 말에서 "순교자"라는 말 "말타"(martyr)가 나왔고, 따라서 증인이라는 말과 순교자라는 말은 같은 어근이다. 생명을 걸고 증인이 그 사명을 감당하게 되어 있다는 뜻이다. 이순한, 313. 이러한 용어를 사용함으로써 베드로는 자신을 신뢰하는 청중들에게 자신의 증명이 진실하다는 것을 나타낸다.

길이 무엇인가? 그것은 곧 십자가와 부활의 주님을 믿는 일이다. 그러므로 베드로는 구약의 모든 선지자들을 인용하여 그들도 "저에 대하여 증거하되 저를 믿는 사람들이 다 그 이름을 힘입어 죄 사함을 받는다 하였느니라"(43절)고 했던 것이다.

5) 설교의 결과

설교의 결과는 대단한 것이었다. 베드로가 설교하는 도중에, "그의 말씀을 듣고 있던 모든 사람에게 성령께서 내려오셨다"(44절). 그리고 성령을 받은 청중들이 "방언을 말하며 하나님을 높였다"(46절). 이 일에 대하여 부르스(F. F. Bruce)는 다음과 같이 해석하였다.

> 베드로가 그의 설교를 마치기도 전에 성령께서 내려오심으로써 이방 세력의 오순절이 왔다. 실로, 예루살렘에서는 청중들이 죄사함과 성령을 선물로 받기 위하여 회개하고 세례를 받으라는 권면을 받았었다. 그러나 가이사랴의 고넬료의 가정에는 갑자기 성령께서 내려오셔서 사도들의 경험이 재현되었으니 베드로는 오순절 때의 3,000명 신도들과 고넬료의 가정을 대조시키지 않고 도리어 고넬료의 가정과 사도들 자신들의 경험을 대조시킨 것이다…… 오순절 때 사도들이 성령충만을 받자 방언을 말하며 하나님을 높인 것과 똑같이, 고넬료의 가족도 역시 방언을 말하며 하나님을 높였다. 이것은 유대인 신도들은 물론이요 베드로 자신까지도, 이러한 표적이 고넬료의 가정에 나타나지 않았다면 성령께서 실제로 그들에게 임하였음을 믿지 않았을 것이다…… 하나님

께서는 고넬료의 가정을 이렇게 대접하심으로 민족 간의 차별을 철폐하셨다.[194]

고넬료의 가정 집회에서 말씀을 듣는 모든 청중에게 성령께서 내려오시자, 베드로와 함께 왔던 "할례받은 신자들" 곧 유대인 신자들이 놀랐으며, 베드로도 마찬가지였다(45절). 오순절 날 일어난 일처럼 이방인들이 방언을 말하며 하나님 높임을 들었기 때문이다(46절). 그러므로 베드로는 "이 사람들이 우리와 같이 성령을 받았으니 누가 능히 물로 세례 줌을 금 하리요"(47절) 하고 동행자들에게 명하여 세례를 주게 하였다. 이것은 베드로가 결단을 내려, 유대인과 이방인 사이의 간격이 철폐되었음을 선언한 것이며 동행한 유대인들도 이에 동의함으로써 역사적인 순간이 된 것이다. 청중들은 베드로에게 며칠 더 그들과 함께 유(留)하기를 청하였다.

우리는 여기에서 베드로가 "저를 믿는 사람들이 다 그 이름을 힘입어 죄 사함을 받는다"(43절)고 설교한 구원의 원리가 청중들에게 즉시 적용되고 성취되는 놀라운 현장을 목격하게 된다.[195]

---

194) Bruce, 229-30.
195) 부르스(F. F. Bruce)는 "믿음이라는 말이 이 본문에 나오지는 않았으나 문맥상으로는 명확하게 들어 있음을 알 수 있다. 그것은 '우리가 믿을 때에 주신 것과 같은 선물을 저희에게도 주셨으니 내가 누구관대 하나님을 능히 막겠느냐?'(행11:17)라고 한 말이 입증한다." 고 하였다. Ibid., 230.

(3) 요 약

이상에서 살펴본 베드로의 설교를 보면, 사도행전 2장 14-14절에서 청중은 오순절 성령강림사건 때 천하각국으로부터 예루살렘에 와서 머물러 있었던 경건한 유대인들로 특별계시인 구약성경을 잘 알고 있는 청중들이다. 청중들 가운데 큰 소동이 있었는데, 당시의 성령강림 사건을 '하나님의 큰 일'로 보는 이들과 '새 술에 취하였다'고 보는 이들로 두 종류의 청중으로 나누인다. 베드로는 청중을 이해하고 청중들이 궁금해하는 '하나님의 큰 일', 즉 "예수 그리스도를 통한 하나님의 구원사역"이라는 주제를 청중들에게 알게 하여 청중들로 회개하여 예수 그리스도를 믿게 하고자 하는 목표를 가지고 설교한 것이다. 베드로는 설교의 도입에서도 청중들이 '놀라며 의혹하는 일'과 '조롱하는 일'을 가지고 "이 일을 너희로 알게 할 것이니"라고 하여 청중들의 현실 문제를 근거로 설교의 문을 열고 있다. 전개에서도 청중의 상황을 이해하고 '제3시'에 대한 설명을 하고, 청중들이 잘 알 뿐만 아니라, 최고의 권위를 두고 있는 특별계시인 구약의 요엘 선지자의 예언(욜2:28-32)과 다윗왕의 예언(시16:8-11, 시 110:1)으로 성령강림 사건과 그리스도의 복음을 설명하면서 그리스도의 성육신, 죽으심, 부활, 승천하여 성령을 보내주심을 증명하고, 예수의 주와 그리스도 되심을 한층 더 강화하여 증명하고 있다. 청중들이 회개하여 예수 그리스도를 믿으면 죄 사함을 얻고 누구든지 성령을 선물로 받을 것이라고 하여 청중에게 적용하고 있다. 우리는 여기에서 베드로가 자신의 청중을 정확히 이해하고, 청중이해에 따라 설교전달을 하고 있음을 발견하게 된다.

　사도행전 10장 34-48절에서 청중은 유대인이 아닌 이방인이다. 유대인들이 부정하다고 여겼던 이방인인 백부장 고넬료와 일가와 친구들로 이들은 이방인이나 누구보다도 말씀 듣는 것을 갈망하는 잘 준비된 청중들이다. 베드로는 이방인 청중인 고넬료 일행을 고려하여 "화평의 복음이신 만유의 주 예수 그리스도"라는 제목으로 설교하여 청중으로 그 예수 그리스도를 믿게 하려는 데에 그 목표를 두고 설교전달을 하였다. 베드로 설교의 첫마디는 "하나님은 사람의 외모를 취하지 않으신다."는 것인데, 이것은 유대인과 이방인 사이에 차별을 두지 않는다는 선언이다. 이렇게 함으로써 베드로는 청중과 일치감을 이루며 설교에서의 커뮤니케이션을 발전시키고 있다. 설교전개에서 베드로는 "만유의 주"를 언급하여 예수 그리스도는 유대인의 주님이실 뿐만 아니라, 이방인인 청중에게도 주님이시며 유대인과 이방인의 담을 허물 수 있는 분으로 제시하면서, 세례 요한 이후 갈릴리에서 시작하여 온 유대에 퍼지게 된 예수 그리스도에 대한 화평의 복음을 이미 널리 알려져서 청중들이 잘 아는 일반적인 사실을 들어 복음을 설명하고, 베드로는 청중들이 자신을 신뢰하는 것을 최대한 활용하여 자신들이야말로 예수의 모든 행적에 대한 증인임을 밝히며, 또한 산자와 죽은 자의 심판자이신 예수를 믿음으로 죄 사함을 얻게 됨을 증거함으로써 자신의 설교를 청중들에게 적용시키고 있다. 베드로는 자신의 청중을 분명히 알고 청중이해에 따라 설교전달을 하고 있다.

이상의 베드로의 설교에서 발견하는 것은 일관된 적응 형태가 없다는 것이다. 청중의 상황을 이해하고 그 이해에 따라 설교가 행하여졌음을 알 수 있다. "청중이해가 설교전달방법에 영향을 미친다."는 사실을 발견하게 된다. 사도행전 2장에서 특별계시는 잘 아는 유대인들을 상대로 구약의 말씀을 인용하여 복음을 전했던 베드로사도는 사도행전 10장에서 이방인 청중들에게는 당시 사회에 널리 알려진 일반적 사실, 즉 "곧 요한이 그 세례를 반포한 후에 갈릴리에서 시작되어 온 유대에 두루 전파된 그것을 너희도 알거니와"(37절)를 근거로 하여 '그리스도의 복음'을 설교한다. 베드로는 사도행전 2장에서는 청중이 잘 아는 '제3시'의 관습을 들어서 청중을 이해시키며, 사도행전 10장에서는 '외모를 취하지 아니하시는 하나님', '만유의 주 되신 예수 그리스도'에 대하여 설명을 하면서 유대인과 이방인 사이에 차별이 없음을 말함으로써 청중과의 일체감을 꾀하며 설교하고 있다. 동일한 복음이지만, 청중에 따라 설교전달방법이 달리 나타난다. 청중이해가 설교전달방법에도 영향을 미치며, 나아가 설교전달효과에도 큰 영향을 준다. 따라서 설교자는 본문의 연구뿐만 아니라, 청중 연구에도 심혈을 기울여야 한다. 이제 '바울사도의 설교전달은 어떠한가?'를 살펴봄으로써 논의를 진전코자 한다.

2. 바울의 설교전달분석

우리는 베드로의 설교전달이 청중이해에 따라 시행되었음을 살펴보았다. 이제 베드로 못지않게 신약에서 많은 설교를 하고, 기독교 복음전파에 많은 공헌을 한 바울사도의 설교전달을 살펴보고자 한다. 많은 설교가 있지만 특별히 사도행전 13장 14-43절과 사도행전 17장 16-34절의 설교전달을 분석함으로써 성경에서 설교전달이 어떻게 시행되었으며, 바울의 설교전달에서 나타난 '청중이해'를 살펴보고자 한다.

(1) 사도행전 13장 14-43절의 설교전달분석

◆ 설교 본문

(행13:14-43) "(14)저희가 버가로부터 지나 비시디아 안디옥에 이르러 안식일에 회당에 들어가 앉으니라 (15)율법과 선지자의 글을 읽은 후에 회당장들이 사람을 보내어 물어 가로되 형제들아 만일 백성을 권할 말이 있거든 말하라 하니 (16)바울이 일어나 손짓하며 말하되 이스라엘 사람들과 및 하나님을 경외하는 사람들아 들으라 (17)이 이스라엘 백성의 하나님이 우리 조상들을 택하시고 애굽 땅에서 나그네 된 그 백성을 높여 큰 권능으로 인도하여 내사 (18)광야에서 약 사십 년간 저희 소행을 참으시고 (19)가나안 땅 일곱 족속을 멸하사 그 땅을 기업으로 주시고(약 사백오십 년

간) (20)그 후에 선지자 사무엘 때까지 사사를 주셨더니 (21)그 후에 저희가 왕을 구하거늘 하나님이 베냐민 지파 사람 기스의 아들 사울을 사십 년간 주셨다가 (22)폐하시고 다윗을 왕으로 세우시고 증거하여 가라사대 내가 이새의 아들 다윗을 만나니 내 마음에 합한 사람이라 내 뜻을 다 이루게 하리라 하시더니 (23)하나님이 약속하신 대로 이 사람의 씨에서 이스라엘을 위하여 구주를 세우셨으니 곧 예수라 (24)그 오시는 앞에 요한이 먼저 회개의 세례를 이스라엘 모든 백성에게 전파하니라 (25)요한이 그 달려갈 길을 마칠 때에 말하되 너희가 나를 누구로 생각하느냐 나는 그리스도가 아니라 내 뒤에 오시는 이가 있으니 나는 그 발의 신 풀기도 감당치 못하리라 하였으니 (26)형제들 아브라함의 후예와 너희 중 하나님을 경외하는 사람들아 이 구원의 말씀을 우리에게 보내셨거늘 (27)예루살렘에 사는 자들과 저희 관원들이 예수와 및 안식일마다 외우는 바 선지자들의 말을 알지 못하므로 예수를 정죄하여 선지자들의 말을 응하게 하였도다 (28)죽일 죄를 하나도 찾지 못하였으나 빌라도에게 죽여 달라 하였으니 (29)성경에 저를 가리켜 기록한 말씀을 다 응하게 한 것이라 후에 나무에서 내려다가 무덤에 두었으나 (30)하나님이 죽은 자 가운데서 저를 살리신지라 (31) 갈릴리로부터 예루살렘에 함께 올라간 사람들에게 여러 날 보이셨으니 저희가 이제 백성 앞에 그의 증인이라 (32)우리도 조상들에게 주신 약속을 너희에게 전파하노니 (33)곧 하나님이 예수를 일으키사 우리 자녀들에게 이 약속을 이루게 하셨다 함이라 시편 둘째 편에 기록한 바와 같이 너는 내 아들이라 오늘 너를 낳았다 하셨고 (34)또 하나님께서 죽은 자 가운데서 저를 일으키사 다시 썩음을 당하지 않게 하실 것을 가르쳐 가라사대 내가 다윗의 거룩하고 미쁜 은사를 너희에게 주리라 하셨으니 (35)그러므로 또 다른 편에 일렀으되 주의 거룩한 자로 썩음을 당하지 않게 하시리라 하셨느니라 (36)다윗은 당시에 하나님의 뜻을 좇아 섬기다가 잠들어 그 조상들과 함께 묻혀 썩음을 당하였으되 (37)하나님의 살리신 이는 썩음을 당하지 아니하였나니 (38)그러므로 형제들아 너희가 알 것은 이 사람을 힘입어 죄 사함을 너희에게 전하는 이것이며 (39)또 모세의 율법으로 너희가 의롭다 하심을 얻지 못하던 모든 일에도 이 사람을 힘입어 믿는 자마다 의롭다 하심을 얻는 이것이라 (40)그런즉 너희는 선지자들로 말씀하신 것이 너희에게 미칠까 삼가라 (41)일렀으되 보라 멸시하는 사람들아 너희는 놀라고 망하라 내가 너희 때를 당하여 한 일을 행할 것이니 사람이 너희에게 이를지라도 도무지 믿지 못할 일이라 하였느니라 하니라 (42)저희가 나갈새 사람들이 청하되 다음 안식일에도 이 말씀을 하라 하더라 (43)폐회한 후에 유대인과 유대교에 입교한 경건한 사람들이 많이 바울과 바나바를 좇으니 두 사도가 더불어 말하고 항상 하나님의 은혜 가운데 있으라 권하니라"[196]

---

196) "사도행전 13장", 『한글개역성경』(서울: 대한성서공회)

1) 청중의 상황

본문은 바울 사도가 비시디아 안디옥에서 안식일에 유대교 회당에서 율법과 선지자의 글을 읽은 후에 회당장들이 사람을 보내어 요청함으로써 바울이 일어나 설교하는 내용이다.[197] 회당에는 유대인들뿐만 아니라, 하나님을 경외하는 이방 사람들도 있었다(16, 26절). "하나님을 경외하는 사람"[198]이란 표현은 본서에서 언제나

---

197) "먼저 율법과 선지자들이 제시되고 있는데 이것은 이 원천에서 나오지 않은 무엇을 교회 앞에 제시하는 것은 합법적이 아니었기 때문이다. 이 낭독이 있은 다음에 가르침과 권면의 은혜에 뛰어난 사람들이 두 번째 역할 곧 낭독된 성경에 대한 해설가의 임무를 수행했다. 하지만 마지막으로 누가는 방종에서 오는 혼란을 막는 뜻에서 아무에게나 말할 기회가 허용된 것이 아니라 권면의 직분이 회당의 지도자들에게 국한되었다는 점을 밝히고 있다. 따라서 바울과 바나바는 당장 성급하게 일어서서 연설을 시작함으로써 통상 질서를 어지럽히지 않고 말할 기회가 허용될 때까지, 그것도 일반이 동의해서 권위를 인정한 사람들의 허락을 받을 때까지 않아서 침묵을 지키고 있었다. 이제 청중들의 요청에 의해서 일어나 힘차게 복음을 전파하기 시작한다." John Calvin, *Commentary Upon The Acts Of The Apostles*, 405.

198) "'경외하는'으로 번역된 '포부메노이(φοβούμενοι)'의 원형 '포베오'(φοβέω)는 '두려워하다'라는 의미이다(막4:41, 눅2:9). 그리고 본문에서는 현재 분사로 쓰였다. 따라서 '하나님을 경외하는 사람들'에 대한 원어적 의미는 '하나님을 늘 두려워하고 있는 사람들'이다. 여기에서 두려워한다는 것은 자기의 죄 때문에 하나님을 피해 숨는 두려움(창3:10)이 아니라, 하나님의 말씀을 존중히 여기고 자기의 주권자가 하나님임을 알고 경건히 살아가는 것을 가리킨다." "on Acts ch. 8-14", *The Oxford Bible Interpreter*, 501.

유대교로 개종한 경건한 이방인을 지칭하는 말로 사용되었다(43 절).[199] 따라서 바울 사도의 설교에 있어 그 청중은 정통 유대인 들과 유대교에 입교한 경건한 이방인들인 것이다. 회당에서 "율법 과 선지자의 글을 읽은 후"(15절)라는 내용으로 보아 청중들은 구 약의 내용을 잘 아는 사람들이었음에 틀림이 없다.

2) 설교의 주제와 목표

바울설교의 의도는 유대인들을 그리스도의 신앙으로 인도하는 데 있다.[200] 즉 바울설교의 중심 사상은 구약(조상들에게 주신 약 속)에 예언된 메시아가 십자가와 부활의 주인공이신 예수시라는 데에 집중되고 있다. 즉 바울은 "예수는 그리스도"라는 주제를 가 지고, 청중들의 인격을 존중하면서도 청중들이 잘 아는 구약의 내 용을 들어 청중들의 죄를 책망하고 회개를 촉구하며 십자가와 부 활의 예수 그리스도를 믿음으로 구원을 받으라고 권함으로써 '청 중들의 이해력에 적응'[201]시켜 청중들을 그리스도의 신앙으로 인

---

199) Ibid.

200) John Calvin, *Commentary Upon The Acts Of The Apostles,* 407.

201) 그리스의 플라톤파 철학자(213-273)였던 "론자이너스(Longinus)는 사도 바울을 그리스의 가장 유명한 웅변가 중의 하나라고 평가하였 다. 그의 연설은 로마의 원로원에 알맞은 것이었다. 비시디아의 안 디옥에 있는 유대인들과 루스드라의 이방인들과 세련된 아덴 시민 들고 로마의 관리자 벨릭스에게 행한 각각의 논증들과 아그립바 왕 앞에서 행한 자신을 위한 훌륭한 변증들 사이의 뚜렷한 차이에서 보는 바와 같이 이 위대한 설교자는 그의 설교를 놀라운 타당성과

도하고자 하는 그 설교의 목표를 분명히 하고 있다.

3) 설교의 도입

① 동작: 바울은 "일어나" 말을 하였다. 유대인들은 회당의 의자에 앉아서 가르쳤으며, 예수께서도 그 관례에 따라 회당에서 앉아서 가르치신 적이 있다(눅4:20,21). 반면, 헬라와 로마의 관례에서는 서서 가르쳤다. 그래서 아테네의 아레오바고에서 헬라인들에게 연설할 때 바울은 서서 했던 것이다(행17:22). 그러나 본절의 상황은 비록 이방 땅이기는 하지만 유대인의 회당이므로 사도 바울이

능력으로 각 청중들의 이해력에 적응시켰다." Thomas H. Horne, *An Introduction to a Critical Study and Knowledge of the Holy Scriptures*(fourth edition, four volumes, Philadelphia: E. littell, 1825), Ⅳ, 321. Jay E. Adams, *Studies in Preaching*, 정양숙, 정삼지 역, 『설교연구』(서울: 기독교문서선교회, 1994), 97에서 재인용.
바울은 그만큼 그가 처했던 다양한 설교 상황(청중 상황)에 적응하여 설교를 전달해 나갔던 것이다. 우리는 바울의 다음 고백에서 바울의 설교전달의 자세를 발견할 수 있다. (고전9:19-22) "(19)내가 모든 사람에게 자유 하였으나 스스로 모든 사람에게 종이 된 것은 더 많은 사람을 얻고자 함이라, (20)유대인에게는 내가 유대인과 같이 된 것은 유대인들을 얻고자 함이요 율법 아래 있는 자들에게는 내가 율법 아래 있지 아니하나 율법 아래 있는 자같이 된 것은 율법 아래 있는 자들을 얻고자 함이요, (21)율법 없는 자에게는 내가 하나님께는 율법 없는 자가 아니요 도리어 그리스도의 율법 아래 있는 자나 율법 없는 자와 같이 된 것은 율법 없는 자들을 얻고자 함이라, (22)약한 자들에게는 내가 약한 자와 같이 된 것은 약한 자들을 얻고자 함이요 여러 사람에게 내가 여러 모양이 된 것은 아무쪼록 몇몇 사람들을 구원코자 함이니"

일어서서 말을 했다고 하는 것에 많은 논쟁이 있다. 하지만 비시디아 안디옥은 이방 땅일 뿐만 아니라 로마 관할령이며, 하나님을 경외하며 유대교에 관심이 많은 이방 사람들도 있었으므로(43절) 바울은 그들(청중)의 방식대로 서서 말했다고 보는 것이 타당할 것이다.[202] 바울은 청중의 상황을 따라 청중과의 일치점을 최대한 활용하면서 설교를 시작하는 것이다. 바울은 일어나 먼저 "손짓하며" 설교를 시작했다. 이것은 설교의 효과적인 전달을 위하여 청중들로 하여금 조용하게 하기 위하여 쓴 동작이다.[203]

② 내용: 바울은 자신의 청중들이 두 종류임을 알았기 때문에 "이스라엘 사람들과 및 하나님을 경외하는 사람들아!"(16절)라고 부름으로써 청중들에게 가까이 다가가고 있다. 더욱이 16절에 이어 17절에서 "이 이스라엘 백성의 하나님이 '우리' 조상들을 택하시고"라고 하여 바울 자신이 청중과 함께 걸어가는 그 자리에서부터 설교의 출발을 이루고 있다.

4) 설교의 전개

① 청중을 위한 설명
바울은 청중들이 잘 아는 이스라엘의 역사(청중들에게 인정된

---

202) "on Acts ch. 8-14", *The Oxford Bible Interpreter*, 501.
203) '손짓하며'라는 말은 원문에서 '카타세이사스 테 케이리'(κατασείσα" τῆχειρὶ)는 '손을 흔든 후에'라는 뜻이며, 이는 설교의 효과적인 전달을 위해 손을 흔들어 사람들을 조용히 시켰음을 의미한다(행19:33). Ibid.

140

권위)를 예수 그리스도와 연관시켜 설명하고 있다.[204] 율법의 핵심과 하나님의 언약의 바탕은 그들이 그리스도를 인도자와 통치자로 모심으로써 그들 사회의 모든 것을 회복하는 것과 그리스도 없이는 신앙이 계속할 수 없으며 그들은 비참한 사람들이 되고 말 것이라는 내용이다. 바울은 자기가 전파하는 예수가 백성들에게 구원을 가져오는 그리스도시라는 점을 설명하고 있다.[205] 그는 이스라엘의 선택으로 시작하여 하나님께서 이스라엘을 현재까지 다루어 오신 몇 가지의 중요한 사건들을 따라 설명하고 있다. 결국, 바울 설교의 첫 출발점은 아브라함부터 시작된 이스라엘의 역사를 다윗에게 이어놓고, 다윗의 후손에게서 예수 그리스도께서 탄생하시고 구주로서의 구원의 사역을 하나님께서 예언자들을 통하여 세우신 그의 언약대로 완성하셨다는 내용이다. 청중의 상황을 이해하고 복음을 설명해 가고 있는 것이다.

---

204) 비시디아 안디옥의 유대인 회당에서 행한 사도 바울의 설교는 사도행전 7장에서 스데반이 산헤드린 공회 앞에서 행했던 설교와 비견된다. 스데반이 이스라엘의 기원과 그 역사를 이야기하면서 예수 그리스도를 증거했던 것처럼 사도 바울도 그러하였다. 단지 차이점이라면, 스데반은 아브라함과 야곱의 이야기를 자세히 했으며, 하나님의 자유로우심과 성전의 한계 등을 이야기하면서 유대인의 죄를 지적했지만 사도 바울은 출애굽 이야기로부터 시작했으며, 유대인의 죄보다는 하나님의 신실함을 강조하며 줄곧 예수 그리스도에 대해 직접적으로 이야기하여 예수의 그리스도 되심을 증거 한 것이다. 이러한 두 설교의 유사성은 스데반의 설교가 스데반을 죽이는 일에 증인(한편으론 청중)으로 가담했던 바울에게 매우 깊은 인상을 주었으며, 그것이 바울의 회심에 지대한 영향을 주었음을 시사한다. Ibid., 502.

205) Calvin, *Commentary Upon The Acts Of The Apostles*, 407.

② 청중을 위한 증명

① 바울은 세례 요한(청중 가운데 아주 권위 있게 인정되고 있는)의 말(내 뒤에 오시는 이 - 물론 유대인들이 세례 요한의 그리스도에 대한 증언을 깨닫지 못하였다)을 들어 예수가 그리스도이심을 증명해 나가고 있다(23-26절). ② 또한 예루살렘의 유대인들과 종교 지도자들이 무지한 중에 빌라도와 합세하여 예수를 십자가에 못 박아 죽였으나 그러한 모든 일들이 도리어 청중들이 잘아는 구약에 예언된 "성경 말씀을 다 응하게 한 것이라"이라고 하여(27-29절) 성경의 예언이 꼭 들어맞기 때문에 그것에 의하여 예수가 그리스도이심을 증명하고 있다. ③ 끝으로 바울은 목격자들(백성 앞에서 예수 그리스도의 부활의 증인된 사람들)의 간증과 몇 개의 구약성경(시2:, 시16:)의 예언들을 논의함으로 부활하신 예수 그리스도를 분명하게 증명하고 있다(30-37절).

③ 청중을 위한 적용

바울은 모세로는 의롭다 함을 얻지 못하고 오직 예수 그리스도를 힘입어 믿는 자마다 의롭다 하심을 얻는다고 청중들에게 호소함으로써 그의 설교의 청중들이 그리스도의 복음을 수용할 것을 강력히 촉구하고 있다. 그러면서 끝으로 하박국 선지자의 예언을 인용해 분명한 경고를 받고도 심판을 당하는 어리석음을 범치 말 것을 청중들에게 촉구하며 설교를 마무리하고 있다(38-41절).

시종일관 바울은 그의 청중과 그들의 일반적인 전통에 자신을 동질화(동일시, Identification)시키고 있다. '형제들', '우리의 조상'

등의 말이 전형적인 예이다.

논증의 점진적인 전개는 이런 방법으로 이루어졌다. 설교의 1/3
에서 바울은 과거의 일에 대하여 말할 때, '우리 조상들……', '저
희들……', '저희가' 등등(16-25절)의 3인칭을 사용하였고, 두 번째
1/3에서는 1인칭과 일반 현재시제로 바꾸었다. 즉 하나님께서 오
늘날 우리를 위하여 행하신 일이며(26-37절), 마지막 1/3에서 그는
즉각적인 현재시제를 사용하여 그의 청중들이 개인적인 결정을 하
도록 요청하면서 제2인칭을 적용하였다. 즉 "너희가 알 것은……",
"너희에게 전하는", "너희……의 죄……", "너희가 결코 얻지 못하
던……", "삼가라……", "너희에게 미치다"(38-41절) 등이다.[206]

바울은 그의 설교에서 분명히 자기의 청중들을 인식하고 있었으
며, 그 청중들을 고려하여 설교의 접근을 이루고 있었던 것이다.

5) 설교의 결과

바울의 설교를 들은 청중들은 ① 다음 안식일에도 다시 회당에
참석하여 설교해 주기를 요청하였다(42절). ② 폐회한 후 상당수의
유대인들과 유대교에 입교한 이방인들이 더 많은 말씀을 듣기 위
하여 바울과 바나바를 뒤따라갔다(43a절). ③ 바울과 바나바가 그
들과 대화를 나누고 항상 은혜 가운데 있기를 권면하였다(43b절).

---

206) Adams, 102.

바울의 설교가 대성공을 거두었다는 사실은 44절에서 더 확연하게 드러난다. 그러니까, "그 다음 안식일에는 온 성이 거의 다 하나님의 말씀을 듣고자 하여 모이니"(44절)라는 증거대로, 온 성이 거의 다 모였다 할 정도로 많은 인파가 모여든 것은 분명히 바울 설교의 결과였다.

바울의 설교전달도 청중을 고려하여 시행되었음을 발견하게 된다. 바울 설교의 중심 사상은 청중들이 잘 아는 특별계시인 구약, 즉 조상들에게 주신 약속에 예언된 메시아가 십자가와 부활의 주인공이신 예수시라는 데에 집중되고 있다. 바로 "예수는 그리스도"라는 주제를 가지고 청중들을 그리스도의 신앙으로 인도하고자 하는 목표점을 향하고 있다. 바울은 설교의 효과적인 전달을 위하여 "손짓하며" 설교를 시작하고 있다. 바울은 자신의 청중들이 두 종류임을 알았기 때문에 "이스라엘 사람들과 및 하나님을 경외하는 사람들아!"라고 불렀으며, "이 이스라엘 백성의 하나님이 우리 조상들을 택하시고"라고 하여 바울 자신이 청중과 함께 걸어가는 그 자리에서부터 설교의 출발을 이루고 있다. 설교의 전개에 있어서 청중들에게 인정된 권위인 이스라엘의 역사를 예수 그리스도와 연관시켜 설명하고 있다. 청중 가운데 역시 아주 권위 있게 인정되고 있는 세례요한의 말을 들어 예수가 그리스도이심을 증명하고, 청중들이 인정하는 권위인 구약성경(시2:, 시16:)의 예언들을 논의함으로 부활하신 예수 그리스도를 분명하게 증명하고 있다. 자신의 설교를 청중들에게 적용시키면서 하박국 선지자의 예언을 인용하여 분명한 경고를 받고도 심판을 당하는 어리석음을 범치 말 것을 청중들에게 촉구하며 설교를 마무리한다. 또한 시종일관 바울은 그의 청중과 그들의 일반적인 전통에 자신을 동질화(동일시)시키고 있는데, 그것은 '형제들', '우리의 조상' 등의 말이다. 이상에서 바울의 설교에서도 청중이해에 적용하고 있음을 발견하게 된다. 바울은 무엇보다도 특별계시를 잘 아는 청중들에게 청중들이 인정하는 권위인 구약성경을 들어 자신이 전하고자 하는 복음을 증명하고, 청중들에게 적용하고 있다. 이처럼, 효과적인 설교전달을 위하여 청중을 이해하고, 그 이해에 따라 설교전달을 한 바울사도에게서 설교자는 지혜를 배워야 한다. 13장의 설교가 특별계시를 잘 아는 청중들에게 전한 설교라면, 17장은 특별계시를 모르는 청중들에게 전한 설교다. 우리는 17장에서 바울설교를 분석함으로써 효과적인 설교전달에 청중이해가 중요함을 다시 배우게 된다.

(2) 사도행전 17장 16-34절의 설교전달분석

◆ 설교 본문

(행17:16-34) "(16)바울이 아덴에서 저희를 기다리다가 온 성에 우상이 가득한 것을 보고 마음에 분하여 (17)회당에서는 유대인과 경건한 사람들과 또 저자에서는 날마다 만나는 사람들과 변론하니 (18)어떤 에비구레오와 스도이고 철학자들도 바울과 쟁론할새 혹은 이르되 이 말장이가 무슨 말을 하고자 하느뇨 하고 혹은 이르

되 이방신들을 전하는 사람인가 보다 하니 이는 바울이 예수와 또 몸의 부활 전함을 인함이러라 (19)붙들어 가지고 아레오바고로 가 며 말하기를 우리가 너의 말하는 이 새 교가 무엇인지 알 수 있겠 느냐 (20)네가 무슨 이상한 것을 우리 귀에 들려주니 그 무슨 뜻 인지 알고자 하노라 하니 (21)모든 아덴 사람과 거기서 나그네 된 외국인들이 가장 새로 되는 것을 말하고 듣는 이외에 달리는 시간 을 쓰지 않음이더라 (22)바울이 아레오바고 가운데 서서 말하되 아덴 사람들아 너희를 보니 범사에 종교성이 많도다 (23)내가 두 루 다니며 너희의 위하는 것들을 보다가 알지 못하는 신에게라고 새긴 단도 보았으니 그런즉 너희가 알지 못하고 위하는 그것을 내 가 너희에게 알게 하리라 (24)우주와 그 가운데 있는 만유를 지으 신 신께서는 천지의 주재시니 손으로 지은 전에 계시지 아니하시 고 (25)또 무엇이 부족한 것처럼 사람의 손으로 섬김을 받으시는 것이 아니니 이는 만민에게 생명과 호흡과 만물을 친히 주시는 자 이심이라 (26)인류의 모든 족속을 한 혈통으로 만드사 온 땅에 거 하게 하시고 저희의 연대를 정하시며 거주의 경계를 한하셨으니 (27)이는 사람으로 하나님을 혹 더듬어 찾아 발견케 하려 하심이 로되 그는 우리 각 사람에게서 멀리 떠나 계시지 아니하도다 (28) 우리가 그를 힘입어 살며 기동하며 있느니라 너희 시인 중에도 어 떤 사람들의 말과 같이 우리가 그의 소생이라 하니 (29)이와 같이 신의 소생이 되었은즉 신을 금이나 은이나 돌에다 사람의 기술과 고안으로 새긴 것들과 같이 여길 것이 아니니라 (30)알지 못하던 시대에는 하나님이 허물지 아니하셨거니와 이제는 어디든지 사람

을 다 명하사 회개하라 하셨으니 (31)이는 정하신 사람으로 하여
금 천하를 공의로 심판할 날을 작정하시고 이에 저를 죽은 자 가
운데서 다시 살리신 것으로 모든 사람에게 믿을 만한 증거를 주셨
음이니라 하니라 (32)저희가 죽은 자의 부활을 듣고 혹은 기롱도
하고 혹은 이 일에 대하여 네 말을 다시 듣겠다 하니 (33)이에 바
울이 저희 가운데서 떠나매 (34)몇 사람이 그를 친하여 믿으니 그
중 아레오바고 관원 디오누시오와 다마리라 하는 여자와 또 다른
사람들도 있었더라"207)

1) 청중의 상황

본문은 철학의 고장 아덴에서 바울이 전도 설교하는 내용이다.
온 성에 우상 숭배가 가득하였고(16절), 철학의 본 고장답게 쟁론
을 좋아하며 허무한 이념과 사상(에비구레오와 스도이고208)) 등을
열심히 추구하고, 하나님이 없는 내면을 메우기 위해 새롭게 보이
는 것에 모든 시간을 다 바치는 청중들이었다(17-21절). 아덴 사람
들(청중들)은 바울을 강권하여 일종의 시민 공개 법정인 아레오바
고로 데려가며 바울이 전파하는 새 종교에 대하여 아레오바고 법
정에서 공식적으로 변론해 주기를 요청하였다(19-20절). 여기에 바

---

207) "사도행전 17장", 『한글개역성경』(서울: 대한성서공회)
208) 에비구레오 학파는 인생의 목적이 향락에 있다고 보는 쾌락주의로
　　무신론적인 물질주의자들이었으며, 스도이고 학파는 향락을 배격하
　　고 도덕을 강조하는 금욕주의로 범신론과 유신론의 혼합 형태를 띠
　　었으며 인간의 이성을 앞세웠다. Ibid., 114-5와 이순한, 463-5. 참고.

울이 아레오바고 광장에서 복음을 들고 청중들에게 열정을 다해 설교하는 내용이 본문이다.

2) 설교의 주제와 목표

바울은 본문에서 하나님을 모르고 심지어 '알지 못하는 신에게라고'까지 하며 우상을 섬기는 청중들에게 "너희가 알지 못하고 위하는 그것을 내가 너희에게 알게 하리라"고 하면서 청중들을 위한 목표를 정하고 "그리스도교의 신관(초월하고 무한하신 하나님의 존재)"이라는 주제를 가지고 전도설교를 하고 있다.

3) 설교의 도입

설교자는 청중과 설교자가 함께 공유하고 있는 어떤 경험이나 자세를 발견하고,209) 청중의 의견에 동의할 수 있는 어떤 일치점들을 찾아서 이것들을 우선 말함으로 설교를 시작할 때,210) 청중의 문을 쉽게 열게 된다. 바울은 설교의 도입 단계에서 '종교성'211)과 '알지 못하는 신'에 대하여 말을 꺼내고 있다. 이것은 사

---

209) Wilbur Gilman, Bown Aly, and Loren Reid, *Fundamentals of Speaking* (New York: Macmillan, 1951), 69.
210) Robert T. Oliver, Rupert L. Cortright, and Cyril F. Hagen, *The New Training of Effective Speech*(Revised Edition New York: The Dryden Press, 1946), 126.
211) 폴 틸리히(P. Tillich)는 "종교란 자기 존재의 근거인 궁극적 실재

실, 바울 내면에서(특별 계시 면에서) 바울이 청중의 우상숭배를 칭찬한 것이 아니며,[212] 다만 바울은 유대인이 아닌 청중들에게 일반계시의 차원에서 접근하고 있는 것이다. 그러면서 특별계시의 차원으로 청중들을 이끌기 위하여 진정한 신에 대하여 알게 하겠다고 하는 것이다.

바울의 이 선교 설교는 "율법 없는 자에게는 율법 없는 자로 자처하며 전도 한다"(고전9:21)는 고백대로 아덴사람(청중)들에게 아주 적절한 방법으로 복음을 전하고 있는 것이다. 그리고 바울은 청중들을 부를 때에 옛날 소크라테스와 플라톤 같은 철학자들이 아레오바고에서 그들의 사상을 전할 때에 사용한 말투를 그대로 사용하여 "아덴 사람들아!"라고 불렀다.[213] 바울은 청중에 알맞은 연설체와 어휘를 사용하여 설교하고 있다.

(The Ultimate Reality)에 대한 궁극적 관심(Ultimate Concern)"이라고 정의했다. 그리고 어거스틴은 그 궁극적인 실재를 "내가 내 자신에게 가까이 있는 것보다 더 내게 가까이 계신 분"이라고 표현하였으며, 사도 바울은 철학의 도시 아테네에서 궁극적 실재이신 하나님에 대하여 이렇게 메시지를 전하였다. (행17:25-27)"이는 만민에게 생명과 호흡과 만물을 친히 주시는 자이심이라……, 그는 우리 각 사람에게서 멀리 떠나 계시지 아니하도다. 우리가 그를 힘입어 살며 기동하며 있느니라." 만유와 인류를 창조하시고, 인간의 생명을 홀로 주장하시는 하나님, 바로 그분이 궁극적 실재가 되신다는 증언이다. 정두섭, 『진리와 삶』(전주: 세원사, 2002), 21.

212) 본문 16절의 증거에 의하면, 바울은 사실 아덴의 온 성에 우상이 가득한 것을 보고 마음에 분개하였다

213) 이순한, 467.

4) 설교의 전개

① 청중을 위한 설명

바울은 아덴 사람(청중)들이 '일지 못하는 신'의 제단까지도 세워 놓은 것을 지적하며 참신이 누구신지를 설명하기 시작한다(23절). 참 신은 바로 '우주와 만유를 지으신 천지의 주재(主宰)'[214] 이신데 그분은 결코 사람들에게서 멀리 떠나 계시는 존재가 아니시며 또 인류 역사 속에서 자신을 계시하고 계심을 설명한다 (24-27절). 물론 바울이 유대인의 회당에서 설교하듯이 구약성경을 인용하며 선교 설교한 것이 아니다. 그것은 성경을 전혀 모르는 이방인들에게 성경으로 설교한다고 하여 이해에 도움을 주지 못하기 때문이다. 그러나 먼저 신관을 전한 것은 좋은 착상이다. 그것은 바울이 지금 전하고자 하는 가장 중요한 출발점이 아덴 사람들의 신관부터 고쳐주고 그들로 하여금 참하나님을 깨닫게 하고 그를 섬기게 함이 급선무인 까닭이다.[215]

사도 바울은 철저히 청중을 인식하고 청중의 상황에 대한 이해를 가지고 설교하는 것이다. 바울은 "'만유를 지으신 천지의 주재' 이신 하나님께서 만민에게 생명과 호흡과 만물을 주시는 분이시요, 인류의 모든 족속을 한 혈통으로 만드시고……사람으로 하나님을

---

214) 바울이 "만유를 지으신 천지의 주재"(행17:24)를 증거 하는 것은 사도행전 10장에서 베드로가 "만유의 주"(행10:36)를 언급한 것과 관련하여 생각해 볼 수 있다. 같은 청중은 아니지만 둘 다 이방인이라는 데에는 같기 때문이다.

215) 이순한, 468.

찾아 발견케 하려 하시는 분으로 우리 각 사람에게서 멀리 떠나 계시지 않는다"고 설명하고 있다. 아직 청중인 아덴 사람들이 바울의 선교설교를 듣고 있을 뿐, 하나님을 믿지 않고 있으므로 특별은혜를 맛보지 못하고 있으나, 일반은혜는 청중인 그들이 바울과 함께 공유하고 있다는 의미로 설명하고 있다.

② 청중을 위한 증명

바울은 청중들이 익히 알고 있는 시인들의 시구를 인용하며 오직 인간은 하나님을 힘입어서만 살아갈 수 있음과 하나님의 형상대로 지음 받은 신의 자녀들임을 증명하고 금, 은, 돌 따위로 새긴 것들이 신이 아님을 증명하고 있다(28-29절). "바울이 이 설교에서 그리스 시인들의 두 가지의 말을 인용한 것은 중요한 일이다. 이것으로 바울은 철학적인 청중들에게 호소하고 있으며, 그가 그리스 학문과 철학에 익숙하다는 것을 설명했다. 이러한 방법으로 바울은 "윤리적인 증명"을 사용하였다."[216]

그러나 이것보다 더 중요한 의미가 있다. 그리스의 종교는 시인들과 예술가들과 철학자들에 의해서 발전되었다.[217] 그래서 바울은 그리스 사람들에게 알려져 있는 가장 종교적인 권위를 두고 호소하고 있는 것이다. 두 개의 인용 구절은 "우리가 그를 힘입어

---

216) Adams, 120.

217) Edith Hamilton, *The Greek Way to Western Civilization*(New York: A Mentor Book Published by the New American Library, 1951), 159.

살며 기동하며 있느니라"와 "우리가 그의 소생이라"(28절)이다. 처음 것은 그리스 신화인 에피메니데스(Epimenides)에 나온다. 에피메니데스가 "모르는 신에게 드리는 제단"을 아덴시(市)의 안과 주위에 세우도록 말했다고 한다.218) 두 번째의 것은 스토아 철학자 클리앤시스(Cleanthes)의 "쥬피터에게 바치는 성가"에서 인용하였으며, 같은 말이 아라투스의 파노메나에도 나온다.219) 바울은 한 사람 이상의 시인이 이 같은 것을 말한 사실을 인용문을 말하기 전에 힘주어 말했다. "너희 시인 중에도 어떤 사람들의 말과 같이……"(28절)라고 했다. 아라투스와 클리앤시스는 평판이 좋았다.220) "바울이 이 두 시인을 이용한 것은 강한 힘이 있었다. 바울은 이것으로써 그들 자신의 터전 위에 세운 우상숭배를 정죄하였다. 바울은 시인들의 말이 우상숭배, 즉 그들이 현재 행하고 있는 종교와 철학적인 관점과 반대되는 바울 자신의 말을 지지한다는 것을 보여주었다. 이 시인들 중 아무도 자연 종교를 통하여 참된 하나님을 찾았거나 이교 신앙을 버리고 삼위일체 신께 나와 그를 섬기지는 않았다. 바울이 그들 스스로가 더욱 이상한 이 우상숭배에 떨어졌다는 것을 보여줄 수 있었다는 것은 참으로 적당한 일이었다."221)

---

218) F. F. Bruce, *The Acts of the Apostles the Greek Text with Introduction and Commentary*(Grand Rapids: Wm. B. Eerdmans Publishing Company, 1953), 924. Adams, 121에서 재인용.

219) Adams, 121.

220) Ibid.

221) Ibid.

"바울은 시인들의 사상이 아덴 시민들의 우상숭배와는 전혀 다르다는 것을 보여주기 위하여 시인들을 이용하였다. 그리스의 시인들을 이용한 것은 확실히 "그리스인들에게는 그리스인"이 되려는 시도였다(그리스의 사상을 채택하여 그렇게 한 것이 아니고 전략상 그들을 사용한 것이다). 또한 이 특별한 시인들을 이용한 것과 그들의 말 중에서 특별한 말을 인용한 것은 청중에의 적응의 보다 더 큰 기술을 보여주고 있다."222) 바울은 청중의 상황을 이해하고, 그 청중상황을 고려하여, 청중을 위하여, 청중의 것으로 증명하면서 설교접근을 이루어가고 있다.

③ 청중을 위한 적용

바울은 청중들에게 무지로 인한 우상숭배를 회개하도록 촉구하고(30절), 하나님께서 세상의 심판주로 정하신 예수 그리스도의 부활을 증거하며 믿음의 결단을 촉구하고 있다(31절). 파라(Frederick W. Farrar)가 지적한 것처럼, "수사학을 가장 중요하게 여겼던 청중들에게 행한 바울의 설교는 기술이 매우 필요한 것이었는데, 아주 정중하고 섬세하며 회유(懷柔)적인 논증으로 그들의 시인들이 바울 자신의 견해를 주장하게 하면서 모든 종류의 청중들의 근본적인 잘못을 지적하기 위하여 즉각적인 적응으로 그는 설교함으로써 오직 청중과 동감하는 점들을 강조하는 듯하면서도 사실은 각방면으로 그들을 꾸짖으면서"223) 회개와 믿음의 결단을 촉구한다.

---

222) Ibid., 122.
223) Frederick W. Farrar, *The Messages of the Books*(New York: E. P.

5) 설교의 결과

바울의 아덴에서의 선교설교는 하나의 실패작이었다는 것이 공통적 견해이다.224) 그러나 어디에 바울의 설교가 실패했다고 했는가? 오히려 바울의 "설교는 성공하였으나 청중들은 실패했다"225)고 보는 것이 타당하다. 우리는 성령의 역사를 과소평가하지 말아야 한다. 개종자가 적다고 해서 그 설교가 실패했다고 함부로 단언할 수 없다. 혹, 후일에 그곳에 있었던 사람들에게 무슨 일이 일어났는지 우리는 알 수 없는 일이다. 사도행전 6, 7장에서 스데반이 성령과 지혜가 충만한 가운데(행6:3,5,8,10) 설교를 할 때에, 청중들은 오히려 스데반을 돌로 쳐 죽이고 말았다. 그렇다고 스데반의 설교가 실패했단 말인가? 결코 그렇지 않다. 그때 스데반의 설교를 들었던 바울이 회개하고 오늘 이렇게 힘 있게 증거하고 있는 것이다. 물론 바울의 직접적인 회심은 사도행전 9장에서의 다메섹에서 주님을 만난 사건의 결과였다. 그렇다고 스데반의 설교가 바울의 변화에 전혀 관계가 없었다고 할 수는 없다.

바울의 아레오바고 선교설교의 결과 소수의 회심자를 얻었다(32-34절). 이것은 사실로 대단한 성공이었다고 보아야 한다. 왜냐

Dutton and Co., 1885), 214. Adams, 122에서 재인용.

224) 이순한, 473.

225) John Gerstner, "The Acts of the Apostles", *The Biblical Expositor the Living Theme of the Great Book* (Vol.Ⅲ, Philadelphia: A. J. Holman Company, 1960), 215.

하면, 오늘날 선교사들 중에 모슬렘 지역에서 수년을 전력하여 복음을 전해도 회심자를 얻기가 얼마나 어려운가? 아니 사실, 오늘 설교자인 내가 바울과 같은 상황에서 선교설교를 했을 때에 얼마나 열매를 맺었겠는가? 오늘날 능통한 설교자가 길거리 광장에서 대중들에게 선교 설교하여 바울처럼 소수의 결신자를 얻을 수 있겠는가? 필자는 본문을 연구하는 중에 바울의 아레오바고에서의 선교설교를 전통적으로 선교적 실패라고 평가하지만 결코 실패라고 할 수 없다는 결론을 내렸다. 죽은 자의 부활을 전한 바울의 설교를 들은 자 중, 일부는 조롱하였으나 일부는 바울의 말을 다시 듣고자 하였다(32절). 그리고 바울의 이 아레오바고 설교로 아덴 사람 중, 소수가 복음을 영접하고 바울과 가까이 교제하였는데 그중에는 아레오바고 관원 디오누시오와 다마리라고 하는 여인과 또 다른 사람들도 있었다(33-34절). 이것은 철학적 고정관념에 사로잡혔던 아덴 사람들을 생각하면 바울의 설교가 결코 실패하지 않았음을 나타내는 증거다.

(3) 요 약

바울사도의 설교전달도 베드로사도의 설교와 마찬가지로 청중이해에 따라 설교가 접근되고, 시행되었다. 사도행전 13장에서 바울 설교의 중심 사상은 청중들이 잘 아는 특별계시인 구약, 즉 조상들에게 주신 약속에 예언된 메시아가 십자가와 부활의 주인공이신 예수시라는 데에 집중되고 있다. 바로 "예수는 그리스도"라는 주제를 가지고 청중들을 그리스도의 신앙으로 인도하고자 하는 목표점을 향하고 있다. 바울은 설교의 효과적인 전달을 위하여 "손짓하며" 설교를 시작하고 있다. 바울은 자신의 청중들이 두 종류임을 알았기 때문에 "이스라엘 사람들과 및 하나님을 경외하는 사람들아!"라고 불렀으며, "이 이스라엘 백성의 하나님이 우리 조상들을 택하시고"라고 하여 바울 자신이 청중과 함께 걸어가는 그 자리에서부터 설교의 출발을 이루고 있다. 설교의 전개에 있어서 청중들에게 인정된 권위인 이스라엘의 역사를 예수 그리스도와 연관시켜 설명하고 있다. 청중 가운데 역시 아주 권위 있게 인정되고 있는 세례요한의 말을 들어 예수가 그리스도이심을 증명하고, 청중들이 인정하는 권위인 구약성경(시2:, 시16:)의 예언들을 논의함으로 부활하신 예수 그리스도를 분명하게 증명하고 있다. 자신의 설교를 청중들에게 적용시키면서 하박국 선지자의 예언을 인용하여 분명한 경고를 받고도 심판을 당하는 어리석음을 범치 말 것을 청중들에게 촉구하며 설교를 마무리한다. 또한 시종일관 바울은 그의 청중과 그들의 일반적인 전통에 자신을 동질화(동일시)시키고 있는데, 그것은 '형제들', '우리의 조상' 등의 말이다. 이상에서 바울의 설교에서도 청중이해에 적응하고 있음을 발견하게 된다. 바울은 무엇보다도 특별계시를 잘 아는 청중들에게 청중들이 인정하는 권위인 구약성경을 들어 자신이 전하고자 하는 복음을 증명하고, 청중들에게 적용하고 있다.

사도행전 17장에서 바울은 하나님을 모르고 심지어 '알지 못하는 신에게 라고'까지 하면서 우상을 섬기는 청중들에게 "너희가 알지 못하고 위하는 그것을 내가 너희에게 알게 하리라"고 하면서 "그리스도교의 신관"이라는 주제를 가지고 선교설교를 하고 있다. 바울은 도입 단계에서 '종교성'과 '알지 못하는 신'에 대하여 말을 꺼냄으로써 유대인이 아닌 청중들에게 적용하여 설교전달을 하고 있다. 특별계시가 아닌 일반계시의 차원에서 접근하고 있다. 또한 바울은 청중들을 부를 때에 "아덴 사람들아!"라고 불러 청중에 알맞은 연설체와 어휘를 사용하여 설교전달을 하고 있다. 설교전개에서 바울은 청중의 감정을 완화시키기 위하여 청중들의 제단, 즉 '알지 못하는 신'의 제단과 청중들에게 인정된 권위인 시인들의 시를 이용하여 설교를 전개하면서 그들의 우상숭배의 잘못을 지적하고 참하나님을 믿고 섬기라고 증거하고 있다. 바울이 13장에서와 같이 유대인의 회당에서 설교하듯이 구약성경을 인용하며 설교한 것이 아니다. 그것은 특별계시인 성경을 전혀 모르는 이방인들에게 성경으로 설교한다고 하여 이해에 도움을 주지 못하기 때문이다. 그래서 바울은 일반은총과 일반계시의 차원에서 청중들에게 적용하고 있다. 바울은 청중들에게 무지로 인한 우상숭배를 회개하도록 촉구하고, 하나님께서 세상의 심판주로 정하신 예수 그리스도의 부활을 증거하며 믿음의 결단을 촉구하고 있다. 아주 정중하고 섬세하며 회유(懷柔)적인 논증으로 그들의 시인들이 바울 자신의 견해를 주장하게 하면서 청중들의 근본적인 잘못을 지적하기 위하여 즉각적인 적용으로 설교하고 있다. 바울은 오직 청중과 동감하는 점들을 강조하는 듯하면서도 사실은 각 방면으로 그들을 꾸짖고 있다.

효과적인 설교전달을 위하여 청중을 이해하고, 그 이해에 따라 설교전달을 한 바울사도에게서 설교자는 지혜를 배워야 한다. 사도행전 13장의 설교가 특별계시를 잘 아는 청중들에게 전한 설교라면, 사도행전 17장은 특별계시를 모르는 청중들에게 전한 설교다. 사도행전 13장에서 바울은 비시디아 안디옥에서 안식일에 회당장들이 바울을 청하여 듣기를 원할 때, 청중이 정통 유대인들과 유대교에 입교한 경건한 이방인들로 특별계시인 구약성경을 익숙한 사람들인 것을 알고 "율법과 선지자의 글을 읽은 후", 강론하였다. 그러나 사도행전 17장에서는 우상 숭배와 철학적 쟁론을 좋아하며 허무한 이념과 사상 등을 열심히 추구하고, 하나님이 없는 내면을 메우기 위해 새롭게 보이는 것에 모든 시간을 다 바치는 아덴의 청중들, 즉 특별계시를 모르는 청중들에게 그들이 가지고 있는 일반적인 지식을 사용하여 메시지를 전하였다.

우리는 바울의 설교에서도 청중이해가 설교전달에서 매우 중요하다는 사실을 발견하게 된다. 청중을 알고 그 이해를 따라 설교할 때 그만큼 설교전달은 쉬워지고, 설교의 효과도 크게 나타날 것이 틀림없다. 따라서 설교자는 선진들에게서 청중이해를 통한 설교전달의 지혜를 배워야 한다.

3. 베드로설교와 바울설교분석의 요약

라이핀(Duane Litfin)은 "청중에 대한 이해와 적응이 효과적인 커뮤니케이션에 아주 결정적이다"고 말한다.[226] 효과적인 커뮤니케이션을 위해서 청중을 이해하고, 청중에 적응하며, 청중에 관한 정보를 찾을 것을 강조한다.[227] 그만큼 커뮤니케이션에서 청중이해는 필수다. 그런데 베드로와 바울의 설교전달이 청중을 이해하고 청중에 적응하여 시행되었다. 당시에 베드로와 바울은 최고의 커뮤니케이터였다. 베드로의 설교(행2장, 10장)와 바울의 설교(행13장, 17장)에서 모든 설교 속에 나타나 있는 일관된 적응 형태가 없다는 것을 알 수 있다. 청중이해에 따라 융통성 내지 유연성이 있어야 함을 시인하게 된다. 동일한 그리스도의 복음이 청중이해에 따라 그 온갖 상황에 맞게 재구성되어 설교되었음을 베드로설교와 바울설교에서 발견하게 된다. "청중의 상황이해가 설교전달방법에 영향을 미친다."는 사실이다. 복음은 같으나 전달방법이 청중이해에 따라 달리 나타난다. 효과적인 설교전달 때문이다.

사도행전 2장에서 유대인들을 상대로 특별계시인 구약의 말씀을 인용하여 복음을 전했던 베드로사도는 사도행전 10장에서는 이방인 청중들(그러나 복음에 호의적인 청중들)에게는 당시 사회에 널

---

226) Duane Litfin, *Public Speaking: A Handbook for Christians*(Grand Rapids: Baker Book House, 1981, reprint, 2003), 41.

227) Ibid., 38-77.

리 알려진 일반적 사실(37절: "곧 요한이 그 세례를 반포한 후에 갈릴리에서 시작되어 온 유대에 두루 전파된 그것을 너희도 알거니와")을 근거로 하여 '그리스도의 복음'을 설교하고 있다. 그리고 베드로는 사도행전 2장에서는 청중이 잘 아는 '제3시'의 관습을 들어서 청중을 이해시키며, 사도행전 10장에서는 '외모를 취하지 아니하시는 하나님', '만유의 주 되신 예수 그리스도'에 대하여 설명을 하면서 유대인과 이방인 사이에 차별이 없음을 말함으로써 청중과의 공감(일체감)을 꾀하며 설교하고 있다.

바울 사도도 마찬가지이다. 사도행전 13장에서 특별계시인 구약 성경과 세례요한의 권위를 인정하는 청중들에게는 구약성경의 내용인 이스라엘 역사와 그 역사적 인물들과 세례요한을 사용하고, '형제들', '우리 조상들' 등의 언어를 사용하며 청중과의 일체감을 이루며 설교했는데, 사도행전 17장에서는 특별계시에 대하여 전혀 모르는 이방인들에게는 일반계시와 일반은총을 사용하고, 청중들이 인정하는 권위인 헬라 시를 인용하였으며, 청중에게 가까이 있는 환경("종교성", "알지 못하는 신")을 이용하였을 뿐만 아니라, 청중들에게 적합한 연설체와 어휘("아덴 사람들아!"……) 등을 사용하여 역시 청중과 일체감을 창출하며 설교하고 있다.

설교자가 "청중과 더불어 일체감을 느낄 수 있는 원천(Sources of Identification)의 창출 능력이야말로 청중에 대한 설득 여부 및 효과적인 설득의 정도를 결정한다."[228] 베드로 설교와 바울 설교 모두에서 공통적으로 청중이해에 따라 설교자가 청중과 일체감을

---

228) Goodall, Waagen, 28.

창출하면서 청중에게 적응하여 설교하고 있는 것을 볼 때에 베드로와 바울은 설교의 대가요, 커뮤니케이션의 대가들이었음에 틀림이 없다. "청중을 알고 일체감을 느낄 수 있는 원천은 설교자와 청중 사이에서 생기는 '하나 됨'의 느낌으로 이것은 커뮤니케이션의 불가피한 요소다."229)

베드로와 바울이 행한 설교는 오늘의 설교에 있어서 풍부한 융통성에 대한 한 본보기라고 하겠다. 그 융통성은 설교자가 타협함이 없이 적응할 수 있으며 본질을 바꾸지 않고 형태만 바꾸는 그러한 융통성이다.230) 달리 말하자면, 융통성은 성경본문에 나타난 저자의 의도에 대한 본질은 지키면서 설교의 효과적인 전달을 위하여 그 모습을 달리하게 된다. 베드로와 바울이 청중을 이해하고, 청중에 대한 지식을 이용하여 전달한 설교는 아무리 강조해도 못다 할 원칙이라고 하겠다. 오늘의 설교자들도 베드로와 바울처럼, 본문에 대한 확실한 지식뿐만 아니라, 청중에 대한 충분한 지식을 가지고 청중의 상황이해에 따라 설교접근의 형태를 청중에 맞게 이끌어냄으로써 효과적인 설교전달을 해야 마땅한 일이다. 이를 위해서 설교자들은 이 시대의 청중들을 알기 위하여 신학 외에 다른 분야에 대한 공부도 폭넓게 충분히 연구하여 알고 있어야 한다. 청중을 연구하여 청중을 아는 일은 반드시 효과적인 설교전달에 중요하기 때문이다. 그러면 청중이해에 따른 설교전달은 구체적으로 어떻게 해야 할 것인가? 다음 제4장에서 "청중이해에 따른 설교전달방법"을 제안한다.

---

229) Ibid., 참고.
230) Adams, 159.

제
3
장

청중이해에 따른
설교전달방법 제안

루이스(Ralph L. Lewis)는 "설교가 사실에 있어서 매우 정확하고, 교훈적인 면에서도 건전하고, 성경적인 면에서도 분명하며, 교리적으로도 정통성을 가지고 있다고 하더라도 청중들의 관심을 끌지 못한다면 여전히 아무것도 성취하지 못할 수 있다. 청중의 관심을 끄는 것이 관건이다"라고 하였다.231) 따라서 설교자는 설교 전달에서 청중의 관심을 끄는 설교를 위하여 많은 노력을 기울여야 한다. 그렇다면 어떻게 청중의 관심을 끌 수 있을까? 그것은 설교자가 청중의 상황을 바로 이해하고, 그 이해의 상황에 따라 하나님의 진리의 말씀을 재구성하여 전달해야 한다.

우리는 앞장에서 청중을 이해하고 그 이해에 따라 동일한 그리스도의 복음이 그 온갖 상황에 맞게 재구성되어 설교되었음을 발견하게 된다. 우리는 사도행전에 나타난 베드로와 바울설교를 청중중심으로 연구함으로써 설교에 있어서 청중이해의 중요성을 실감하게 되었으며, "청중이해가 설교의 전달방법에 영향을 미친다."는 사실을 발견하게 되었다. 따라서 설교를 듣는 성도들, 즉 청중의 상황의 다양성만큼, 설교의 전달방법도 다양해야 한다.232) 비처

---

231) Ralph L. Lewis, *Inductive Preaching*: *Helping People Listen*(Westchester, Ill: Crossway Books, 1983), 165.

(Henry Ward Beecher)는 그 다양성의 필요에 대해 "설교를 할 때마다 설교를 듣는 사람들이 다 다르기 때문에, 지속적으로 다양한 방법을 사용하지 않고는 절대로 설교를 효과적으로 할 수 없게 된다."고 말하였다.[233]

그러면, 이제 청중의 다양한 상황이해에 따라 보다 효과적인 설교전달방법이 무엇인지를 이상의 연구 결과를 토대로 제안하고자 한다.

이상의 베드로설교와 바울설교에서 그 설교의 주제와 목표, 도입부, 전개(설명, 증명, 적용)가 있는데, 모두 청중의 상황(배경) 이해를 따라 결정되고 시행되었음을 발견하게 되었다. 따라서 본 연구자는 설교가 아래와 같이 전달되어야 함을 제안한다.

1. 청중이해에 따른 설교의 주제와 목표 설정
2. 청중이해에 따른 설교의 도입
3. 청중이해에 따른 설교의 전개
   (1) 청중을 위한 설명 (2) 청중을 위한 증명 (3) 청중을 위한 적용
4. 청중이해에 따른 설교의 효과기대

232) Ramesh Richard, *Scripture Sculpture*, 정현 역, 『7단계 강해설교준비』 (서울: 도서출판 디모데, 2001), 149.
233) Henry Ward Beecher, *Yale Lecture on Preaching*(Chicago: Pilgrim, 1900), Ibid., 262-3. 재인용.

1. 청중이해에 따른 설교의 주제와 목표 설정

설교에서 주제와 목표의 설정은 꼭 필요하다. 그리고 그 설교의 주제는 언제나 단 하나만 있어야 한다.[234) 여러 가지 주제가 한 설교에서 왔다 갔다 하면 청중은 혼란에 빠지기 쉽다. 설교자는 '저자가 이 본문에서 무엇에 대해 말하고 있는가?'에 대한 답변을 제공해 주는[235) "하나의 주제(핵심사상)"[236)를 가지고 계속 조금씩 포인트를 달리 하면서 그 한 주제를 외쳐야 한다.[237) 목표도 분명해야 한다. 설교전달에 항시 어떤 목표가 있어야 한다.[238) 설교의 제목을 밝히 전개시키지 않거나 목표달성에 필요 없는 것은

---

234) 잘 표현되고 간명하게 진술된 제목은 청중이 설교자의 의도를 분명하게 이해할 수 있게 하여 준다. 그러므로 설교의 제목은 명확성, 정확성, 제한성, 간결성, 적합성, 관련성, 창의성 등을 지녀야 한다. Brown, Clinard and Northcutt, 134-7.

235) Richard, *Scripture Sculpture,* 92.

236) "설교의 통일성을 위하여 그 주제는 단 하나의 진술이 되어야 한다. 그것은 메시지의 중심이기 때문에 그 주제는 주어와 술어가 있는 하나의 단언으로서 공식화되어야 한다." Sidney Greidanus, *Preaching Christ from the Old Testament*(Grand Rapids: Eerdmans, 1999), 김진섭 · 류호영 · 류호준 역, 『구약의 그리스도, 어떻게 설교할 것인가: 하나의 현대적 해석학 방법론』(서울: 도서출판 이레서원, 2003), 415.

237) 한진환, 41.

238) Craig A. Loscalzo, *Preaching Sermons That Connect: Effective Communication through Identification,*(Downers Grove, Illinois: InterVarsity Press, 1992), 18.

절대로 설교에 넣어서는 안 된다.239) 설교에서 통일은 설교제목을 꼭 하나로 해야 하며, 설교 제목에 따르는 부제목과 부제목을 이루는 내용조차도 오직 목표를 향해 있어야 한다. 곽안련은 이것을 '렌즈비유'로 설명하고 있다. 즉 "목표를 향해 하나의 렌즈를 통해 빛이 투과되어야 효과적이지, 여러 개의 렌즈를 통해 빛이 투과되면 산만해져서 적절한 효과가 없어진다."는 것이다.240) 이것은 청중에게는 더 분명한 확신을 주며 설교자에게는 창의력 발달과 설교의 위력과 효과를 축적게 해 준다.241)

그런데 설교자는 본문의 핵심사상을 살리면서 설교의 주제와 목표를 청중들의 상황을 이해하고 그에 따라, 청중들을 고려하면서, 청중을 향하여 설정해야 한다. 설교를 통해서 변화를 받아야 할 대상은 청중이다. 청중이 변하지 않으면 설교는 허공을 치고 마는 것이다. 그러므로 설교자는 내가 이 주제를 외침으로 청중을 어떻게 변화시키겠다고 하는 설교의 목표가 분명해야 한다.242)

우리가 살펴본 바와 같이, 베드로의 설교(행2장, 행10장)와 바울의 설교(행13장, 17장)에서도 모두 청중의 상황에 맞춰 설교의 주제와 목표가 설정되고 진행된 것을 발견하게 된다. 사도행전 2장 14-41절의 설교에서 베드로는 오순절 성령강림 사건에 대해 의아해하는 청중들을 향해 "예수 그리스도를 통한 하나님의 구원사역"

---

239) 곽안련, 『설교학』(서울: 대한기독교서회, 2000), 205.

240) Ibid., 71-3.

241) Ibid., 73-4.

242) 한진환, 41-2.

이라는 제목을 가지고 당시의 상황이 십자가와 부활의 주인공이신 예수 그리스도의 구원사역임을 청중들에게 알게 하여 청중들로 하여금 회개하여 예수 그리스도를 믿고 이 패역한 세대에서 구원을 받게 하려는 분명한 목표를 가지고 설교전달을 하였으며, 행 10:34-48에서는 주께서 명하신 모든 것을 듣고자 하는 이방인인 고넬료 일행의 요구에 청중을 고려하여 "화평의 복음이신 만유의 주 예수 그리스도"라는 제목으로 설교하여 청중으로 하여금 그 예수님을 믿고 구원을 받게 하려는 데에 목표를 두고 선교설교를 하였다. 바울사도의 설교(행13:13-43, 행17:16-34)도 역시 청중의 상황을 따라 주제와 목표를 정하고 일정하게 진행되었음을 발견하게 된다. 바울사도는 비시디아 안디옥에 이르러 안식일에 유대교 회당에서 구약의 내용을 잘 아는 청중들을 향하여 "율법과 선지자의 글을 읽은 후에"(15절) 청중들과의 거리를 가깝게 하면서 "예수는 그리스도"라는 주제를 가지고, 청중들의 죄를 책망하고 회개를 촉구하며, 십자가와 부활의 주인공이신 예수 그리스도를 믿음으로 구원을 받으라고 권함으로써 '청중들의 이해력에 적응'시켜 청중들을 그리스도의 신앙으로 인도하고자 하는 그 설교의 목표를 분명히 하고 있다.

베드로설교와 바울설교가 청중들의 상황을 이해하고, 그 청중이해를 고려하여 실행되었음을 알 수 있다. 이처럼, 오늘의 설교자들도 설교전달을 해나갈 때에 청중의 상황을 이해하고, 청중을 향하여, 청중을 위하여 설교의 주제와 목표를 설정하고 실행해 나가야 한다.

2. 청중이해에 따른 설교의 도입

"도입을 위한 명백한 방법은 처음 시간을 통하여 알리거나 이용하는 일이다. 설교를 하기 위한 도입은 미식축구 경기에서 시작하는 킥오프(kickoff)와 런백(runback)과도 같고, 전투를 위한 발포 공격을 알리는 처음 사격과도 같으며, 또한 바다를 항해하기 위하여 항구를 출발하는 것과도 같다. 이것은 모든 사람이 처음 상황에 따르는 새로운 환경을 익히고 방향감각을 얻는 시간이다."[243] 청중들의 정신이 아직 상쾌하고 상대적으로 자극에 반응하기 쉽기 때문에 매우 중요한 순간이다. 그러므로 설교자는 청중들의 관심을 즉각적으로 이끌어낼 수 있는 방법을 도입부에서 사용해야 한다.[244] 즉 청중의 상황을 이해하고 거기에 적응되게 말을 꺼내야 한다.

사도행전 2장에서 베드로는 "유대인들과 예루살렘에 사는 모든 사람들아 이 일을 너희로 알게 할 것이니"라고 하여 당시 청중들이 '놀라며, 의혹하는 일', '조롱하는 일'을 설교의 도입에서 다루고 있다. 그리고 사도행전 10장에서는 이방인 청중들을 향해서

---

243) John MacArthur, *Preaching: How to Preach Biblically* (Nashvile: Tennessee, 2005), 201.

244) Dale Carnegie, *How to Develop Self-Confidence and Influence People by Public Speaking,* 정성호 역, 『감동을 주는 대화와 연설』 (서울: 삼일서적, 1995), 190-1.

"하나님은 사람의 외모를 취하지 않으시고, 하나님을 경외하고 의를 행하는 사람을 받아주신다"고 하여 베드로 자신이 유대인과 이방인(청중) 사이에 차별이나 편견이 없이 전한다고 함으로써 청중과의 일체감을 이루면서 설교의 커뮤니케이션을 발전시키고 있다. 두 설교 모두, 현실을 무시하거나 현실과 동떨어진 것이 아니라, 현재 청중의 상황을 근거로 선교설교의 "도입"을 삼고 있다.

사도행전 13장에서 바울은 자신의 청중이 두 종류임을 알았기 때문에 "이스라엘 사람들과 및 하나님을 경외하는 사람들아"라고 부르면서 "이스라엘 백성의 하나님이 우리 조상들을 택하시고"라고 하여 청중과 함께 걸어가는 그 자리에서부터 설교를 시작하고 있다. 또한 사도행전 17장에서는 바울은 특별계시를 모르는 청중들을 향하여 도입단계에서 "종교성"과 "알지 못하는 신"에 대하여 말을 꺼냄으로써 청중들에게 일반계시의 차원에서 접근하고 있다. 그러면서 특별계시의 차원으로 청중들을 이끌기 위하여 진정한 신에 대하여 알게 하겠다는 것이다.

설교자는 청중과 설교자가 함께 공유하고 있는 경험과 자세를 발견하고, 청중의 의견에 동의할 수 있는 일치점들을 찾아서 우선 말함으로써 설교를 시작할 때에 청중의 문을 쉽게 열 수 있게 된다. 따라서 설교자는 언제나 도입부분에서도 청중의 상황을 이해하고 거기에 적응되게 말을 꺼내야 한다. 청중이해에 따른 설교의 도입 방법으로 아래와 같은 방법을 사용하면 청중들의 관심과 반응을 효과적으로 이끌어 낼 수 있을 것이다.

(1) 호기심을 자극하라

설교의 도입부에는 주제를 암시하는 내용과 청중의 흥미를 유발하는 표현이 나타나야 하며 청중의 주의와 관심을 3분 내에 이끌어야 한다.[245] 특히, 첫 문장에서 청중들의 호기심을 유발한다면 그들의 흥미 있는 관심을 끌 수 있을 것이다.[246] '어머니'에 대한 설교를 할 때 호기심을 자극하여 청중의 관심을 이끄는 예를 들자면 다음과 같다.

> 이 사람은 우리 가운데 최고의 의사입니다. 입원한 환자를 위하여 아침 일찍부터 보약을 준비하고, 치료재를 준비합니다. 이것이 맛있을까, 저것이 맛있을까, 환자의 입맛을 돋우기 위하여 연구하며, 정성을 다합니다. 겨울이 되기 전에 환자의 따스함을 위하여 미리서 추위를 막아줄 옷을 지으며, 정성을 다하여 추위를 예비합니다. 환자가 고통스러워하면 환자보다 더 아파하고, 환자가 기뻐하면 환자보다 더 기뻐합니다. 오로지 그 마음이 환자에게 쏠려 있는 이 의사는 대체 누구일까요? 이 의사는 '어머니'입니다. 어머니는 입원한 환자인 가족들을 위하여 맛을 돋우는 밥을 짓습니다. 그 어머니께서 해주시는 밥은 가족들의 보약이요, 치료제입니다……

청중의 호기심을 자극하면, 청중은 그 다음에 따르는 내용을 더 듣고 싶어 한다. 설교자는 청중의 시선을 집중시키기 위해서 청중

---

245) 한진환, 45-8.
246) Carnegie, 179.

을 이해하고, 청중에 적응하여 설교의 주제와 목표의 일관성을 향하면서 청중 속으로 들어가서 설교의 도입을 시도해야 한다. 그러할 때에 청중에의 적응은 훌륭하게 나타난다.

(2) 예화를 사용하라

예화는 청중이 듣기에 훨씬 편하고, 청중의 흥미를 끌 수 있는 좋은 자료다. 한 가지 주의해야 할 것은 "모든 경우에 택한 자료들은 간결해야 하고 흥미로워야 하며 설교주제를 소개하는 데 도움이 되어야 한다."[247] 다음은 제5장에서 '청중이해에 따른 설교전달의 예' 가운데 성경본문 '마가복음 10장 17-27절'을 '헛고생 하지 맙시다.'라는 제목으로 설교할 때에 '농촌설교'의 도입부분이다.

> 벌써 가을이 다가왔습니다. 논으로, 밭으로 얼마나 수고가 많습니까? 벼이삭이 누렇게 익어가는 모습을 볼 때에 여러분들의 수고에 은혜로 채워주시는 하나님을 찬양하지 않을 수 없습니다. 그런데 여러분! 저는 벼가 누렇게 익어가는 이 가을만 되면 어렸을 때의 일이 눈앞에 활짝 펼쳐질 때가 많습니다. 제가 초등학교 1학년 때에 선친께서 돌아가시고, 그 다음해부터 농사를 하는데, 홀로 계신 어머니께서 그 일을 하신 겁니다. 정성을 다해 못자리를 하고, 지금은 수리시설이 잘되어 있지만, 그때는 비가 오지 않

---

247) Bill D. Whittaker, *Preparing to Preach*, 김광석 역, 『설교 리모델링』(서울: 요단출판사, 2002), 192.

아 물을 퍼서 나르고, 풀을 메고, 농약을 하고, 벼가 자랄 때에
또 비가 많이 와서 물에 잠겼을 때, 물로 벼에 묻은 이물질을 다
씻어내고, 열심히 농사를 지었습니다. 그런데 여러분! 그해에 병
충해(벼멸구) 피해가 전국적으로 컸었는데, 저희 논의 벼는 완전
히 건질 것이 없을 정도로 논이 하얗게 되어버렸습니다. 그때에
어머니께서 논두렁에 앉아서 눈물을 흘리던 모습이 지금도 눈에
선합니다. 헛고생을 한 것입니다. 과거의 모든 노력이 한순간에
물거품으로 사라져버리고만 것이에요. 너무 허망합니다.

다음은 위의 설교와 똑같은 본문에 똑같은 제목의 설교 중, '어
촌설교'의 도입부분이다.

헤밍웨이는 '노인과 바다'라는 작품에서 그의 인생관을 나타내
었습니다. 바다 가운데서 밤새껏 애쓰고 노력하고 힘을 다하여 노
인은 큰 물고기를 잡아서 바닷가로 이끌어냅니다. 지치고 힘들지
만 희망을 안고 전력을 다합니다. 그런데 그렇게 힘쓰고, 애쓰고,
정성을 다했건만, 바닷가에 끌려나온 것은 상어 떼에게 고기의 살
을 다 뜯겨 빼앗겨버린, 남은 것이란 앙상한 가시 뼈밖에 없습니
다. 허무와 허탈밖에 없습니다. 헛고생을 한 것입니다. 과거의 모
든 노력이 한순간에 물거품으로 사라져버리고만 것이에요. 너무
허망합니다. 사실, 헛고생, 헛수고 했다는 느낌처럼, 사람을 공허
하게 하고, 비참하게 만드는 것도 그리 많지 않습니다.

위의 두 가지 예화는 '농촌지역'과 '어촌지역'에 따라서 달리하
였다. 바로 청중을 고려하여 설교의 문을 열고, 청중을 이끌어 하
나님의 의도된 말씀 속으로 들어가자는 얘기다. 설교자가 조금만

관심을 기울이고 연구해 보면 설교의 주제를 드러내는 데 도움이 되는 예화를 찾아내어 청중을 보다 효과적으로 도울 수 있다. 다만, 예화에 지나치게 치우쳐 질질 끄는 느낌을 준다거나, 설교주제와 관계없는 예화는 피하는 것이 좋다. 하나님의 의도된 말씀을 드러내고, 청중을 하나님의 목적대로 변화시키는 데 도움이 되는 예화를 사용해야 한다.

(3) 인용문을 사용하라

유명한 말을 인용하는 일은 청중들의 주의를 집중시킬 수 있다. 특별히 설교의 핵심사상을 드러낼 수 있는 인용문은 청중의 귀를 긴장케 한다. 다음은 '그리스인이 어떻게 죄를 극복할 수 있느냐?'라는 제목으로 '요한일서 1장 8-9절'을 설교할 때에 인용문의 예다.

> "사람들은 개신교 교회에는 고해성사가 없다고 생각합니다. 그것은 커다란 착각입니다. 중요한 변화는 고해자와 고해를 듣는 신부 사이에 있던 가리개가 더 이상 존재하지 않는다는 것입니다." 올리버 웬델 홈즈(Oliver Wendell Holmes)의 말이 옳습니다. 이제는 우리와 우리의 고해를 듣는 자 사이에 가리개가 없습니다. 우리 하나님은 우리의 고해를 들으시는 분이며…… 그분은 우리가 그분께 와서 "우리의 죄를 자백하길" 원하십니다. 그것은 용서를 향한 첫걸음인 것입니다.[248]

---

248) Ibid., 193.

과녁이 정확한 인용문은 청중의 호기심을 자극한다. 이러한 인용문을 잘 사용하면 청중의 관심을 계속 끌면서 설교가 끝날 때까지 청중의 귀와 눈을 붙잡아 둘 수 있게 된다. 효과적인 설교전달을 위하여 설교 도입부분에 대한 설교자의 노력은 끊임이 없어야 한다.

(4) 설교자의 경험 이야기를 사용하라

청중은 설교자의 자기 노출을 원하고, 설교자의 경험과 관련 있는 이야기를 듣고 싶어 한다. '마가복음 10장 17-27절'을 '헛고생하지 맙시다.'라는 제목으로 설교할 때에 다음과 같이 필자의 경험을 사용하였을 때 청중들이 집중하는 것을 느낄 수 있었다.

제가 어느 월요일에 서울에서 대학원 수업을 마치고, 고속버스를 타기 위해서 서울의 한 거리를 가는데, 시끌시끌한 소리가 들려오고 많은 사람들이 몰려 있는 모습이 눈에 띄었습니다. 지나다 보니까, 아이들의 옷을 세일하는데, 파격적으로 하는 겁니다. 아이들이 생각도 나고 해서 옷을 고르고 골라서 보니까, 재질도 좋고 가격도 싼 편이었습니다. 그래서 지갑을 꺼내어 차비만 남기고, 세 아이들의 옷 상, 하 한 벌씩을 구입하여 버스를 타러 갔습니다. 버스표를 구하고 나니까 버스출발시간이 얼마 남지 않았어요. 배도 고프고 한데 식당에서 식사할 시간은 없고 그래서 가게에서 간식이라도 구하자 하고, 간식을 구하고 급하게 버스를 탔습니다.

버스를 타고서 서울을 벗어나 고속도로에 들어섰을 때 갑자기 허전한 생각이 들었습니다. 옆에 있어야 할 아이들의 옷 보따리가 없는 거예요. 어떻게 된 걸까요? 기억을 살려보니 가게에서 급하게 간식을 구하고서는 버스를 타는 일만 생각하다가 그 옷 보따리는 놓고서 버스를 탄 거예요. 너무나 허망했습니다. 옷을 구한다고 헛고생만 하고, 지갑만 빈 털털이가 되고 말았어요……

설교자가 경험이야기를 설교주제에 맞게 이루어갈 때 청중들은 계속해서 호기심이 생기고, 메시지에 더욱 집중하여 더 자세히 듣고 싶은 욕구가 생긴다.

(5) 질문을 사용하라

설교자가 던진 질문은 청중에게 대답하고자 하는 반응을 일으키게 하고, 청중이 설교자에게 협력하게 하고 마음을 주는 효과를 발생시킨다. 질문은 어린 아이들일수록 효과가 크다. '창세기 1장 26-31절'을 본문으로 '하나님의 형상을 입은 사람'이라는 제목으로 설교할 때 다음과 같은 질문으로 도입할 때 효과가 있었다.

이 세상에서 가장 빨리 달리는 것이 무엇입니까? …… 이 세상에서 가장 빨리 날아가는 것이 무엇입니까? …… 이 세상에서 가장 멀리 보며, 가장 멀리 있는 소리까지 들을 수 있는 것이 무엇입니까? …… 그것은 사람입니다. 육지의 짐승 중에 순간 시속

115㎞를 내는 치다 보다도 사람은 얼마든지 빨리 달릴 수 있습니다. 하늘을 나는 제비가 시속 130㎞까지 속도를 낼 수 있지만 사람은 훨씬 높게 훨씬 빠르게 날 수 있습니다. 사람은 안방에서도 지구 반대쪽을 볼 수 있으며, 또 그 소리를 듣고, 서로 대화도 할 수 있습니다. 그렇다면, 사람이 왜 이처럼 위대할까요? 그것은 하나님의 형상을 입은 존재이기 때문입니다.

이상과 같은 방법 외에도 청중의 시선을 모을 수 있는 도입부에서의 흥미유발 방법으로 "충격적인 스토리, 예상을 뒤엎는 선언, 청중의 고민과 아픔을 건드리는 것, 청중의 문제의식을 자극하는 것, 시사적인 내용의 언급"[249]을 사용할 수 있고, 시, 노래, 전시물, 등등 여러 가지 방법으로 얼마든지 설교 도입을 할 수 있다. 그러나 주의할 것이 있다. 청중을 억지로 웃기려는 도입이나, 자신 없는 모습으로 시작해서는 결코 안 된다. 설교의 준비가 안 된 것에 대한 변명이나 사과의 말, 자신이 말을 잘못한다는 얘기는 하지 말아야 한다. 설령, 그런 상황이라 하더라도 설교자는 성령의 인도하심 속에서 전력을 다해야 한다. 청중이 그 자리에 있는 것은 설교자의 변명이나 사과를 듣기 위해서 거기에 있는 것은 아니기 때문이다. 설교자는 하나님의 보내심을 받은 사명자임을 기억하면서 성령께 붙들린바 되기를 소원하면서 청중의 상황에 적응되도록 설교의 도입부를 이끌어가야 한다. 설교자의 최선을 다한 도입은 청중으로 그 설교에 눈을 열고, 귀를 열고, 마음을 열고, 인격을 열게 한다. 그렇지 않으면, 설교의 전달에 지장이 오게 될 것

---

249) 한진환, 45-8.

은 틀림이 없다. 청중의 상황이해에 따른 설교의 도입부를 위한 설교자의 끊임없는 노력과 경주가 요구된다. 다음은 청중이해에 따른 설교의 전개를 어떻게 해야 할 것인가를 논하고자 한다.

3. 청중이해에 따른 설교의 전개

설교자는 설교를 전개할 때에 성경본문에 대한 정확한 해석뿐만 아니라 청중의 상황을 정확하게 이해하고 '청중을 위한 설명'과 '청중을 위한 증명'과 '청중을 위한 적용'을 만들어 내야 한다. 이를 위하여 설교자는 청중과 대치하여 서 있기보다는 자신을 청중과 동일시하고, 그들과 하나가 되도록 힘써야 한다.[250] 설교자는 성경의 상황 속으로 들어가야 할 뿐만 아니라, 청중들의 상황 속으로 정직하게 들어가야 한다. 그럼으로써 청중이해에 따른 설교의 전개를 바르게 할 수 있다.

---

[250] 설교자들이 청중을 사로잡는 것은 설교자들의 말과 행동을 통해서 청중에게 관심이 있다는 것을 확신시켜 주는 것이다. 청중의 태도와 행실에 가장 효과적으로 도전을 주는 설교자들은 그들의 말과 행실 때문에 그럴 수 있다. 그들은 자기들의 이익을 위해서가 아니라 청중의 행복을 위해서 설교한다. 설교자들은 자신의 청중과 의도적으로 동일시를 할 때 효과적 전달과 설득이 가능하다. Loscalzo, 16-7.

(1) 청중을 위한 설명

설교자들이 복음을 전할 때에 청중을 위하여 설명을 잘해 줌으로써 청중으로 하여금 복음을 이해하는 눈을 열게 한다. 리처드 (Ramesh Richard)는 설교에서 요지(要旨)가 의미하는 바를 설명해야 함을 강조하면서 아래와 같이 말하였다.

> 본문을 지적해 가면서 성경적인 요지를 예화 등을 사용하여 성도들이 잘 이해할 수 있도록 설명한다. 의사 전달의 기술 가운데 "좌표계"(frame of reference)라는 것에 대해 들어 본 적이 있을 것이다. 설교자는 자신의 요지를 설명하기 위해서는 필히 성도들의 좌표계를 활용해야 한다. 이미 알고 있는 것으로부터 모르고 있는 것으로, 이미 성도들이 이해하고 있는 것으로부터 성도들이 이해해 주기를 바라는 것으로 넘어가야 한다.[251]

설교자의 잘 된 설명을 통하여 청중의 눈앞을 가린 장애물들이 하나, 둘씩 제거된다. 그러므로 설교자가 청중의 상황을 이해하고 설명해야 할 부분을 정확하게 다루어 줄 때에 그 설교의 효과는 크게 나타난다.

사도행전 2장에서의 베드로의 설교는 청중들이 이해하는 '제3시'에 대하여 설명함으로써 청중들에게 지금의 상황이 술 취할 상황이 아님을 말하며, 또한 청중들이 잘 알 뿐만 아니라, 최고의 권위를 두고 있는 구약의 요엘 선지자의 예언(욜2:28-32)과 다윗 왕

---

251) Richard, *Scripture Sculpture,* 151-2.

의 예언(시16:8-11, 시110:1)으로 성령강림사건과 그리스도의 복음을 설명하고 있다. 그리고 사도행전 10장에서는 "만유의 주"를 언급하여 예수 그리스도는 유대인의 주님이실 뿐만 아니라, 이방인(청중)에게도 주님이시며 유대인과 이방인의 담을 허물 수 있는 분으로 제시하면서, 세례 요한 이후 갈릴리에서 시작하여 온 유대에 퍼지게 된 예수 그리스도에 대한 화평의 복음을 이미 널리 알려진(청중들이 잘 아는) 일반적인 사실을 들어 복음을 설명하고 있다.

사도 바울은 사도행전 13장에서 청중들에게 인정된 권위인 이스라엘의 역사를 예수 그리스도와 연관시켜 설명하고 있으며, 사도행전 17장에서는 청중의 감정을 완화시키기 위하여 청중들의 제단('알지 못하는 신'의 제단)과 청중들에게 인정된 권위인 시인들의 시를 이용하여 설명하면서 설교하고 있다. 청중의 상황을 이해하고 거기에 따라 청중을 위하여 잘 설명하고 있다.

채펠(Chapell)은 설교자들이 설교를 준비하면서 다음과 같은 질문들을 통해서 설명이 걸어가야 할 길이 무엇인지를 결정할 수 있고, 본문의 의미를 성도들에게 이야기하는 방법을 결정할 수 있다고 한다.

1. 본문의 의미는 무엇인가?
2. 본문의 의미를 어떻게 알 수 있는가?
3. 본문이 기록된 상황(사건)은 무엇인가?
4. 우리와의 공통점은 무엇인가?
   a. 본문의 저자가 대상으로 삼았던 사람들과 우리와의 공통점은 무엇인가?
   b. 본문의 저자와 우리의 공통점은 무엇인가?

5. 본문의 진리에 대해서 사람들은 어떻게 반응해야 하는가?
6. 본문의 의미를 전달할 수 있는 가장 효과적인 방법은 무엇인가?252)

　　설교에서 설명이란 본문에서 주체나 객체가 되는 사람들과 우리가 공통으로 처해 있는 상황이 무엇인지 발견하고, 본문에서 그 상황에 대처하는 방법을 어떻게 제시하고 있는지 보여주는 것이다. 설교란 궁극적으로 '이 본문이 나에게 어떤 의미가 있는가?'라는 청중들의 질문에 대한 대답이기 때문에, 설명 또한 청중들에게 이런 의미를 최대한 보여주는 방식으로 이루어져야 한다. 따라서 설명을 적절하게 하기 위해서는 본문뿐만 아니라 청중들에 대해서도 정확하게 이해하고 있어야 한다. 본문의 뜻을 가장 정확하고 영향력 있게 설명하는 설교를 하려면, 본문뿐만 아니라 청중들에 대해서도 연구해야 한다. 결국 우리가 본문에 관해서 말하는 사실이 모두 진실일지라도, 만약 성도들이 처해 있는 배경이나 상황을 파악하지 못하고 있다면 성도들에게 부적절하고 잘못된 의미를 전할 수도 있다.253) "설교자는 설명을 준비할 때 무엇을 말해야 하는가 뿐만 아니라, 성도들에게 무엇을 들려주어야 하는가에 또한 주의를 기울여야 한다."254)

---

252) Bryan Chapell, *Christ-Centered Preaching (*Grand Rapids: Baker Book House, 1994, reprint, 2005), 104-5.
253) Ian Pitt-Watson, *A Primer for Preachers* (Grand Rapids: Baker, 1986), 23-4.
254) Chapell, 106.

채펠은 앞에서 말한 설명과 관련된 여섯 가지의 질문에 대한 대답을 이끌어 내려면 설교자들이 설교를 준비할 때 다음과 같은 네 가지의 단계를 거쳐야 한다고 강조한다.

① "관찰하기(Observe)"255)

설교자는 단순히 본문에 무엇이 있는지 살펴보기 위해서 관찰이라는 기능을 사용한다. 이 방법은 간단하다. 본문을 반복해서 계속 읽는 것이다. 본문의 문맥을 알 수 있을 만큼 폭넓게 읽어야 한다. 중요한 단어나 독특한 말이 무엇인지 설명할 수 있을 만큼 주의 깊게 읽어라 본문 속의 사상의 흐름을 완전히 파악할 수 있을 때까지 읽으라. 잘 모르는 단어나 이름, 장소를 찾아보고, 완전히 이해할 수 있게 하라. 본문의 의미를 완벽하게 파악하지 못했더라도 본문의 내용만은 확실히 알았다고 확신할 수 있게 하라…… 본문을 철저하게 면밀히 읽으면, 대체로 본문의 의미에 대해서도 훌륭한 결론을 내릴 수 있다. 우리는 본문을 세밀히 연구해서 얻은 결과를, 본문에 대한 첫 느낌보다 우선시해야 한다. 본문을 철저하게 읽고 이끌어낸 결론이 정당하고 타당한지 연구를 통해서 입증할 수 있어야 하며, 또 그런 연구를 통해서 더 세밀한 내용을 알게 되면 우리의 통찰은 더 깊고 넓어질 것이다. 그러나 때때로 보다 깊이 연구하다 보면 처음에 내렸던 결론을 수정해야 할 때도 있다. 결국 설명을 깊이 있고 정확하게 하려면 많은 준비가 필요하다.

---

255) Ibid., 107-8.

② "질문하기(Interrogate)"[256]

설교자는 강해설교자로서 강단에 섰을 때 본문의 의미가 무엇인지 말하고, 자신이 그 의미를 어떻게 알았는지 간결하면서도 정확하게 안내해 주어야 한다. 설교자들은 본문에서 제시하고 있는 신앙의 원리나 훈계를 식별해 내기 위해서 본문을 기초로 해서 자신이 내린 결론을 어떻게 말해야 할지 알아보기 위해서 다음과 같은 방식으로 본문을 향해 질문을 던져야 한다. '여기에 무엇이 있는가?'(What's here?), '그것은 무엇을 의미하는가?'(What does it mean?), '그것이 여기에 있는 이유는 무엇인가?'(Why is it here?), '여기에 무엇이 있는가?'(What's here?)를 물어야 한다. 설교자들은 이러한 질문들을 가지고 본문을 세심하게 읽고 주해하며 골격을 형성하는 과정에서 본문에 나타난 단어와 인물, 인용문, 사건, 장소에 대해서 알게 된다. 설교자가 본문의 배경을 충분히 이해하기 전까지는 본문과 관련된 질문을 완벽하게 마쳤다고 할 수 없다. 배경을 설명한다는 것은 성경본문을 역사적, 논리적, 문학적인 맥락에 놓는 것을 말한다. 이 단계의 목적은 성경본문을 상황에서 해석하기 위한 것이다. 설명을 위한 준비과정에서 상황에 대한 연구는 필수적이다.

③ "관련짓기(Relate)"[257]

단순히 본문의 문법이나 사상적 흐름, 배경에 관한 정보를 수집

---

256) Ibid., 108-14.
257) Ibid., 114-5.

했다고 해서 설교 준비를 마친 것은 아니다. 설교자들은 이런 정보를 가지고 성도들에게 어떤 영향을 끼쳐야 하는지 생각하기 전까지는 설교에서 무엇을 설명해야 하는지, 자신이 발견한 본문의 의미를 어떻게 말해야 하는지 결정할 수 없다. 그래서 훌륭한 설교자들은 본문을 연구하는 동안 항상 성도들의 입장에 서서 질문해본다. '이 설교를 들을 사람은 누구인가?', '우리가 명심해야 할 것은 무엇인가?', '우리가 직면하고 있는 상황 중에서 성경의 상황과 유사한 것은 무엇인가?', '우리가 성경의 인물과 닮은 점은 무엇인가?' 이러한 질문을 던짐으로써 설교자는 설명을 할 때 어느 부분에 초점을 맞춰야 할지 결정할 수 있다. 설교자가 성도들이 어떠한 상황에 처해 있는지, 그런 성도들에게 설득력 있는 설교 주제가 무엇인지를 깨달았다면, 그는 성도들의 관심사와 유사한 것을 소재로 삼아 설명을 할 수 있고, 설교의 구조도 이 관심사를 기초로 세울 수 있다. 성도들의 관심사에 초점을 맞춰 들려주려는 목적으로 설명거리를 선택하는 것보다 더 고결한 것은 없다.

④ "조직화하기(Organize)"258)

설교자가 설교 준비를 원활하게 하려면 자신의 연구 결과를 조직적으로 정리해 볼 필요가 있다. 설교자는 본문 전체를 능률적으로 설명해야 한다. 이를 위해서 설교자는 수집한 설명의 자료를 논리적 순서에 따라 나열해야 하며, 본문의 범위를 다룰 때 반드시 본문에 나온 그 순서대로 다룰 필요는 없다. 본문의 내용을 기

---

258) Ibid., 116-119.

초로 해서 설교의 대지와 소지를 작성하게 되는데, 이때 본문의 주요 내용을 소홀히 해서는 안 된다. 본문의 중심 사상이 무엇인지, 주목해야 할 부분이 어디인지를 결정해야 한다. 본문의 부수적인 사실은 중심내용에 종속시켜야 한다. 너무 긴 내용은 나누어서 분류하고, 너무 많은 것은 모아서 설명하며, 복잡한 내용은 단순화시켜야 한다. 불분명한 것은 분명하게 설명하고, 성경에 근거한 가르침이 가능한 한 분명하고 오래 기억될 수 있도록 전체 내용을 하나의 구조로 만들어야 한다.

위와 같은 "관찰하기", "질문하기", "관련짓기", "조직화하기"의 네 가지 단계를 통하여 설명과 관련된 "여섯 가지 질문"에 대한 대답도 이끌어 낼 수 있고, 여기에서 본문에 충실하면서 청중이해에 따라 청중들의 변화를 위한 효과적인 설교전달을 얻게 된다. 다음은 청중을 위한 증명에 대하여 논하고자 한다.

(2) 청중을 위한 증명

설교자가 진리를 말하고 본문 속에서 그 진리를 직접 확인했다면 본문의 의미를 증명해야 한다.[259] 설교에서 증명이 잘되면 그 설교를 듣는 청중은 계속해서 흥미를 잃지 않는다. 그러나 덮어놓고 믿으라고 강요하면서 증명이 설교에서 빠져버리면 청중에게 감동을 줄 수가 없다. 따라서 설교자는 교인들이 가질 수 있는 이견

---

259) Ibid., 121.

(異見)을 다루어야 하며, 가려운 데를 긁어주어야 한다.260) 특별히 본문으로부터 왜 그 요지를 끌어내게 되었는지를 증명해 보여주어야 한다.261)

사도행전 2장에서 베드로는 청중들이 최고의 권위로 인정하는 구약의 요엘 선지자의 예언(욜2:28-32)과 다윗 왕의 예언(시 16:8-11, 시110:1)으로 성령강림사건과 그리스도의 복음을 설명하면서 그리스도의 성육신, 죽으심, 부활, 승천하여 성령 보내주심을 증명하고, 예수의 주와 그리스도 되심을 한층 더 강화하여 증명하고 있다. 그리고 사도행전 10장에서 베드로는 청중들이 자신을 신뢰하는 것을 최대한 활용하여 자신들이야말로 예수의 모든 행적에 대한 증인임을 밝히며, 또한 산자와 죽은 자의 심판자이신 예수를 믿음으로 죄 사함을 얻게 된다고 증거하고 있다.

사도행전 13장에서 바울은 청중 가운데 아주 권위 있게 인정되고 있는 세례요한의 말을 들어 예수가 그리스도이심을 증명하고, 또한 청중들이 인정하는 권위인 구약성경(시2:, 시16:)의 예언들을 논의함으로 부활하신 예수 그리스도를 분명하게 증명하였다. 그리고 사도행전 17장에서 바울은 청중들의 '알지 못하는 신'의 제단과 청중들에게 인정된 권위인 시인들의 시를 이용하여 설교를 전개하면서 그들의 신앙이 우상숭배인 것을 증명하고, 그들의 잘못을 지적하고 참하나님을 믿어야 할 것을 증명하였다. 바울이 13장에서와 같이 유대인의 회당에서 설교하듯이 구약성경을 인용하며

---

260) 한진환, 51.
261) Richard, *Scripture Sculpture,* 151.

선교 설교한 것이 아니다. 그것은 특별계시인 성경을 전혀 모르는 이방인들에게 성경으로 설교한다고 하여 이해에 도움을 주지 못하기 때문이다. 그래서 바울은 일반은총과 일반계시의 차원에서 청중들에게 적응하고 있다. 청중의 상황을 이해하고 거기에 맞게 설교전달을 해가고 있다. 설교자가 청중이해에 따라 증명을 잘하기 위해서는 채펠이 말한 다음과 같은 방법들이 필요하다.

① "반복(Restatement)"[262)

증명을 잘하기 위해서는 새롭게 고쳐서 반복하여 언급하는 일이 필요하다. 설교자가 자신의 결론을 뒷받침하기 위해서 성경 한 구절을 바꿔 말하기 전까지는 본문의 내용이 청중의 머리 속에서 뒤섞여 있는 것에 불과하다. 그러나 청중으로 하여금 본문의 한 구절이나 한 절에 주목하게 만들면 그 구절이 청중에게 부각되고 그 의미도 더욱 분명해진다. 한 구절을 강조하는 것 역시 설교자가 이미 앞에서 제시했던 설명을 바꿔 말하는 것이며, 이러한 반복을 통해서 그 의미를 성도들의 마음에 각인시킬 수 있다. 글로 읽을 때는 반복이 귀찮고 불필요한 것처럼 보이겠지만 노련한 설교자라면 말로 의사를 전달할 때는 반복이 가장 효과적이라는 사실을 인식하게 된다.[263) 청중은 지나간 말을 되돌려 음미할 수 없으므로 설교자가 청중의 마음속에 각인시킬 내용이 있다면 그 내용을 반

---

262) Chapell, 121-2.
263) Ralph L. Lewis, with Gregg Lewis, *Inductive Preaching: Helping People Listen* (Westchester, Ill.: Crossway, 1983), 202.

복해서 강조해 주어야 한다. 명확한 구절로 중심 사상을 반복해서 말하면 주제가 설교 내내 하나의 후렴처럼 울려 퍼지게 되고, 결국 그것이 설교에서 중요한 핵심사상이라는 사실을 나타내게 된다.264) 설교자는 청중을 고려하여 반복 진술함으로써 효과적인 증명을 만들어 낼 수 있고, 그것은 청중의 마음에 오래도록 깊이 자리하게 될 것이 틀림없다.

② "이야기(Narration)"265)

본문의 사건을 다시 이야기하는 것도 본문의 의미를 설명하는 방법이 된다. 물론 이것도 넓은 의미에서 반복이라고 할 수 있다. 설교자들은 이야기의 배경을 생생하게 묘사하거나 전기적인 사건을 이야기하거나 우화를 보다 현대적인 용어나 상황을 이용해서 설명하거나 어떤 사건에서 비롯된 대화 내용을 말해 주거나 그런 대화 내용을 상상으로 만들어 내거나 혹은 본문에 관련된 상황이나 행동, 인물을 현실적으로 묘사함으로써 그 본문을 명확하게 제시하고 청중들의 관심을 불러일으킬 수 있다.

건전한 상상력은 이야기를 해 나가는 과정에서 많은 도움이 된다. 본문의 사실을 생생하고 활기차게 그리고 다채롭게 묘사하는 것은 성경을 흥미롭고 분명하며 실제적인 것으로 느끼게 해 준다. 그러나 여기에도 주의할 점이 있다. 즉 그 이야기는 본문의 사건을 설명하는 것이어야 하며 결코 본문에 없는 내용을 덧붙여서는

---

264) Robinson, *Biblical Preaching,* 75-7, 140-2.
265) Chapell, 122-3.

안 된다. 이야기를 하다 보면 상상이 지나치거나 너무 과장될 가능성이 있다. 만약 설교자가 자신이 꾸며낸 이야기를 근거로 해서 설교의 주제를 설명한다면, 그것은 설명이 아니라 부과, 즉 덧붙임이 되고 만다. 덧붙임이란 성경에 없는 내용을 사실처럼 이야기하는 것뿐만 아니라, 성경의 내용을 왜곡시키는 것이 된다. 청중들은 환상적인 드라마가 아니라 명쾌한 설명을 원한다. 설교자는 본문을 이해시키기 위해서 노력하는 것과 개인적인 기술을 이용해서 청중들을 현혹시키는 것은 엄연히 다르다는 사실을 항상 기억해야 한다. 설교자는 언제나 본문의 저자이신 성령 하나님께 의지하며 겸손과 정직을 바탕으로 건전한 상상력을 동원하여 본문의 사건을 다시 이야기함으로써 청중들을 본문이 의도한 대로 변화시키는 지혜의 열매를 맺어야 한다.

③ "묘사와 정의(Description and Definition)"[266)]

이야기와 밀접한 관련이 있는 것이 묘사다. 묘사도 설명의 한 방법으로서 설교자는 청중이 본문을 쉽게 이해할 수 있게 하기 위해서 상황이나 인물, 장면, 단어를 묘사하게 된다. 예를 들어, 설교자들은 유월절 의식과 에봇, 팔레스타인의 지리, 로마 주화, 고대의 고기잡이 배, 헬라어에서 시제가 진행형이라는 것 등 우리에게 친숙하지 않은 많은 성경 내용을 생생하게 묘사해 왔고, 이 묘사를 통해서 청중들은 다양한 성경본문을 쉽게 이해할 수 있었다.

그러나 묘사보다는 정의가 필요할 때도 있다. 현대인들은 성경

---

266) Ibid., 123.

에 대한 지식이 부족하기 때문에 설교자들은 본문의 내용을 묘사할 뿐만 아니라, 그 용어도 설명해 주어야 한다. 설교자들은 칭의나 선택, 남은 자들, 안식일, 거룩, 죄 등의 용어에 익숙해져 있기 때문에 다른 사람들이 그 용어를 신비하거나 이해하기 어려운 것으로 느끼고 있다는 사실을 망각하기 쉽다. 이러한 청중의 상황을 고려하여 설교자는 묘사와 정의를 적절하게 사용하여 성경의 진리를 입증해야 한다.

④ "주해(Exegesis)"267)

설교자들은 하나님의 말씀을 연구할 때에 원어성경의 번역과 해석을 할 수 있고, 이것을 통하여 성경의 진리를 증명해야 한다. 그러나 신학교육을 받지 않은 청중들이 오히려 성경의 진리를 더 어렵게 여기게 만들거나 설교자가 자신의 능력을 과시하는 것처럼 보이게 해서는 결코 안 된다. 원어 성경을 번역하고 주해하는 과정에서 얻은 결과를 가지고, 겸손히 낮아져서 청중들과 함께 앉아 청중들이 이해할 수 있는 방법으로 입증해 나가야 한다. 청중이해를 가지고, 본문의 연구 결과를 가지고 간결하고, 단순하며, 분명하고도 쉽게, 통일성 있게 증명할 때 설교의 목적인 청중의 변화를 꾀할 수 있다.

⑤ "논증(Argument)"268)

설교자는 자신의 설명이 정확하다는 사실을 입증하기 위해서 어

---

267) Ibid., 124-5.
268) Ibid., 125-6.

떤 사실이나 권위 있는 사람의 증언, 인과관계, 타당성 있는 이론을 제시할 수가 있고, 증명을 할 때 설교자는 언제나 청중의 입장을 고려해야 한다. 설교는 보통 여러 부류의 사람들을 위해서 준비한다. 즉 유식한 사람과 무식한 사람, 논리적인 사람과 그렇지 않은 사람, 설교자의 선언을 받아들일 준비가 되어 있는 사람과 그렇지 못한 사람 등, 설교는 모든 사람을 위한 것이어야 한다. 설교자가 설교 내용을 준비하거나, 자신의 주장이 정당하다는 사실을 강조할 때도 이러한 요인을 고려해야 한다. 설교자가 논증에 있어서 주의할 점이 있다. 첫째, 모든 것을 다 증명할 필요는 없다. 둘째, 알고 있는 증거를 모두 제시할 필요는 없다. 그중에서 가장 간결하면서도 효과적인 것을 선택해야 한다. 셋째, 증명될 수 없는 것들도 있다. 삼위일체 교리처럼 인식할 수 없는 무한한 것을 설명하려고 해서는 안 된다. 설명될 수 없는 것을 설명하려고 하면, 종종 큰 실수를 저지르게 된다. 설교자들은 자신의 설명을 증명하기 위하여 논쟁적인 필요가 있다. 그러나 그것이 하나님의 말씀인 본문의 중심 사상이 청중에게 효과적으로 전달되고, 청중에게 어떠한 유익을 주는가를 고려하여 시행해야 한다. 논증이 적실하게 시행되면 그만큼 증명은 효과적으로 이루어지는 것이다.

증명이 잘 되어야 청중에게 흥미를 주고, 감동을 주고, 계속적으로 설교에 참여하여 변화를 일으키게 한다. 위와 같은 "반복", "이야기", "묘사와 정의", "주해", "논증" 등을 통하여 본문의 중심 사상을 청중에게 증명해 보임으로써 청중이해에 따라 청중들의 변화를 위한 효과적인 설교전달의 진전을 가져오게 된다. 따라서 설교자들은 증명을 위한 노력에 노력을 더해야 한다. 다음은 청중을 위한 적용에 대하여 논하고자 한다.

(3) 청중을 위한 적용

류응렬은 "성경말씀을 문자 그대로 주해만 하고 아무런 청중의 현장과 연결 없이 매듭을 짓는다면 마치 저 멀리 떨어져 있는 하나님에 관하여 설명하고 우리에게 오신 예수님을 설명하지 않는 것과 유사한 오류"지적하였다.269) 적용은 강해설교의 의무다. 적용은 지금 현실에서 나타난 영적 진리의 결과라고 할 수 있다. 적용이 없다면, 설교자가 설교를 할 이유가 없다. 왜냐하면 적용이 없는 진리는 쓸모가 없기 때문이다. 이것은 설교는 진리를 선포할 뿐만 아니라 그 진리를 적용하는 데까지 나아가야 한다는 뜻이다.270)

설교는 청중의 삶에 적용되어야 한다. 그럼으로써 본문에 나타난 하나님의 의도대로 청중을 변화시킬 수 있게 된다. 적용은 청중의 마음과 의지에 관련하여 인격적으로 성경의 의미(중요성)를 만들어 낼 때에 발생한다. 그리고 이것은 설교에서 진실한 언어를

---

269) 류응렬, "적용을 향해 나아가는 개혁주의 강해설교", 신학지남(2005
    년 · 여름호/통권 제283호), 220.
270) Adams, Jay E. *Truth Applied: Application in preaching* (Grand
    Rapids: Zondervan, 1990), 39. Chapell, 210.

살리는 도구가 되는 구체적인 방법과 의미를 제안함으로써 가능하다.[271] 그런데 설교란 설교의 주제와 논지가 모두 당일 본문에서 도출되며, '본문의 주된 사상'[272]을 구심점으로 하여 모든 자료들이 하나의 일관된 체계로 재구성될 뿐 아니라, 그 메시지가 청중의 삶의 상황에 긴밀하고 적실하게 적용되는 것을 목표로 한다.[273] 그러므로 해돈 로빈슨(Haddon W. Robinson)이나 브라이언 채플(Bryan Chapell) 그리고 시드니 그레이다누스(Sidney Greidanus) 같은 학자들은 설교에서 청중들에게 적용하는 일을 모두 강조하고 있으며,[274] 죤 다니엘 바우먼(John D. Baumann)은 "설교는 적용과 흥망을 같이 한다"고 하여 설교에서 적용이 꼭 필요함을 지적

---

271) 설교에서 적용을 적절하게 사용한 도움은 아담스(Jay E. Adams)에게서 찾아볼 수 있다. Jay E. Adams, *Truth Applied: Application in preaching* (Grand Rapids: Zondervan, 1990), Bryan Chapell, "The Practice of Application", *Christ-Centered Preaching*, 199-225. R. Larry. Overstreet, *Biographical Preaching: Bringing Bible Character to Life,*(Grand Rapids: Kregel Publications, 2001), 108에서 재인용.

272) John Bright는 설교자의 주석적 노력은 그가 본문의 신학적 의도를 분명히 파악하기까지는 완전해지지 않는다고 강조하며, 적용은 반드시 성경 기자의 신학적 목적인 본문의 주된 사상으로부터 와야 함을 말하고 있다. John Bright, *The Authority of the Old Testament* (Nashville: Abingdon, 1967), 171-2.

273) 송인규, 234.

274) Haddon W. Robinson, *Biblical Preaching*(Grand Rapids: Baker Book House, 1980), 20. Bryan Chapell, *Christ-Centered Preaching* (Grand Rapids: Baker Book House, 1994), 129. Sidney Greidanus, *The Modern Preacher and the Ancient Text*(Grand Rapids: Eerdmans, 1988), 11.

하고 있다.275) 따라서 브래가(James Braga)는 설교의 가장 중요한 요소는 바로 "적용"이라고까지 하였다.276) 또한 리처드(Ramesh Richard)도 적용의 중요성에 대하여 다음과 같이 말하고 있다.

> 적용이 없는 성경 강해는 영적인 변비를 일으키게 된다. 성도
> 들의 삶을 변화시키지 못한다면, 아무리 학문적으로 정확한 설교
> 라도 아무 의미가 없게 되고 만다. 성도들이 단순히 하나님의 말
> 씀을 듣는 자리에서, 그 진리에 의해 권고받으며 순종해 나가는
> 자리까지 옮겨 가도록 할 때 적용은 일어난다. 사도 바울은 그의
> 서신에서 종종 주장(헬라어의 직설법)에서 명령(헬라어의 명령법)
> 으로 바꾸어 적용시켜 주는 것을 볼 수 있다. 적용은 성도들에게
> 맞도록 변환 되어야 하며 구체적이어야 한다.277)

그런데 이러한 적용을 잘하려면 설교자는 먼저 설교를 듣는 사람들이 어떤 사람들인지를 잘 파악하고 알고 있어야 한다.278) 청중을 바로 이해하지 못하면 적실한 적용을 만들어낼 수 없다. 그래서 설교자는 본문에 대한 정확한 주해 못지않게 청중에 대한 연구를 부지런히 하며, 청중에 대해서도 바른 해석을 할 수 있어야 한다.

앞에서 살펴본 것처럼, 베드로와 바울은 자신의 청중들을 정확

---

275) John D. Baumann, *An Introduction to Contemporary Preaching* (Grand Rapids: Baker Book House, 1972), 243.

276) James Braga, 김지찬 역,『설교준비』(서울: 생명의말씀사, 1993) 245.

277) Richard, *Scripture Sculpture,* 155.

278) Black, 80.

히 알고 있었으며, 청중들에게 설교를 적실하게 적용시키고 있다. 베드로는 사도행전 2장에서 그리스도의 죽음과 부활과 승천을 자신의 청중들에게 적용시킨다. 말세에 일어날 현상을 지적함으로써 (행2:19-20), 청중들의 회개를 촉구하고, 예수를 믿는 자들은 구원을 받게 된다는 사실을 청중들에게 강조함으로써 청중들에게 적용시키며 청중들의 결단을 촉구하고 있다(행2:21). 새 설교학자들이 말하는 것처럼, 적용과 결론을 배제하면서 넌지시 던진 것이 아니다.279) 성령 충만한 제자들을 보고 의아해하는 청중의 상황과 긴밀히 연결시키면서 청중들이 회개하여 예수 그리스도를 믿으면 죄 사함을 얻고 누구든지 성령을 선물로 받을 것이라고 하여 자신의 설교를 청중들에게 적용시키면서 적용의 적실성을 분명히 살리고 있음을 볼 수 있다. 사도행전 10장에서는 산자와 죽은 자의 심판자이신 예수를 믿음으로 죄 사함을 얻게 됨을 증거함으로써 자신의 설교를 청중들에게 적용시키고 있다.

바울도 사도행전 13장에서 자신의 설교를 청중들에게 적용시키면서 하박국 선지자의 예언을 인용하여 분명한 경고를 받고도 심판을 당하는 어리석음을 범치 말 것을 청중들에게 촉구하며 자신의 설교를 청중들에게 적용시키고 있으며, 사도행전 17장에서는 청중들에게 무지로 인한 우상숭배를 회개하도록 촉구하고, 하나님께서 세상의 심판주로 정하신 예수 그리스도의 부활을 증거하며

---

279) Lucy Rose, "*The Parameters of Narrative Preaching*", *In Journal Toward Narrative Preaching*, ed. *Wayne Bradley Robinson*(New York: The Pilgrim Press, 1990), 35.

믿음의 결단을 촉구함으로써 자신의 선교설교를 청중들에게 적용시키고 있다.

설교는 언제나 청중의 삶의 상황에 긴밀하고 적실하게 적용되어야만 설교의 목적인 청중의 변화를 이룰 수 있다. 적용이 바로 되지 못하고 청중의 변화를 이끌지 못하면 헛고생하고 만다. 그러므로 설교자는 바른 적용을 위하여 성령의 역사에 의지하여 본문에 대한 정확한 해석과 더불어 청중의 상황이해에 대한 연구 노력을 아끼지 말아야 한다. 가인즈(Steve Gaines)는 "복음주의 설교는 뜨거운 가슴과 가득 채워진 두뇌에서 나온다. 만약, 설교자가 연구노력 없이 기도만 한다면, 그의 설교는 내용에서 부실할 수밖에 없다. 반대로, 기도하는 일 없이 연구만 한다면, 그의 설교는 힘이 없을 수밖에 없다."고 말한다.280) 따라서 가인즈는 설교자의 뜨거운 기도와 깨끗한 마음을 위한 기도, 설교 아이디어를 위한 기도, 성경해석의 통찰을 위한 기도, 영적 확신을 위한 기도의 중요성을 강조하면서 동시에 설교자가 연구에 전력할 것을 강조한다.281) 설교자는 언제나 자신의 설교가 청중의 영혼을 구원하고 청중의 신앙을 성장시키는 데에 그 목적이 있음을 기억하고 청중을 향한 섬김을 위하여 전력을 다해야 한다. 청중이해에 따라 위에서 살핀 것과 같이 설명하고 증명하고 적용하는 일을 효과적으로 이루기

---

280) Al Fasol, Roy Fish, Steve Gains, and Ralph Douglas West, *Preaching Evangelistically*: *Proclaiming the Saving Message of Jesus* (Nashville: Tennessee, 2006), 44.

281) Ibid., 43-62.

위하여 설교자는 해산의 수고를 아끼지 말아야 한다. 이것이 잘 이루어지면 청중들의 마음을 잡을 수 있고, 청중들을 하나님의 의도대로 변화시킬 수 있게 된다. 설명과 증명과 적용을 잘해야 청중을 변화시킬 수 있고, 설교의 효과를 기대할 수 있게 된다. 그러면, 이제 청중이해에 따른 설교의 효과에 대한 기대는 어떠해야 하는가를 살펴보고자 한다.

4. 청중이해에 따른 설교의 효과기대

설교자는 청중의 상황을 이해하고 거기에 따라 설교접근을 이루어가되, 청중의 상황에 따라 설교의 효과가 다양하다는 사실을 기억하고 설교의 효과를 기대해야 한다. 마음이 준비된 청중들은 설교를 듣기만 해도 감동을 받는다. 사도행전 10장에서 베드로의 설교를 들었던 청중들은 이미 준비가 잘된 청중들이었다. 청중들은 이방인들이었다. 그럼에도 불구하고 하나님의 말씀 듣기를 갈망하였다. 고넬료는 사도행전 10장 33절에서 설교자 베드로에게 "이제 우리는 주께서 당신에게 명하신 모든 것을 듣고자 하여 다 하나님 앞에 있나이다."라고 했다. 청중들은 하나님 앞에 모인 자세로, 하나님께 절대적으로 순종하겠다는 태도로 말씀을 들었다. 베드로의 청중은 처음부터 열매가 예견된 잘 가꿔진 옥토 밭이었다. 그러나 사도행전 17장에서 바울의 설교를 들었던 청중들은 세상의 철학과 학문에 길들여졌으며, 설교자 바울의 설교를 듣는데, 준비되지 못한 청중들이었다. 10장에서는 설교를 듣는 중에 청중들 모두가 다 성령을 받았다. 반면에 17장에서는 몇 사람만 믿었을 뿐이다. 그러나 어느 경우가 결과가 좋았고, 어느 경우는 결과가 나빴다고 말할 수 없다. 처음부터 청중의 상황이 틀렸기 때문이다. 그러므로 설교자는 설교의 효과를 기대할 때에도 청중의 상황을 이해하고 있어야 한다.

설교자가 설교의 효과에 대한 기대도 없이 설교한다면 그는 설교의 준비에서부터, 설교 중에, 설교 후에 그만큼 열정이 떨어질 것이다. 물론, 열매야 하나님께서 거두시겠지만 설교자는 보다 효과적인 설교를 위하여 자신의 청중을 이해하고, 나름대로의 설교의 효과 기대치를 정하고 시행함이 좋다. 설교자는 최소한 자신의 설교에 대한 청중들의 반응을 스스로 점검하고, 보다 효과적인 설교전달방법이 무엇인지 끊임없이 연구하고, 자신의 설교를 성령의 도우심 안에서 발전시켜 나가되 언제나 청중이해에 따른 설교의 효과를 기대하면서 설교전달을 해야 한다.

이상에서 베드로와 바울 설교를 분석한 결과로 청중이해에 따른 설교전달방법을 제안하였다. 베드로 설교와 바울 설교를 보면 청중연구가 효과적인 설교전달에 중요하다는 사실을 알 수 있다. 이처럼, 설교자는 청중을 연구하여 얻어진 결과로 본문 말씀을 청중이해에 따라 설교의 주제와 목표를 정하고, 청중이해에 따라 설교의 도입과 전개(설명, 증명, 적용)를 하고, 청중이해에 따라 설교의 효과를 기대해야 한다. 모두가 효과적인 설교전달을 위해서다. 그렇다면, 이제 급속히 변화하는 현대사회 속에 살아가는 현대한국 청중에 대한 이해는 무엇이며, 그 이해에 따른 설교전달 가능성은 무엇인가를 제안하고 결론에 도달하고자 한다.

제
4
장

현대한국청중을 위한
설교전달 가능성

오늘의 세계는 변화의 속도가 무섭게 질주하고 있다. 급속도로 변화하는 시대에 청중을 바로 알고, 이해하는 일은 설교전달에 중요한 요인이 된다. 변화의 세계에 적응하지 못하면 설교자는 마치 옛날이야기만 전하는 구시대 사람으로 낙인찍힐 가능성이 크다. 따라서 설교자가 옛 시대에 주어진 하나님의 말씀을 오늘의 현장에서 하나님께서 생생하게 주시는 말씀으로 청중에 적응하여 전달하려면 현대사회의 변화와 그 특징에 깨어 있고, 열려 있어야 한다.

앞에서 살펴본 베드로설교와 바울의 설교가 당시의 청중상황을 이해하고 청중이해에 적응하여 설교전달을 한 것처럼, 오늘의 설교도 급속히 변하는 시대상황 속에 있는 청중을 바로 알고, 청중이해에 따라 설교전달을 할 때 보다 효과적인 결과를 낳게 된다. 따라서 설교자는 급속히 변하는 현대사회의 상황을 알고 거기에 맞게 설교전달을 해야 한다. 다음은 현대사회의 상황에 따라 설교전달이 어떻게 되어야 하는가와 청중이해에 따른 설교전달을 하는 설교자의 헌신은 어떠해야 하는가를 논하고, 설교전달의 예를 들어보고자 한다.

1. 현대사회 이해에 따른 이야기식 설교전달의 활용

설교준비가 잘되어 있고, 설교전달이 효과적으로 이루어져야 청중을 하나님의 의도대로 변화시킬 수 있다. 그런데 설교자가 급속히 변화하는 현대사회의 상황을 이해하지 못하면 설교전달을 효과적으로 감당할 수 없다. 설교자는 현대사회가 어떻게 변하고, 어떻게 진행되고 있는가를 이해하고 거기에 적용한 설교전달을 해야 하며 끊임없이 변화하는 시대를 해석하여 하나님의 생명의 말씀이 청중들에게 효과적으로 전달되도록 심혈을 기울여야 한다.

한국교회에서 지금까지 지배해온 설교전달방법은 한 가지의 설교의 핵심적인 주제를 3대지로 나누어서 전달하는 명제설교였다. 이러한 설교는 과거 변화의 속도가 느린 상황 속에서 교회성장을 이루는 데 일정한 공을 세우기도 했다. 그러나 이러한 한 가지의 방법이 오래되어 오면서 청중들은 설교자가 일방적으로 짜 맞추는 3대지 설교에 식상하기 시작했다. "현대사회는 포스트모던 시대로 빠르게 접어들면서 다원주의라는 부산물을 생산해 내고 말았다. 과거에 사람들은 아주 좁고 한정된 사회적 세계 안에서만 살았다. 그런 환경 속에서 사람들의 선택은 항상 제한적이었다. 여러 가지 중에서 어떤 것을 선택할 수 있는 가능성보다는 필연적으로 받아들여야만 하는 환경이었다. 사람들은 다른 대안이나 다른 삶의 방식이 존대한다고 생각하지 못하였다. 그러나 현대사회는 변화의 속도가 가중되면서 다원화사회로 치닫게 되었다. 사람들은 과거와는 달리 서로 다르게 생각하며, 서로 다르게 보며, 서로 다르게 행동한다. 모든 가치와 기준을 일시적이고 순간적인 것으로 여기면서 모든 것을 상대화시키는 경향이 강하다. 현대사회는 다양한 문화와 종교, 다양한 삶의 양식으로 인하여 다원주의적 특성을 지닌다. 현대사회의 이러한 특성은 인종, 문화, 관습, 가치관 심지어 종교에서도 두드러지게 나타난다. 다원주의 사고에서는 종교적인 믿음으로 인하여 어떤 것은 옳고 어떤 것은 그르다고 하는 것은 인정할 수 없게 된다. 종교적인 믿음은 개인적인 문제이고, 각 사람은 자신의 믿음을 가질 권리가 있다고 여긴다. 따라서 믿음의 문제는 개인의 차원으로 전락하게 되었고, 다양한 문화와 종교, 사회적인 특성에 의해서 새로운 구조가 형성되었다. 이제 모든 것을 검증할 만한 객관적인 기준이 없어져 버렸고, 따라서 현대사회는 다원화로 질주하고 있는 실정이다. 이것은 설교자에게 무거운 짐이 아닐 수 없다. 진리가 상대적이라고 믿는 사람들에게 절대적인 진리를 증거한다는 것은 참으로 힘들 수밖에 없는 일이다. '이것은 사실이다'가 아니라, '이것은 나에게 있어서 사실이다'로 말해야 한다고 다원주의 환경은 설교자에게 강요하고 있다. 절대적인 진리를 주관화시키려는 무서운 도전 앞에 설교자는 무겁게 서 있을 수밖에 없는 오늘의 현실이다. 다원주의 시대에 유일하게 배타적인 토대 위에 서 있는 기독교 설교전달은 모든 토대가 무너지는 시대환경 속에서 어떻게 본래의 사명을 감당할 수 있는 것인가? 설교자는 언제나 정신을 차리고 깨어서 하나님의 절대 진리의 말씀을 믿는 믿음 안에 굳게 서서 청중들을 사랑하고, 다원주의 사회에서 방황하는 청중들을 연구하고 이해하고, 하나님의 의도된 말씀을 성령의 인도하심 속에서 바로 증거하기 위하여 심혈을 기울여야 한다."282)

베드로의 설교와 바울의 설교에서 우리는 모든 설교 속에 나타나 있는 일관된 적응 형태가 없다는 것을 발견하였다. 청중의 상황에 따라 융통성 내지 유연성이 있어야 함을 시인하게 된다. 청중의 상황에 따라 동일한 그리스도의 복음이 그 온갖 상황에 맞게 재구성되어 설교로 전달되었음을 베드로설교와 바울설교에서 발견하게 된다. 다원주의시대에 청중들을 사랑하는 설교자는 다양한 설교전달방법에 열려 있어야 한다.283)

특별히 필자는 포스트모던 시대에 매우 효과적인 설교전달방법으로 이야기식 설교전달방법의 활용을 제안한다. 이야기식 설교는 절대적 진리를 주관화시키려는 다원주의 사회에 사는 청중들에게 보다 가깝게 다가갈 수 있는 설교전달방법이다. 로우리(Lowry)는

---

282) 김운용, 『설교의 새로운 패러다임』(서울: 장로회신학대학교 출판부, 2004), 38-41.

283) 청중이해에 따라 얼마든지 설교전달방법을 달리할 수 있다. 청중에 따라 때로는 권위적인 분위기에서는 강하게 외치는 설교를 할 수 있고, 때로는 일방적으로 외치기만 하는 설교가 아니라, 본문 속에 나타난 하나님의 의도된 말씀을 청중에게 효과적으로 전하기 위하여 청중과 대화하듯 설교전달을 할 때에 권위적인 것을 거부하는 청중들에게 보다 가깝게 다가갈 수 있다. 김의종은 "설교자가 설교를 작성할 때 일방적으로 선포만 하지 말고 가장 개인적으로 들릴 수 있도록 작성해야 한다…… 설교를 할 때 청중들이 일대일로 대화를 나누고 있다는 느낌을 주어야 한다"고 강조한다. 김의종, 『릭 워렌의 설교분석 리포트』(서울: 한국강해설교학교 출판부, 2005), 133.

"설교란 교리강좌가 아니라 명백한 진리이며 …… 시간 안에서 일어나는 사건이기에 우리는 전문적인 기능을 갖춘 이야기꾼이다 …… 설교는 이야기이며, 그러므로 우리의 임무는 이야기하는 것이며, 이야기를 만들어 그것의 모습을 형성하는 것"이라고 한다.284) 또한 "설교란 바로 이야기식으로 이루어지는 하나의 줄거리이다."285) 그리고 "줄거리(Plot)가 설교의 새롭게 형성된 이미지를 표현하는 핵심적인 용어이다."286) 이야기를 담고 있는 줄거리를 만들어 청중들의 관심을 불러일으킴으로써 효과적으로 설교전달을 하자는 주장이다.

(1) 이야기식 설교전달의 구성과 활용의 유익

로우리의 이야기식 설교는 다음과 같은 다섯 가지의 기본적인 단계를 가진다.

첫째, "평형을 뒤집어라"287)
모호함이 주는 절박한 긴장감을 증대시키면서 모순되는 문제를 제기함으로 평형을 깨뜨리는 단계이다.

---

284) Lowry, *The Homiletical Plot,* 8.
285) Ibid., 24.
286) Ibid., 23.
287) Ibid., 40-50.

둘째, "모순을 분석하라"288)

모순을 분석하거나 진단하는 단계이다. 설교자의 설교임무의 핵심적인 것은 명확한 진단이다.289) 따라서 설교자는 청중과 함께 분석의 과정을 경험해 가야 한다.

셋째, "해결의 실마리를 드러내라"290)

이것은 문제 해결을 위해 문제의 전정한 해답을 제시해 주는 복음으로부터 실마리는 제공하는 단계이다.

넷째, "복음을 경험하라"291)

이야기식 설교의 중요한 핵심은 청중들이 복음을 듣고, 체험하게 하는 일이다. 해결의 실마리가 드러나면 청중들은 복음을 경험할 준비가 된다. 그 이전의 단계들은 복음을 경험하는 단계를 위해서 존재한다. 모호함을 야기하고, 또 그 문제점들을 분석해 주면서 긴장감을 불러일으키는 것은 복음이 보다 효과적으로 경험되도록 하기 위해서다. 여기에서 복음을 성급하게 제시하지 않고 연기하였다가 선언하는 것이 중요하다는 이야기다. 그러므로 로우리는

---

288) Ibid., 51-64.
289) "어떤 난감한 질병으로 의사를 찾아본 적이 있는 사람은 누구나 진단의 중요성을 알고 있다. 진단을 제대로 못해 신뢰감을 잃은 의사는 처방이나 혹은 신뢰받지 못한다." 마찬가지로, "보통 설교의 가장 큰 약점 하나는 진단을 제대로 못 내리는 것이다." Ibid., 52-3.
290) Ibid., 65-84.
291) Ibid., 85-90.

복음을 경험하도록 하기 위해서 타이밍을 잘 맞추어야 한다고 주장한다. 이전 단계에서 모호함이 적절하게 제시되고 또 문제의 실마리가 정확하게 제시된다면 복음은 명료하게 경험될 것이며, 청중들은 이 단계에서 다시 평정을 회복하게 될 것이다. 그러므로 로우리의 방법에서는 이 단계를 준비하는 것이 어려운 것이 아니라, 둘째와 셋째단계를 준비하는 데에 어려움이 있다.

다섯째, "결과를 기대하라"[292]

중요한 문제는 지금 복음에 의해 새롭게 된 미래와 관련이 있다. 줄거리가 흘러가듯이 결말을 이루어가는 단계이다.

이상의 다섯 단계를 거치면서 설교는 줄거리(Plot)가 있는 영화나 소설처럼, 사람들을 사로잡아야 한다.[293] 로우리의 이야기식 설교에서 강조되는 것은 모호함과 역전의 원리이며 이것은 어떠한 설교에서도 필요하다는 것이다. 이야기식 설교는 성경 이야기를 설교현장에 있는 청중의 이야기와 연결시키면서 청중들의 관심을 끌 수 있고, 귀를 기울여 듣게 할 수 있는 효과적인 설교전달방법이다. 현대설교전달방법에서 좋은 장점을 가진 방법이다. 모든 것을 상대화시키고, 주관화시키는 다원주의 시대에서 이야기식 설교전달을 통하여 청중을 일깨우는 것은 설교자의 지혜이다. 물론, 이야기식 설교도 문제점을 가지고 있다. 그러면 어떠한 문제점은 무엇이고, 이야기식 설교가 갖고 있는 장점은 무엇인가?

---

292) Ibid., 91-98.
293) Ibid., 33-37.

먼저, 이야기식 설교는 창의력과 상상력을 요구한다. 만일, 창의력과 상상력이 없는 설교자가 설교를 이야기식으로 구성했을 때 설교는 유치한 쇼나 공연으로 전락될 수 있다.[294] 둘째, 이야기식 설교는 성경본문과 관련하여 성경에 이야기적 줄거리나 내용이 있는 본문이 제한되어 있다는 문제점을 가지고 있다. 잠언, 시편, 서신서 등은 이야기식 설교로 구성하기가 어렵거나 혹 불가능하다.[295] 셋째 이야기식 설교의 예술적 접근은 역사적 차원을 무시하는 해석이 될 수 있으며, 결국 성경 이야기를 단순히 예술적 결론으로 처리하는 심미주의에 빠지게 하는 문제가 있다.[296] 넷째, 이야기식 설교는 결론이 열려져 있고, 메시지의 요점이 직접적으로 명확하게 제시되지 않기 때문에 본문의 메시지가 청중에 의해서 자의적으로 왜곡되어 해석될 수 있는 문제가 있다.[297]

이상과 같은 이야기식 설교의 문제점이 있음에도 불구하고 현대 사회에서 설교자가 이야기식 설교의 문제점과 위험성을 알고 이야기식 설교의 장점을 살려 설교전달을 한다면 설교전달의 효과가 크게 나타남에는 틀림이 없다. 이야기식 설교의 장점은 다음과 같다.

첫째, 성경의 특색을 그대로 살려내는 장점이 있다. 류응렬은 다음과 같이 말한다.

---

294) John C. Holbert, *Preaching Old Testament* (Nashvile: Abingdon Press, 1991), 53.
295) Greidanus, 152.
296) Ibid., 153.
297) Ibid.

플롯을 강조하는 로우리의 설교기법은 성경의 문학적 특징을 이해하는 데서 비롯된다. 성경의 특색을 그대로 살려낼 때 설교가 살아난다는 말이다. 기존의 전제적인 사고는 성경이 지닌 내러티브의 성격과 경험적 의미를 희석시킴으로써 청중과의 접촉점과 설교의 긴장을 약화시키기에 내러티브 형식을 설교의 플롯을 통해 살려내자는 것이 로우리의 주된 주장이다.[298]

둘째, 이야기식 설교는 청중의 전인적인 참여와 자발적인 참여를 추구함으로써 기존의 교훈적 설교와는 달리 이야기에 의해서 전달되기 때문에 메시지의 전달 효과가 크다.[299]

셋째, 이야기식 설교는 영화나 소설처럼 청중의 흥미를 끌게 되는 장점이 있다. 청중들의 주의를 집중시키고, 청중들의 감정을 동요시키며, 오랜 기간 기억에 남게 한다.[300]

이야기식 설교는 설교전달에 매우 효과적이다. 청중에 대한 배려가 있는 설교로 현대 설교자들이 문제점과 장점을 잘 기억하고 활용하면 유익함에 틀림이 없다. 특히, 모든 권위가 무너져버리고, 모든 것을 상대화, 주관화시켜 버리는 포스트모던과 다원주의 시대인 현대에 효과적인 설교전달을 위하여 이야기식 설교전달의 활용은 매우 가치 있는 일이다. 그러면 그 활용을 어떻게 할 것인가? 설교자가 현대청중에게 이야기식 설교전달의 활용을 위하여

---

298) 류응렬, "새 설교학: 최근 설교학의 이해와 분석", 신학지남(2004년 · 가을호/통권 제280호), 161-2.
299) Holbert, 49.
300) Lowry, 40-9. 참고.

노력해야 할 일이 있다. 그것은 귀납법적 방법과 영상과 그림언어, 유머감각을 설교전달에서 사용하는 일이다.

(2) 귀납법적 설교전달의 사용

현대한국교회는 그 권위가 어디에 있느냐고 할 때에 권위가 없다고 할 정도까지 도달하였다. 이제는 교회와 설교자의 권위보다는 청중의 자율권이 강조되는 세계에 들어가고 있다. 근대(modern) 세계의 기초가 무너지면서 포스트모던 세계로 들어가고 있다. 계몽주의가 지배하던 기간 동안에 표현되어 근대의 사고방식의 기초가 되었던 원리들이 이제 힘없이 무너져 내리고 있다.[301]

오늘의 시대의 심각성이 여기에 있다. "과거의 것들을 무너뜨리는 일뿐만 아니라, 이제는 모든 토대 자체를 거부하는 시대이다. 이처럼, 20세기 중반부터 나타난 반토대적인 경향을 포스트모더니즘이라고 한다. 이러한 경향은 철학, 문학, 예술, 건축, 대중문화만이 아니라, 심지어 신학에서까지 나타나고 있다. 이것은 한국교회전체에, 특별히 설교자의 설교전달에 큰 도전이 아닐 수 없다. 현대인들이 절대 진리 내지 절대 권위를 해체하고 이성주의에 근거한 합리성의 터를 무너뜨리려는 경향은 과학적 합리주의를 내세운 모더니즘을 반대하는 것과 같은 맥락에서 기독교의 절대 진리를 거부하는

---

301) Diogenes Allen, *Christian Belief in a Postmodern World* (Louisville: Westminster John Knox Press, 1989), 2.

데까지 이르렀다. 절대 진리가 거부되고 이질성과 다양성이 강조되며, 근대주의가 표방하였던 인간 이성의 합리성, 과학의 신뢰성, 진리의 객관성과 보편성에 대해 해체, 또는 넘어서려고 한다. 이전의 모든 것에 대한 해체주의와 상대주의의 경향이 두드러지게 나타난다. 이것은 하나님의 절대 진리의 복음을 전파하는 설교자들에게 커다란 도전이요, 무거운 짐으로 다가오는 것이 사실이다. 특별히, 한국교회 강단에서 설교자의 권위, 혹은 말씀의 권위가 큰 역할을 감당한 것을 생각하면 포스트모던 시대는 설교자들에게 큰 충격을 안겨주고 있다. 과거 유교적인 우리의 고유전통문화의 영향으로 설교자의 설교형태는 대체로 강압적이요, 명령적이요, 지시적이었다. 그리고 그러한 설교전달은 한국교회성장에 많은 도움이 되었음에 틀림없는 사실이다. 그러나 지금은 모든 기존의 권위와 질서들이 거부당하는 시대에 접어들었다. 절대 진리, 절대자이신 하나님까지 거부하고자 하는 욕망이 이 시대에 무서운 파도처럼 밀려오고 있다."302) 여기에 성경본문에서 하나님의 의도된 절대 메시지를 전파해야 하는 설교자의 고뇌와 아픔과 고독이 있다고 하겠다. 설교자는 포스트모던 시대의 청중들을 파악하고, 알고, 이해하고, 성령의 인도하심 가운데 효과적인 설교전달을 위한 엄청난 노력과 연습과 십자가의 고통을 감수해야 하는 그러한 현장에 서 있다. 시대가 흐를수록 눈이 있어도 보지 못하고, 귀가 있어도 듣지 못하는 청중들이 해체주의에 빠지고, 상대주의에 집착하고, 실용주의에 탐닉하게 됨을 기억하고 설교자는 낙심하지 말고 절대자 하나님의 절대 진리의 말씀을

302) 김운용, 33-8.

212

전달하기 위한 설교전달 발전을 위하여 성령께 의지하며 말씀을 연구하고, 성령께 의지하며 끊임없이 청중을 연구하면서 설교전달을 발전시켜 나가야 한다.

포스트모던 시대에 청중 스스로의 역할을 적극적으로 인정하는 쪽으로 설교가 전달되지 않으면 청중은 귀를 막고 더 이상 설교를 듣지 않게 된다. "오늘날 사람들은 전제조건으로 두 가지의 열쇠를 가지고 있다. 나도 좋고(I'm okay), 너도 좋고(You're okay)다. 모든 사람이 좋아하기를 원한다. 모두가 친구처럼 알기를 원한다. 모두가 받아주기를 원한다."303) 여기에 설교전달이 이전의 권위주의적 사회에서 힘을 발휘했던 연역적 설교전달에서 현대사회의 특징을 감안할 때 청중의 자율권을 보장하고 청중의 인지작용을 고려하는 귀납적 설교전달로 전환하여 시행함이 설교전달에 분명한 효과가 있음에 틀림이 없다. 이것은 설교에서 청중을 배려하는 사랑이다. 물론, 사도행전의 베드로설교와 바울설교가 연역적이었다. 당시의 설교가 연역적이었던 것은 사도행전 당시에는 권위주의적인 사회로서 연역적 설교전달방법이 청중들에게도 적합한 방법이었다. 그러나 현대사회는 분명히 달라졌다. 현대 청중들로 하여금 들을 수 있는 설교를 하려면, "연역적인 방법"304)보다는 "귀납적 방법"305)으로 설교전달을 해야 한다. 그렇다고 연역적 방법을 버

---

303) Craig A. Loscalzo, *Apologetic Preaching: Proclaiming Christ to a Postmodern World* (Downers Grove: InterVarsity Press, 2000), 35.

304) 연역적 방법은 "관념이 서론에서 제시되어 본론에서 설명되거나 증명되거나 적용되는 방법"이다. Robinson, *Biblical Preaching*, 127.

305) 귀납적 방법은 "서론에서는 단지 설교의 첫 요점만 제시되고 강력

리자는 것이 아니다. 성경진리를 효과적으로 전달하여 청중들을 변화시킬 수만 있다면 연역적 방법이든, 귀납적 방법이든 모두 사용할 수 있다. 다만, 포스트모던 시대의 특징을 감안할 때, 귀납적 방법을 활용하자는 말이다. "인간이 지니고 있는 현실적인 문제에서 설교를 시작해야 한다고 주장하는 로우리는 그 문제를 복음에 비추어 분석하고 귀납법적 방법을 통해 진행되어야 할 것을 강조한다."306)

귀납적 설교를 주장한 사람은 크래독(Fred B. Craddock)이다. 크래독은 "설교학적으로 연역적인 방법은 먼저 설교의 주제를 언급하고, 그 주제를 대지나 하부 주제들로 나누어, 그 대지들을 설명하고 예증하며, 청중의 특별한 상황에 적용하는 방법이다"라고 말하면서307) "이것은 자연스럽지 못한 커뮤니케이션 형식이다"고 지적한다.308) 왜냐하면 연역적 방법은 설교자의 권위가 강하게 나타나고, 청중을 전혀 고려하지 않는 방법이기 때문이다.309) 크래독은 귀납적 설교를 해야 한다고 주장한다. "귀납적 접근에서는 설교의 중심사상이 청중에게 아주 익숙하게 들리는 개개인의 경험에서부터 일반적인 진리나 결론으로 움직인다."310) 또한 청중 스스

한 연결어를 통하여 새로운 요점이나 대지가 앞부분과 연결되게 하며 결론에 가서 관념이 드러나게 하는 방법"이다. Ibid.
306) 류응렬, "새 설교학: 최근 설교학의 이해와 분석", 157-8.
307) Craddock, *As One Without Authority*, 108.
308) Ibid., 109.
309) Ibid., 108-12. 참고.
310) Ibid., 112.

로가 메시지의 핵심적인 결론에 스스로 도달해야 할 것을 크래독
은 아래와 같이 주장한다.

> 청중에게는 설교의 움직임에 참여할 수 있는 권리가 있으며 또
> 한 그러한 능력을 가지고 있다고 확신하면서 그들을 존중하는 마
> 음을 가지고 설교하는 것이다. 청중은 설교자가 제시하는 결론을
> 수동적으로 받아들이기보다는 메시지를 통하여 자기 자신들이 내
> 리는 결론에 도달할 수 있는 권리를 보장받아야 하며, 그럴 능력
> 이 있다고 존중되어야 한다.311)

크래독이 귀납적 설교를 주장하는 것은 청중에게 그 설교가 효
과적으로 전달되도록 하는 데에 그 초점이 있다. 류응렬은 귀납적
방법이 설교전달 면에서 좀 더 효과적임을 다음과 같이 지적한다.

> 연역법적 설교에서는 설교자가 이미 전하고자 하는 내용을 정
> 답 형식으로 하나씩 변증하고 증명하고 설명하려 한다. 이런 전달
> 방식의 문제는 전달하고자 하는 내용에 있는 것이 아니라 전달
> 방식에 있다. 이미 정답을 듣고 난 청중에게 기대하는 긴장감이란
> 쉬이 사라지기 마련이다. 귀납법적 설교에서는 설교 초두에 모든
> 답을 쏟아 놓는 것이 아니라 설교가 진행되면서 하나씩 본문이
> 이끄는 결론을 향해 발전을 보인다. 설교의 전달 효과 면에서 귀
> 납법적 방법은 좀 더 긴장을 유지하는 효과를 얻을 수 있다.312)

---

311) Ibid., 121.
312) 류응렬은 '새 설교학에서 극복되어야 할 점'을 매우 명확하게 지적
하고 있다. 류응렬, "새 설교학: 최근 설교학에 대한 개혁주의적 평
가", <u>신학지남</u>(2005년 · 봄호/통권 제282호), 189.

류응렬이 새 설교학에 대하여 지적한 것처럼, 크래독이 주장하는 귀납적 설교에 "성경의 권위에 대한 무시"313)와 "청중의 체험에 대한 지나친 강조",314) "열어놓는 설교의 결론과 적용"315)이라

---

313) "새 설교학의 가장 뛰어난 공헌은 효과적인 설교전달에 있음을 이미 지적했다…… 새 설교학의 위험성은 …… 신학적인 문제에 근거한다. 가장 치명적인 위험성은 성경의 권위에 대한 무관심에 있다 …… 새 설교학을 주창하는 사람들은 한결같이 …… 성경에 대한 절대적 권위가 설교에 의미를 제공하지 못한다는 것을 주장한다. 오히려 성경에 대한 지나친 집착이 설교를 효과적으로 전달하는 데 방해되는 요소라고 지적한다 …… 크래독은 성경의 저자와 본문이 권위를 차지했던 자리에 청중을 두게 된다. 성경의 권위와 저자의 본문의 의도를 강조하는 대신 청중이 설교에 스스로 결론을 내리게 한다. 설교의 시작은 복음이 아니라 청중의 경험이며 청중의 기대를 고조시키기 위해 권위적이지 않는 귀납법적 설교를 주창했다. 그의 귀납법적 설교는 설교자가 더 이상 성직자로서 성경의 권위를 확보할 수 없고 오직 의미 결정은 능동적으로 의미를 창조하고 본문에 알맞게 적용할 수 있는 청중에게 있다는 가정에서 나온 것이다 …… 새 설교학자들이 성경의 권위를 포기했을 때 이미 그들은 설교의 권위를 상실한 것이다." Ibid., 193-7.

314) "크래독 역시 반복하여 청중의 체험에 설교의 목적이 있음을 강조한다. 기존의 설교가 인지적이고 명제적인 주제를 일방적으로 전달한 연역적인 것을 배격하고 청중으로 하여금 설교를 체험하게 하는 데 방향을 둔다. 청중을 수동적 자리에서 능동적 자리로 옮기자는 것이다. 설교에서 본문의 자리에는 청중의 경험이 자리한다. 설교는 본문을 설명하고자 하는 시도를 그만두고 청중의 체험으로부터 시작하여 체험으로 마쳐야 할 것을 주장한다. 설교의 승패는 설교를 통하여 청중의 체험이 얼마나 적극적으로 일어났는가에 놓여 있다 …… 설교에서 새 설교학자들의 체험에 대한 강조는 모든 설교자들이 좀 더 관심을 기울여야 할 부분이다 …… 그러나 체험에 대한 강조와 체험에 대한 지나친 강조는 매우 다르다. 이들의 문제는

216

체험을 강조하는 데 있는 것이 아니라 체험을 지나치게 강조하는 데서 비롯된다. 체험을 지나치게 강조할 때 빚어지는 가장 심각한 위험은 설교를 복음의 이해에 기초하기보다 인간의 체험에 우선적 관심을 둠으로써 객관적 진리를 상대주의로 전락시키거나 기독교 신앙을 개인적 영역에 머물게 한다는 점이다 …… 우리는 체험이 복음을 해석하도록 열어 놓을 것이 아니라 오히려 복음이 인간의 상황과 체험을 해석하도록 우리 자신을 드려야 한다." Ibid., 198-201.

315) "청중의 적극적인 설교의 참여와 체험을 강조하는 새 설교학자들 가운데 특히 크래독은 기존의 연역법적 전달을 버리고 귀납법적 방법을 주창한다 …… 결론을 설교 서두에 미리 보임으로써 청중의 관심을 약화시키지 않고 설교에서 흐름과 긴장을 살려내자는 것이다. 크래독이 강조하는 설교의 출발점은 매우 설득적이다. 사람들의 삶은 연역적이라기보다는 확실히 귀납적이라 할 수 있다. 일상생활의 모습을 잘 대변한다는 점에서 귀납법적 전달방식은 전달 효과 면에서 좋은 결과를 가져올 수 있다. 그러나 크래독의 귀납법적 전달방식은 몇 가지 점에서 재고를 필요로 한다. 첫째, 크래독의 귀납법적 설교는 복음으로부터 시작하는 것이 아니라 삶 가운데 문제 해결 방식을 취하고 있다 …… 인간의 실존적 문제를 위해 본문을 읽어가는 것은 결국 절대성을 상실한 상대주의적 신학을 탄생시킨다 …… 둘째, 크래독의 귀납법적 설교는 간접적 전달을 강조한다. 기존의 설교가 복음을 직설적으로 선포하는 것에 치우쳤으며 따라서 청중에게 파급되는 효과가 적다고 판단한 크래독은 복음을 간접적으로 전달해야 할 것을 강조한다. 설교자는 청중으로 하여금 복음에 직접 노출되지 않고 "넌지시 듣게"(overhearing) 해야 한다는 말이다. 그는 예수님의 성육신 원리가 하나님의 간접적 전달을 나타낸다고 강조한다. 성육신이 "말씀과 행동"을 위한 모델 역할을 하게 하자는 것이다[(Fred B. Craddock, *Overhearing the Gospel* (Nashville: Abingdon Press, 1978), 83.]. 직접적으로 설교하는 것은 청중을 불편하게 할 뿐 아니라 청중의 마음을 닫아버린다는 것이다. 셋째, 크래독은 설교자가 설교의 결론을 맺는 것을 거부하고 끝을 열어놓을 것을 강조한다. 결론과 적용을 설교자가 내리는 것

는 문제를 안고 있다. 그러나 우리가 문제가 있다고 다 버릴 것이 아니다. 문제가 되는 것은 걸러내고, 청중들로 하여금 듣도록 하는 효과적인 설교전달을 위하여 우리는 귀납적 설교전달방법을 최대한 사용하여 이야기식으로 설교전달을 활용해야 한다. "설교자는 청중에게(to) 설교할 뿐만 아니라, 청중들을 위하여(for) 설교한다. 또한 자신이 증거하는 것에서 청중이 활발하게 의미를 찾도록 노력해야 한다."316) 설교에서 성경의 권위를 붙잡고, 분명한 적용과 결론을 내린다 하더라도 모든 권위가 무너진 오늘의 포스트모던시대의 청중의 상황을 이해하며 설교전달을 한다고 할 때 과거 연역적 설교전달이 본문에만 치우쳐 청중을 고려하지 않고 일방적으로

은 청중의 위치를 지나치게 수동적으로 만드는 것이라고 비평한다. 설교의 끝을 열어놓음으로 청중이 설교에 참여하고 스스로 창의적인 결론과 적용을 맺게 하자는 것이다 …… 그러나 …… 본문의 진리에 근거하여 본문이 말하고자 하는 것을 확실하게 그리고 담대하게 적용해 나가야 한다 …… 올바른 적용이란 본문의 연장으로 보아야 한다. 본문이 하나님의 말씀으로서의 권위를 지니듯이 적용 역시 하나님의 말씀으로서의 권위를 유지한 채 전달되어야 한다. 적용은 하나님의 말씀이 절대적 진리라는 확신 속에 가능하다. 그 말씀이 옳을 때 우리는 그것에 근거하여 "이렇게 하자"고 촉구할 수 있다. 효과적인 전달을 위해 적용을 청중의 손에 맡겨야 한다는 새 설교학자들의 주장의 배경에는 결국 이러한 절대 진리성에 대한 불확실한 태도가 내재되어 있다고 볼 수 있다. 설교자는 본문 이외 다른 것을 전할 권한이 없다. 성경을 하나님의 말씀으로 확신하는 설교자는 말씀의 권위에 기초하여 확실하게 말씀의 결론은 내리며 본문에 근거하고 청중의 삶에 가장 적실한 적용을 담대하게 선포해야 한다." Ibid., 201-6.

316) Craddock, *As One Without Authority,* 118.

전함으로써 지나치게 권위적이어서 커뮤니케이션에 어둡게 반응한 것을 반성하면서 설교자는 귀납적 설교전달을 사용하여 청중이해를 보다 깊고 넓게 하여, 설교전달을 자신의 청중들에게 적합하게 적응시키는 노력을 아끼지 말아야 한다. 류웅렬의 지적처럼, "새 설교학이 보이는 신학적, 해석학적 한계를 극복하고 그들이 제시하는 뛰어난 전달면의 소중한 가르침을 겸허히 적용하여 하늘의 소리를 들려주어야 할 책임이 우리의 어깨 위에 놓여 있다."317) 포스트모던 시대에 청중 스스로의 역할을 적극적으로 인정하는 쪽으로 설교가 전달되고, 청중의 귀를 활짝 열기 위해서는 귀납법적 방법을 사용한 이야기식 설교전달을 활용해야 한다.

(3) 영상과 그림언어를 통한 설교전달 사용

이야기식 설교에서 중요한 일 중의 하나는 설교자가 청중에게 얼마나 현실감 있게 전달하느냐이다. 현대한국사회는 각 가정에 텔레비전과 인터넷이 없는 가정이 없다고 해도 과언이 아니다. 또한 요즈음 한국사회에 극장마다 영화 관람객들이 줄을 서고 있는 실정이다. 전화도 이제는 듣기만 하는 것이 아니다. 볼 수 있는 각종 기구들이 다양하게 선을 보인다. 운전을 하면서도 운전석 옆에는 화면이 나타난다. 거리에는 각종 볼거리들로 가득하다. 급속도

---

317) 류웅렬, "새 설교학: 최근 설교학에 대한 개혁주의적 평가", 207.

로 변화하는 현대한국사회에서 설교자의 메시지는 청중에게 미치는 텔레비전의 영향을 알고 있음을 나타내야 하며, 청중들은 어떤 것을 학습하는 데 청각보다는 시각에 의존하는 경향이 더욱 강하기 때문에 설교자의 설교도 이 점을 반영해야만 한다.318) "현대사회는 텔레비전과 함께 거대한 커뮤니케이션의 대변혁을 일으키면서 컴퓨터와 인터넷으로 이어지고 이제 정보화 사회라는 새로운 형태의 사회를 형성해 가고 있다. 더 나아가 다양한 매체에 의해서 '인간의 확장'을 경험하고 있는 멀티미디어 시대가 되었으며, 가상현실이 이제는 삶의 현실이 되고 있는 사이버 시대를 살고 있다. 뉴미디어가 등장하고 거대한 정보의 흐름 앞에 서 있게 되었고, 전자라는 새로운 기술공학의 영향과 함께 과거와는 전혀 다른 새로운 문명이 탄생하고 있다. 미디어와 새로운 전자 기술의 발전은 지구상에 문화적 지각변동을 가져오는데, 가장 구체적으로 나타나는 것 중의 하나가 경계의 무너짐이다."319)

이러한 변혁은 불가피하게 사람들이 듣고 이해하며, 어떤 메시지를 주고받는 커뮤니케이션의 형태의 변화를 가져온다. 전자문화와 영상문화가 발달되면서 전자매체에 익숙해진 청중들은 청취 스타일이 크게 달라졌다. 전자문화와 영상문화에 익숙한 청중들은 이제 논리와 명제에 의해서보다는 이미지와 메타포, 스토리, 그리고 가시적인 영상을 맺어주는 언어에 의해서 전달될 때, 그 메시지를 확실하게 받게 된다. 즉 이성적인 논리를 따라 설명되고 배

---

318) Ezell, 162-3.
319) 김운용, 41.

우던 세대에서 이제는 보고 들으며, 느낌을 통해서 배우는 영상세대로의 전환이 이루어지고 있다. 영상문화와 함께 시각적이고 이미지 중심의 커뮤니케이션 방식이 지배적이 되면서 문자적이고 논리적인 커뮤니케이션 방식을 잠식 또는 대치해 가고 있다. 그래서 시대의 흐름과 사람들의 관심을 가장 민감하게 반응하는 광고매체는 제품에 대한 설명을 담은 논리적이고 명제적인 광고에서 이제는 느낌을 중요하게 생각하는 감성 광고가 강하게 대두되는 시대를 살고 있다. 이것은 메시지 수용형태를 민감하게 반영한 것이다. 광고 산업이 그러하듯 설교전달에 있어서 이러한 메시지 수용형태에 대해 심각하게 고려하지 않는다면 현대의 청중들에게 이르지 못한다. 설교자는 현대사회를 이해하고, 그들과의 의사소통의 방법에 대해서 깊이 관심을 가지고 연구에 연구를 거듭해야 한다. 청중들이 어떻게 메시지를 받는가와 어떻게 그들의 정서에 호소할 수 있는지를 알지 못한다면 설교전달은 실패에 가까운 결과를 낳게 될 것이 틀림없다.320)

시대에 따른 환경의 변화는 설교전달에 있어서 새로운 패러다임의 전환을 필요로 한다. 오랫동안 영향력을 지녔던 명제 중심의 설교형태는 이제는 그 영향력이 감소될 수밖에 없게 되었으며, 무엇보다도 이러한 정보화 시대를 살아가면서 과거와는 전혀 다른 '새로운 스타일의 청중'들이 태동되고 있다.321) 로그니스(Michael Rogness)는 이러한 청중들을 텔레비전의 특성을 따라 설명하고 있

320) Ibid., 41-2.
321) Ibid., 42.

다. "이 시대의 커뮤니케이션의 특징은 개념을 전달하는 것이 아니라 그림으로 전달하며, 정보는 연속적으로 이어지는 개념을 통해서보다는 바이트와 느낌으로 전달된다. 청중들의 집중하는 시간이 짧아졌으며, 그들은 수동적으로 듣게 된다. 또한 언어적인 요소와 비언어적인 요소가 함께 결합된 형태가 사용된다."322) 이처럼, 과거와는 전혀 다른 형태로 메시지를 받는 새로운 청중들을 이해하고, 그 청중이해를 고려하지 않는다면 설교전달은 장벽에 부딪힐 것이 자명한 일이다.323) 그러므로 설교자는 정보화와 영상시대에 뒤지지 않는 설교전달을 위하여 새로운 환경에 적극적으로 적응해 나가야 한다.

설교자는 청중들의 인지구조가 영상시대에 맞춰 변하고 있음을 기억하고, 영상시설과 그림을 활용하면 보다 효과적일 것이다. 크래독(Craddock)은 다음과 같이 말한다.

어떤 관찰자에 따르면, 오늘날 설교가 곤욕을 치르게 된 이유는 TV와 같은 기기의 영향으로 인간의 지각기관이 변했기 때문이다. 이러한 해석에 의하면, 시각에 호소하는 표현은 현장에서 단지 청각에 호소하는 표현을 제거했으며, 최소한 시각과 청각 사이에서 어떤 위기가 일어나고 있다고 이해한다. 강단은 전통적으로 말(Word)과 이야기, 그리고 역사를 사용해 왔다. 그러나 TV는 이미지와 그림을 통해서 메시지를 전함으로 인간의 지각기관을

---

322) Michael Rogness, *Preaching to TV Generation: The Sermon in the Electronic Age*(Lima: CSS Publishing Co., 1994), 24-31.

323) 김운용, 42.

개편하게 되었다. 혹자는 말하기를 기독교의 선포가 그동안 힘 있
게 진행되어 온 것은 사람들이 "볼 수 있도록" 변환을 시도한 교
회의 능력에 기인한 것이라고 주장한다.[324]

설교자는 설교전달의 더 나은 효과를 위하여 현대사회를 이해하
고 영상시설과 그림을 활용할 뿐만 아니라, 언어에 있어서도 그림
언어를 사용할 수 있어야 한다. "성경은 일반적으로 스토리나 시
같은 문학 형식과 이미지나 그림 언어와 같은 문예적 언어를 사용
한다. 성경의 논리적이고 추상적인 언어보다는 이미지와 상징과
비유 같은 그림 언어를 많이 사용하는 것도 그림언어가 설득의 효
과에서 탁월하기 때문이다. 그림언어는 추상 언어와는 달리 오감,
정서, 상상력의 수준에서 우리를 사로잡는다. 이미지는 우리를 동
참시키기 위해서 사용하는 성경 기자의 가장 강력한 도구 가운데
하나다. 이미지는 우리의 감각에 호소하는 언어다. 우리로 하여금
말하여진 것을 보고, 듣고, 냄새 맡고, 맛보고 느끼게 하는 것을
돕는다."[325]

예수님은 청중들에게 "공중의 새를 보라 심지도 않고 거두지도
않고 창고에 모아들이지도 아니하되 너희 천부께서 기르시나니 너
희는 이것들보다 귀하지 아니하냐 …… 들의 백합화가 어떻게 자
라는가 생각하여 보라 수고도 아니 하고 길쌈도 아니 하느니라."
(마6:26-28)라고 말씀하셨다. 예수님은 청중들이 이미지를 떠올릴

324) Craddock, *As One Without Authority,* 42.
325) 김지찬, "설교자는 이미지스트가 되어야 한다.", 신학지남(1997년 ·
    겨울호/통권 제223호), 174.

수 있는 그림언어를 사용하심으로써 청중들의 상상력을 자극하여 메시지 전달의 효과를 꾀하였다.

점점 시각화되어 가는 시대에 설교자는 청중에 대한 사랑과 배려의 마음을 가지고 영상과 그림언어를 설교전달에 활용해야 한다. 그러나 때로는 영상이 설교자에게서 청중의 시선을 빼앗고, 잘 다음어지지 못한 영상으로 인하여, 또는 메시지와 관련 없는 영상으로 인하여 청중을 산만해지도록 유도할 수 있음도 기억해야 한다. 영상사용의 지혜가 필요하다. 영상이 성경본문의 내용이나 의도를 밝히 드러내는 용도로만 사용되어야 한다. 영상이 주된 사항이 되고, 하나님의 메시지가 빛을 잃으면 안 된다. 나아가 설교자는 그림언어를 적극적으로 만들어내는 노력을 해야 한다. 이야기식 설교전달에서 많은 노력과 정성이 없다면, 오히려 설교전달 효과가 떨어지고 말게 된다.

(4) 유머감각의 설교전달 사용

"유머만큼 사람들을 설득하는 데 효과적인 것은 없다."[326] 동서고금을 막론하고 유머를 통해 사람들에게 허물없이 다가갈 수 있다는 것은 두말할 필요가 없다. 특히, 현대인들이 오락성을 추구하는 특성을 지니고 있음을 설교자는 기억하고 강단에 서야 한다.

---

326) Donald T. Phillips, *Lincoln on Leadership*, 이강봉 · 임정재 역, 『비전을 전파하라』(서울: 한스미디어, 2006), 218.

물론 설교의 출발은 하나님의 말씀인 성경에서 저자의 의도를 분명히 파악하고 전해야 하겠지만, 효과적인 설교전달을 위하여 오락성을 추구하는 청중을 알고, 이 사실을 고려하여 설교전달을 해야 한다.

소로킨(Pitirim A. Sorokin)은 "각 문화들의 탄생과 소멸, 성장과 쇠퇴, 퇴락과 부흥의 단계를 관찰하면서 기본적으로 문화는 관념문화단계, 이상주의 문화단계, 감각문화단계를 거친다."고 주장한다.[327] 현대사회는 오락성(entertainment) 추구가 삶의 커다란 이유

---

[327] Pitirim A. Sorokin, *The Crisis of Our Age*(Oxford: Oneworld, 1992). "소로킨은 현대문명의 위기를 감지하면서 현대문명이 피할 수 없는 붕괴를 예견하고 있었다. 그러나 그는 그 모든 해답을 신앙을 통해 찾으려고 했다. 모든 인간 사회는 어느 때든지 어느 한 유형의 단계에 속하게 된다고 이해한다. 첫째는 관념문화의 단계인데, 이 단계에서는 사람들은 영적인 진리와 가치를 거의 유일한 진리와 가치로 여기는 특성을 지닌다. 신적인 세계는 가장 숭고하고 진실한 실체이며, 가장 지고한 선은 하나님의 뜻이다. 이 단계에서는 고상한 원리들을 고수하기 위해 현실적인 쾌락과 현세적인 목표를 희생시킨다. 이때는 자기부인, 금욕주의 등은 높은 가치이며, 자연스러운 행위이다. 둘째로는 이상주의 문화의 단계이다. 이 단계에서도 영적인 진리나 가치를 상위에 두지만 현실의 가치를 팽개치지 않고 높이 평가한다. 물질적인 가치와 감각적인 세계에 대한 매력을 가지면서 그러한 세계를 향하여 개방적인 태도를 가지기 때문에 결국 이 단계에 있는 사회는 그 다음 단계인 감각문화의 단계로 빠르게 발전하는 경향을 지닌다. 세 번째 단계는 감각문화단계이다. 이 단계에서는 감각에 호소하거나 감명을 주는 물질적인 요소들에 깊은 관심을 둔다. 이 단계에서는 인상적이고 육감적이며, 외형적인 것에 가치를 부여하며 무절제한 탐닉에 빠진다. 이 단계의 문화인 표현들은 감각적이며, 쾌락적이고 물질적인 가치를 선호한다. 이렇게 구분하면

가 되었으며, 그것을 추구하는 것이 삶의 중요한 내용이 되었다. 이것은 물론 물질적인 풍요가 이룩되면서 감각문화, 오락성 추구는 문화적이고 사회적인 새로운 경향이 되었다. 이제 예술은 감각예술에 의해서 잠식되면서 위기를 경험하고 있으며, 종교는 가장자리로 밀려나게 되며, 진리 체계도 위기를 경험하게 된다. 그런데 이러한 문화 속에서 '진리에 대한 환멸'이 드높아 가고 있다. 여기에서 인간행동을 규제할 높은 수준의 기준이 없고, 순간적인 욕구와 기호가 최선으로 여겨지면서 윤리도 심각한 위기를 경험하게 된다. 이러한 현대의 문화를 가리켜 브라운(Harold O. J. Brown)은 '감각 중심의 문화'(sensate culture)라고 규정한다.[328] 감각문화 단계로 접어들면서 감각적인 가치관은 시간이 지날수록 퇴폐적인 성격을 가지게 되며, 서구문화가 이러한 단계에 접어들면서 감각적인 가치는 이제 기독교적 가치체계의 자취들을 잠식하며 점점 소멸시켜 가고 있다. 감각의 문화가 만들어 가는 문화적인 부산물은 폭력, 성도덕의 붕괴, 마약, 알코올 중독, 가정파괴, 에이즈와 같은 성병, 자살율의 증가, 범죄와 전쟁의 증가들로 나타난다. 이성적인 감동보다는 본능적인 쾌락을 추구하는 경향으로 나아가게 되며, 더욱 자극적이고 표피적인 것을 추구하는 쪽으로 나아가고

서 서구문화는 퇴락하는 감각문화의 후기 단계에 이르렀다고 소로킨은 말한다. 여기에서 서구문화는 패망하기 전의 로마의 문화를 예를 들면서 문화적 파멸과 재앙을 피할 수 있는 비결은 '자각의 은혜'를 받을 때 가능하다고 설명한다." 김운용, 43.

328) Harold O. J. Brown, *The Sensate Culture*(Nashville: Word Publishing, 1996).

있다.329)

현대사회와 문화의 변화를 접하면서 기독교의 설교는 그 자체가 가장자리로 밀려나게 되어 있으며, 무기력하고도 공허한 외침이 될 수밖에 없는 설교의 고독시대 속에 서 있다고 해도 과언이 아니다. 이러한 문화의 흐름을 놓고 볼 때 설교자들은 이 시대의 정신을 알고, 어떠한 자리에 서 있는가를 자각하고 메시지의 방향성을 찾아 설교전달을 새롭게 하려는 노력을 해야 한다.330) 오락화 및 감각시대의 상황에서 효과적인 설교전달을 하려면 유머감각의 설교전달활용이다.

"유머는 설교자와 청중을 하나로 묶어주는" 도구다.331) 유머는 사람들의 마음을 편하게 하여 그 마음을 여는 효과가 있다. 유머에서 마음을 여는 청중은 또 다른 상황에서도 쉽게 마음을 연다. 유머가 목적이 되어서는 안 되겠지만 현대인들에게 설교전달을 위해서는 필요하다. 유머는 설교 전체와 일관성이 있어야 하며, 메시지의 내용과 관련이 있어야 한다.332)

오락화 및 감각화 시대에 일반적인 청중들에게 성경본문만을 전할 때 그 설교시간이 길어지게 되면 매우 지루하고 어렵게 느껴지

---

329) 김운용, 44-5.

330) Ibid., 45.

331) Stuart Briscoe, "논쟁의 여지가 있는 주제들을 다루는 법" Bill Hybels, Stuart Briscoe, Haddon Robinson, *Mastering Contemporary Preaching*, 김진우 역, 『현대설교, 어떻게 할 것인가?』(서울: 도서출판 횃불, 2002), 92.

332) Rick Ezell, 162.

기 마련이다. 성경본문만을 전하는 것에 비하여 유머와 예화는 듣기에 훨씬 쉽고 편하다. 따라서 설교전달에서 전달의 효과를 위하여 유머와 예화를 사용할 필요가 있다. 좋은 예화의 비결은 설교를 하기 전에 아는 것이다. 설교자는 살아 움직이며, 흥미로운 좋은 예화를 얻기 위하여 폭넓게 읽고, 생각하고, 들어야 한다.333) 그리고 "예화는 설명이 아니라 그 설명을 위해서 사용되는 도구라는 사실을 명심해야 한다. 만약 설교자가 성경을 강해하는 것보다 예화를 제시하는 데 더 열중한다면, 그는 강단에 선 목회자가 아니라 무대에 선 연예인으로 전락하고 말 것이다. 대중 연설가가 한 가지 주제를 정하고, 청중을 감동시킬 만한 이야기를 했어도, 그것은 설교가 될 수 없다. 예화는 대중에게 흥미를 주고 목사의 생각을 설명하는 데 목적이 있는 것이 아니라, 성경의 진리를 깊이 있게 이해하고 쉽게 적용할 수 있게 만드는 데 목적이 있다."334) 따라서 예화는 목적에 따라 선택되고, 목적에 맞게 사용되어야 가치가 있다.335) 허위나 믿을 수 없는 예화의 유혹을 물리쳐야 하며, 너무 길지 않고 간결하게 사용하고, 불경건한 예화는 피하고, 가급적 현실적인 예화를 사용하여 하나님의 말씀을 밝히 드러내어야 한다.336) 이처럼 우리는 청중들에게 성경의 진리를 깊이 있게 이

---

333) Michael Duduit, editor. "Preaching and Church Growth: An Interview with Adrian Rogers" *Preaching with Power: Dynamic Insights from Twenty Top Communicators*(Grand Rapids: Baker Books, 2006), 173.

334) Chapell, 200.

335) Keith Willhite, *Preaching with Relevance: Without Dumbing Down* (Grand Rapids: Kregel Publications, 2001), 103-111.

해시키고 쉽게 적용하기 위하여 오락화 감각화 시대에 유머와 예화를 적절하게 사용해야 한다.

이상에서 논한 바와 같이 포스트모던 시대, 다원주의 시대, 영상 시대, 오락화 및 감각화 시대에 설교자는 현대사회의 특징을 알고, 베드로설교와 바울설교가 청중이해에 적용하여 시행된 것처럼, 현대 설교자도 현대청중이해를 가지고 커뮤니케이션에 효과적인 이야기식 설교전달을 활용해야 한다. 효과적인 이야기식 설교전달을 위하여 귀납법적 방법, 영상과 그림언어, 유머감각를 사용하여 현대청중들이 하나님의 말씀을 효과적으로 들을 수 있게 해야 한다. 이야기식 설교전달은 성경의 특색을 그대로 살려내는 장점과 청중의 자발적인 참여를 이끌어냄으로써 메시지의 전달효과가 큰 장점을 가지고 있다. 더 나아가 이야기식 설교는 영화나 소설처럼 청중의 흥미를 끌게 되는 장점이 있다. 이야기식 설교는 설교전달에 매우 효과적이다. 이야기식 설교가 청중에 대한 배려가 있는 설교로 현대 설교자들이 그 문제점과 장점을 잘 기억하고 활용하면 유익하다. 특히, 모든 권위가 무너져버리고, 모든 것을 상대화, 주관화시켜버리는 포스트모던과 다원주의 시대인 현대에 효과적인 설교전달을 위하여 이야기식 설교전달을 활용하는 일이 필요하다. 현대청중을 이해하고, 청중이해에 따라 본문 말씀을 효과적으로 전달하자는 제안이다. 물론, 이야기식 설교가 성경의 권위에 대하여 무관심하고, 청중의 체험에 치중에 있고, 적용과 결론을 배제하는 등 많은 단점들이 있다.[337] 이러한 잘못된 것들은 버리고, 설교

---

336) Ibid., 202-4.

전달에 좋은 장점들을 활용하여 "기존의 선포식 설교의 장점"[338)
과 더불어 설교전달의 발전을 가져오자는 제안이다.

2. 성육신과 설교자의 헌신

우리가 살폈던 사도행전의 베드로설교와 바울설교가 각각의 청
중에 적응되어 전달되었다. 베드로와 바울 모두 청중 속으로 들어
가서 청중을 이해하고, 청중이해에 따라 설교전달을 하였다. 효과
적인 설교전달을 위해서 설교자는 보다 깊이 청중을 이해해야 하
고, 청중을 위하여, 청중이 들을 수 있도록 해야 한다. 청중이 들
을 수 있는 설교전달을 위한 설교자의 헌신은 성육신의 원리 가운
데 있다. "성육신(Incarnation)은 설교를 위한 최상의 신학적 모델
이다. 왜냐하면 성육신은 하나님의 커뮤니케이션의 근본적인 행동
이기 때문이다."[339) 사람들과 커뮤니케이션을 위하여 하나님은 성

---

337) 각주 296-299를 참고하라.

338) 기존의 선포식 설교는 성경의 권위를 높이고, 성경 중심적이며, 적
   용과 결론에 좋은 장점을 가지고 있다. 그러나 '무엇을 전할 것인
   가?'에 치중하다가 '어떻게 전할 것인가?'에 소홀하여 효과적인 설교
   전달을 이루지 못한 단점도 있다. 그러므로 설교자는 양쪽의 좋은
   장점들을 발전적으로 활용하여 효과적인 설교전달을 이루어야 한다.

339) Kenton C. Anderson, *Preaching with Conviction: Connecting with*

육신을 택하셨다. 사람들에게 말씀을 전하시려고 자신을 낮추고 낮추되 가장 낮은 데까지 이르러서 모든 청중을 이해할 수 있는 자리에 앉았다. 하늘보좌를 버리시고 낮고 낮은 땅에 임하신 예수님이시다. 낮고 낮은 땅의 상황 속으로 들어오신 하나님이시다. 하나님이시지만 사람들에게 그들처럼, 연약한 한 인간으로 자신을 나타내셨다. 높은 하늘의 모든 것들을 포기하고, 낮고 낮은 땅에 인간의 몸으로 오셔서, 인간의 상황 속에서 인간을 이해하시며, 인간이해에 따라 인간의 언어와 방법을 통하여, 하늘의 메시지를 청중들이 들을 수 있도록 전하셨다. 그러므로 설교는 높고 높은 하늘의 말씀이 낮고 낮은 땅에서 땅의 언어와 방법을 통하여 전달된다는 점에서 성육신적이다.

설교는 거룩한 하늘에서 행해지는 것이 아니다. 오늘 낮고 낮은 땅에서 사는 청중이 있는 삶의 현장에서 하늘의 메시지가 전해지는 하나의 사건이다. 때문에 효과적인 설교전달을 위하여 설교자는 청중의 입장에 서봐야 한다. 청중의 신을 신어봐야 한다. 마치 성육신 사건을 통하여 예수님께서 하늘보좌를 버리시고 낮고 낮은 인간의 삶의 상황 속으로 들어온 것과 같이 설교는 청중들의 삶의 상황 속으로 도전해 들어가야 한다. 설교자는 설교전달에 있어서 청중의 상황 속으로 들어가서 청중을 이해하고 청중을 고려하여 설교를 전달을 해야 한다. 여기에 설교자의 성육신적 헌신이 요구된다. 설교전달에서 놓치지 말아야 할 중요한 원리다.

우리가 여기에서 놓치지 말아야 할 것이 있다. 예수님의 성육신

Postmodern Listeners (Grand Rapids: Kregel Publications, 2001), 85.

의 목적은 죄인들과 함께하며 먹고 마심으로만 그치는 것이 아니다. 예수님의 낮아지심은 다시 높아지시기 위함이었다. 예수님께서 성육신하신 목적은 세상의 죄인들을 구원하여 저 천성으로 이끄시기 위해 오셨다. 바로, 이것이다. 설교자도 청중 속으로 들어가서 청중과 함께하며, 청중의 상황을 이해하고 설교전달을 해야 하겠지만 청중에만 사로잡혀서는 안 된다. "청중에 집착하다가 중요한 것을 놓친 것이 새 설교학자들의 실수이다. 새 설교학자들은 적용과 결론을 내리지 않고 청중들에게 맡겨 버리고 만다."[340] 그러나 그것은 물에 빠진 사람을 건지러 들어갔다가 밖으로 나오라고 말만 하고는 방관하는 것과 같은 것이다. 설교의 성육신의 원리를 그림으로 그리면 다음과 같다.

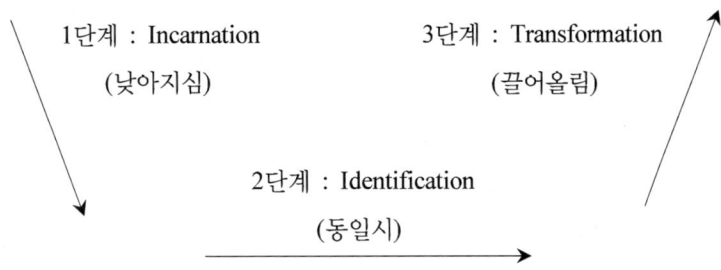

1단계 : Incarnation (낮아지심)

3단계 : Transformation (끌어올림)

2단계 : Identification (동일시)

낮아짐(Incarnation)은 끌어올리기 위함이다. 청중들이 변화를 받아 예수님을 닮아가게 하려는 것이다. 설교자와 청중이 지니는 공통점이라면 '동일시'(Identification)에 있다. 그러나 차이점으로 설

---

340) 각주 149와 286-8까지를 보라.

교자는 선한목자의 심정을 가지고, 목양과 섬김을 통하여 효과적인 설교전달로 청중들을 하나님의 의도대로 끌어올려 변화(Transformation)시키는 영적 리더십(Leadership)이 있어야 한다. 새 설교학자들의 문제는 그들이 '동일시'(Identification)에만 머물러 버리고 만다는 데에 있다. 설교자에게는 설교를 통하여 청중들을 하나님의 의도대로 변화를 시키는 설교의 분명한 목적이 있어야 한다. 이를 위하여 설교자는 먼저 설교자가 감당해야 할 고난의 십자가를 묵묵히 감당할 수 있어야 한다. 본문에 대한 정확한 해석뿐만 아니라, 청중에 대한 바른 해석을 위하여 청중 속으로 들어가서 모진 고통을 감당하는 헌신이 있어야 한다. 그렇게 함으로써 청중들을 하나님 나라에 이르게 하고 더 풍성히 얻도록 해야 한다.

엘룰(Jacques Ellul)은 설교를 "가장 두려운 모험"(the most frightful adventure)이라고 하였다.341) "아무리 중요한 사역이라 할지라도 무기력한 설교자, 준비되지 않은 설교자, 민감하지 못한 설교자가 서 있는 그곳에서는 설교의 강력한 영향력을 전혀 느끼지 못하게 된다. 이러한 점에서 설교전달은 계속해서 개선되어야 할 '기술'이라고 할 수 있다. 이것은 단순한 기교라는 뜻보다는 계속해서 다듬어지고 발전되어야 한다는 의미이다. 급격히 변화해가는 현대사회의 설교환경, 즉 청중의 상황을 이해하지 않고, 커뮤니케이션의 관점을 고려하지 않는 설교자에게서 그 효율성을 기대할 수 없

---

341) Jacques Ellul, *The Humiliation of the Word,* Trans. Joyce Main Hanks(Grand Rapids: Eerdmans, 1985), 109.

다.342) 이것은 설교전달에서 성령의 사역을 간과하는 말이 아니다. 잘 준비된 설교, 설교의 본문인 성경에 충실하고 하나님의 계시의 말씀에 대한 영감이 있는 설교이지만 그러한 설교가 상황의 변화 때문에 더 이상 생명의 말씀으로 들려지지 않게 된다면 얼마나 안타까운 일인가? 설교의 효율성을 위해서 설교자는 반드시 '말해지는 것'(What is said)과 함께 '들려지는 것'(What is heard)을 함께 고려해야 한다."343) 특별히 청중의 상황이 급격하게 변화하는 오늘의 시대 속에서 설교자는 주님의 성육신(Incarnation)을 따라 자신의 신을 벗고, 기꺼이 낮은 데로 헌신하기에 주저함이 없어야 한다.

---

342) "설교자가 커뮤니케이션의 관점을 고려하지 않고, 종교적 술어와 케케묵은 예화를 특징으로 한 열정 없는 장광설(dispassionate harangues) 식의 설교를 하고, 마치 청중에게 화가 난 듯한 모습으로 권위주의적 태도로 긍휼 없는 모습을 보이고, 청중들의 관심, 상처, 필요와는 아무 상관이 없는 설교를 한다면 설교의 목적인 본문의 의도대로 청중을 변화시키지 못할 것이다. 그러므로 설교자는 하나님에 대한 비인격화된 강의(lecture about God)가 아니라 하나님과의 적실한 만남(encounter with God)을 이루는 복음 설교로 메시지가 살아나도록 해야 하고, 청중의 상처와 기쁨과 관심과 필요들에 일체감(Identification)을 이루는 설교로 청중이 듣고, 변화되도록 심혈을 기울여야 한다." Craig A Loscalzo, *Preaching Sermons That Connect*: *Effective Communication through Identification*,(Downers Grove, Illinois: Intervarsity Press, 1992), 15-6.

343) 김운용, 54-5.

3. 청중이해에 따른 설교전달의 예

다음은 청중이해를 고려한 설교전달의 예를 실었다. 모든 예를 다룰 수는 없고, 농촌설교, 도시설교, 어촌설교, 어린이설교를 작성하여 청중에 적응한 설교전달을 추구하였다. 공통적으로 본문은 '마가복음 10장 17-27절'이며, 설교제목은 '헛고생 하지 맙시다.'로 잡았다.[344)

◆ 설교 본문

(막10:17-27) "(17) 예수께서 길에 나가실새 한 사람이 달려와서 꿇어앉아 묻자 오되 선한 선생님이여 내가 무엇을 하여야 영생을 얻으리이까 (18) 예수께서 이르시되 네가 어찌하여 나를 선하다 일컫느냐 하나님 한 분 외에는 선한 이가 없느니라 (19) 네가 계명을 아나니 살인하지 말라 간음하지 말라 도적질 하지 말라 거짓 증거하지 말라 속여 취하지 말라 네 부모를 공경하라 하였느니라 (20) 여짜오되 선생님이여 이것은 내가 어려서부터 다 지키었나이다 (21) 예수께서 그를 보시고 사랑하라 가라사대 네게 오히려 한 가지 부족한 것이 있으니 가서 네 있는 것을 다 팔아 가난한 자들을 주라 그리하면 하늘에서 보화가 네게 있으리라 그리고 와서 나

---

344) 실천신학대학원 설교학 교수인 이승진이 제공한 자료를 참고하여 필자가 재구성하여 농촌설교, 도시설교, 어촌설교, 어린이 설교로 만들었다.

를 좇으라 하시니 (22) 그 사람은 재물이 많은 고로 이 말씀을 인하여 슬픈 기색을 띠고 근심하며 가니라 (23) 예수께서 둘러보시고 제자들에게 이르시되 재물이 있는 자는 하나님의 나라에 들어가기가 심히 어렵도다 하시니 (24) 제자들이 그 말씀에 놀라는지라 예수께서 다시 대답하여 가라사대 얘들아 하나님의 나라에 들어가기가 어떻게 어려운지 (25) 약대가 바늘귀로 나가는 것이 부자가 하나님의 나라에 들어가는 것보다 쉬우니라 하신대 (26) 제자들이 심히 놀라 서로 말하되 그런즉 누가 구원을 얻을 수 있는가 하니 (27) 예수께서 저희를 보시며 가라사대 사람으로는 할 수 없으되 하나님으로는 그렇지 아니하니 하나님으로서는 다 하실 수 있느니라"[345]

345) "마가복음 10장", 『한글개역성경』(서울: 대한성서공회)

(1) 농촌설교

벌써 가을이 다가왔습니다. 논으로, 밭으로 얼마나 수고가 많습니까? 벼이삭이 누렇게 익어가는 모습을 볼 때에 여러분들의 수고에 은혜로 채워주시는 하나님을 찬양하지 않을 수 없습니다. 그런데 여러분! 저는 벼가 누렇게 익어가는 이 가을만 되면 어렸을 때의 일이 눈앞에 활짝 펼쳐질 때가 많습니다. 제가 초등학교 1학년 때에 선친께서 돌아가시고, 그 다음해부터 농사를 하는데, 홀로 계신 어머니께서 그 일을 하신 겁니다. 정성을 다해 못자리를 하고, 지금은 수리시설이 잘 되어 있지만, 그때는 비가 오지 않아 물을 퍼서 나르고, 풀을 메고, 농약을 하고, 벼가 자랄 때에 또 비가 많이 와서 물에 잠겼을 때, 물로 벼에 묻은 이물질을 다 씻어내고, 열심히 농사를 지었습니다. 그런데 여러분! 그해에 병충해(벼멸구) 피해가 전국적으로 컸었는데, 저희 논의 벼는 완전히 건질 것이 없을 정도로 논이 하얗게 되어버렸습니다. 그때에 어머니께서 논두렁에 앉아서 눈물을 흘리던 모습이 지금도 눈에 선합니다.

헛고생을 한 것입니다. 과거의 모든 노력이 한순간에 물거품으로 사라져버리고만 것이에요. 너무 허망합니다.

사실, 헛고생, 헛수고했다는 느낌처럼, 사람을 공허하게 하고, 비참하게 만드는 것도 그리 많지 않습니다. 요즈음도 저의 컴퓨터 상태가 좋지 못하지만, 예전에 제가 컴퓨터에 작업해 놓은 모든 자료들을 한순간에 잃게 되었을 때-사실, 너무나 허망했습니다.

그러나 여러분!

우리를 정말로 좌절과 절망 속에 빠뜨리는 심각한 헛고생도 있지만, 그렇다고 무조건 헛고생이라는 것이

> 청중들을 감안하여 농사일을 하는 사람들이 접하는 일을 예화로 사용하였다. 이것은 농민들에게 대체적으로 공감을 얻을 수 있는 사항이다. 이로 인하여 청중과의 일체감을 얻어내어 청중의 문을 열게 한다.

다 무익하다고만 할 수 없습니다. 헛고생을 해 보면서 우리는 인생을 배우고, 더욱 조심하고, 다음에는 이러한 실수를 하지 말아야지 하면서 우리 자신을 각성시킵니다. 또 어떤 헛고생을 했다고 해서 인생 자체가 끝장나버리는 것이 아닙니다. 우리의 생이 주어지는 한 또 다시 기회는 있습니다. 다시 만회할 기회가 우리 앞에 있어요. 그 기회가 주어질 때에 잘하면 되는 것입니다. 기회가 주어질 때에 함정에 빠지지 않으면 됩니다.

여러분! 우리가 인간관계에서 실수를 할 수 있습니다. 관계가 깨어지고 그동안의 수고와 노력들이 헛되이 끝나버리는 절망감을 느낄 수 있습니다. 그러나 그렇다고 해서 모든 것이 끝난 것이 아니에요. 또 다시 개선시킬 수 있는 기회가 아직은 남아 있습니다. 헛고생, 헛수고는 기분 나쁜 것이지만, 인생을 살다 보면 종종 헛고생을 할 수 있습니다. 그러나 그것 자체가 그리 대단한 것은 아닙니다. 왜냐하면 우리 앞에 아직도 가야할 길이 남아 있기 때문입니다.

그러나 여러분!

이 세상에서 절대로 범해서는 안 되는 헛고생 하나가 있습니다. 결코 실수해서는 안 되는 일입니다. 그것은 바로, 영생의 헛고생입니다. 영생의 헛수고입니다. 때로는 교회에 나오기 싫은 여러 가지 마음이 있지만, 큰마음 먹고 교회에 나오고, 또 열심을 다해 신앙생활을 합니다. 그런데 여러분! 만일 나중에 그 뚜껑을 열어보니까, 그 평생 동안의 신앙생활이 다 헛고생이었다는 것이 밝혀진다면, 우리가 받는 충격은 어떠할까요? 그 충격이 참으로 클 것입니다. 농사일을 하다가 이 땅에서 잠깐 헛고생할 수 있습니다. 수박을 재배했는데, 수확 때에 비가 몽땅 와서 모든 것을 다 날려버릴 수 있습니다. 배추농사를 했는데, 가격 폭락으로 아예 밭을 갈아엎어야만 하는 아픔이 있을 수 있습니다. 고추농사를 했는데, 역병이나 탄저병으로 모든 것을 다 포

잘못하면 청중들이 헛고생의 좌절로 낙심할 수도 있으므로 청중을 위하여 희망의 메시지를 전한다.

238

기해야만 할 때가 있습니다. 하지만 이것은 다시 회복할 기회가 있습니다. 다음 기회를 보고 다시 일어서면 되는 거예요. 인생길에서 좋은 때가 있고, 그렇지 못할 때가 있어요. 그러나 여러분! 만일, 영생에 대하여 헛고생을 한다면, 그것처럼 허망하고, 그것처럼 슬픈 것이 없습니다. 다른 헛고생은 다시 기회가 있습니다. 그러나 영생의 헛고생은 두 번 다시 기회가 없어요. 평생을 열심히 신앙생활 했지만 하나님 앞에 설 때에, 하나님께서 "내가 너를 도무지 모른다"고 한다면 이것처럼 허탈하고, 이것처럼 억울하고, 이것처럼 슬픈 일이 없는 거예요.

오늘 본문 성경말씀을 보면, 영생을 위해서 많은 노력을 기울인 사람이 나옵니다. 그러나 결국 그 모든 노력이 한순간에 물거품으로 사라져버렸습니다. 한 부자 청년의 슬픈 이야기입니다. 영생에 대한 관심을 가지고, 참으로 많은 노력을 기울였지만, 그 모든 노력이 한순간에 헛고생으로 끝장나버리는 부자청년의 안타까운 이야기입니다. 오늘 말씀을 살펴보면서 우리는 우리의 영적인 삶 속에서 어떻게 인생의 비참한 헛고생을 방지할 수 있는가? 그것을 찾아보고자 합니다.

오늘 본문말씀에는 예수님께 다가와서 영생을 구한 한 지혜로운 청년의 이야기가 나옵니다. 본문이 시작되는 처음 모습을 보면, 이 부자청년은 반드시 좋은 결과를 거둘 수밖에 없는 사람으로 보입니다. 예수님께 다가와서 영생에 대한 진지한 질문을 던진 이 청년은 하나님께 커다란 영적인 복을 충분히 받을 수 있었던 사람입니다. 아주 좋은 장점을 가지고 있었어요.

그는 영생에 대한 관심이 있었습니다. 이 세상의 많은 사람들이 무엇이 귀한 것인지도 모르고 삽니다. 이 땅에서 무언가를 얻기 위해서 열심히 살아갑니다. 돈을 벌기 위해서, 논으로, 밭으로 열심히 노력하면서 살

농촌생활에서 만나는 헛고생을 언급하며 설명함으로써 이러한 것들은 잠깐의 것으로 영원한것이 못 되지만 결코 해서는 안 될 돌이킬 수 없는 영원한 실수 내지 영원한 헛수고를 강조적으로 들어낸다. 이렇게 함으로써 청중의 마음에 변화를 일으키기 위한 충격을 던진다.

아갑니다. 물론 열심히 사는 것은 좋습니다. 그러나 땅엣 것만을 구하고, 땅엣 것만에 만족하며 살아갑니다. 많은 사람들이 보이는 것에 관심이 많지 보이지 않는 영생에 대해서는 관심이 없어요. 그러나 이 부자청년은 이 세상 것이 아닌 저 천국의 영원한 생명에 대한 관심으로 가득했습니다. 그래서 그는 예수님께 나아와 영생을 구했습니다.

그는 용기와 결단과 겸손함이 있었습니다. 본문의 부자청년은 영생이 중요하다는 것을 제대로 판단할 수 있는 지혜가 있었을 뿐만 아니라, 영생을 얻을 수 있는 좋은 기회라고 생각될 때에는 거기에 우선순위를 정하고 17절의 말씀처럼 길거리를 지나가고 있는 예수님께 달려오는 결단력이 있었습니다. 주위의 조롱과 핀잔을 극복할 수 있는 용기가 있었어요. 땅바닥에 꿇어앉아서 예수님께 간구할 수 있는 겸손함도 있었습니다. 참으로 훌륭한 모습이에요. 여러분! 우리는 자신에게 진리 안에서 좋은 기회가 주어졌다고 여길 때에, 부자청년처럼 용기를 내어 땅에 엎드릴 수 있을까요? 오늘날 누가 자신을 낮추며 땅에 엎드릴 수 있을까요? 말세에 갈수록 겸손한 사람을 찾기가 어려워지고 있습니다. 여러분! 주님 앞에 자신을 낮추고 엎드릴 수 있기를 바랍니다.

그는 모든 노력을 다 감당했습니다. 물론 하나님 보시기에 여전히 부족한 것이지만 영적으로 눈이 감긴 그 시대 속에서 그래도 자신이 할 수 있는 한도 내에서 최선을 다하는 사람이었습니다. 그는 어렸을 때부터 영생을 위해서 노력하고 헌신한 사람이었습니다. 여러분! 신앙생활에 여러분은 얼마나 헌신하고 있습니까?

여러분! 신앙생활이라는 것은 사실 많은 열심과 노력이 필요합니다. 모태신앙의 사람들은 어렸을 때부터 많은 것들을 지켜옵니다. 예배에 참석하고, 헌금을 드리고, 기도회에 참석하고, 또 예수님을 믿는 사람으로서 착하고 모범적으로 살아갑니다. 여러분! 매일 바쁘고,

열심히 논, 밭으로 다니면서 땅엣 것만을 구하고, 찾는 농민 청중들을 말하면서 본문을 설명해 나간다.

부자청년의 우선순위를 말하면서 청중들의 우선순위가 무엇인가를 되새기게 하며, 그 우선순위에 용기와 결단과 겸손함이 있는지를 살피게 한다.

240

지치고, 피곤하지만 그러한 중에서도 항상 열심히 주일 성수를 하고, 모든 신앙생활에서 열심을 내는 여러분들에게 하나님의 은혜와 복이 가득하기를 소원합니다. 그러나 여러분! 우리 마음 한 구석에는 여전히 허전함이 있습니다. 과연 나는 하나님으로부터 구원을 받은 사람인가? 과연 나는 하나님 앞에서 영생을 얻었는가? "선생님이여, 이것은 내가 어렸을 때부터 다 지키었나이다" "이것도 하고, 저것도 하며 정말로 어렸을 때부터 다 지켜왔습니다" 그러나 여전히 아쉬운 것이 한 가지 있습니다. 과연 저는 구원을 받았습니까? 도대체 어떻게 해야 영생을 얻을 수 있습니까? 이것이 부자청년의 물음입니다. 여러분! 여러분에게 여전히 아쉬운 점 한 가지는 무엇입니까?

이렇게 영생에 대하여 많은 관심을 가지고서 나름대로 최선의 노력을 다했다는 이 부자청년을 예수님께서는 불쌍히 여기십니다. 그리고 예수님께서는 21절에서 그를 살리시기 위하여 본격적인 대수술을 시작하십니다. 인간이 할 수 있는 모든 노력을 다하고 있지만 그러나 그 상태 그대로는 전혀 가망이 없고, 전혀 소망이 없는 이 부자청년을 향하여 이제 본격적인 하나님의 특별하신 간섭이 시작됩니다. 예수님은 이 청년의 마음이 그저 한때 기분으로 그렇게 고민하는 것이 아님을 아시고서 이제 그에게 딱 맞는 정확한 처방을 내려 주십니다.

21절에 보면, 한 구도자 청년과 선한 스승과의 일상적이고 상투적인 대화가, 이제 사람을 살리는 결정적인 처방으로 바뀌고 있습니다. 19절에서 그저 계명이나 잘 지켜보라는 형식적인 대화, 형식적인 처방에서 이제 치료를 위한 본질적인 대화, 죽어가는 한 영혼을 놓고서 그를 살려야겠다는 결단을 가지신 예수님께서 이제 그를 살리시기 위하여 그 영혼 속에 개입하시는 결정적

농촌생활의 바쁘고 피곤한 삶 속에서도 많은 열심과 노력을 다하여 신앙생활 하는 청중들을 축복한다. 그러나 열심히 신앙생활을 하였음에도 여전히 아쉬운 것 하나가 청중에게 있지 않는가를 물으면서 청중의 생각을 끌어내고, 반응을 일으키게 한다.

인 만남으로 바뀌고 있습니다.

예수님은 그에게 이렇게 말씀하십니다. "네게 오히려 한 가지 부족한 것이 있으니 가서 네게 있는 것을 다 팔아서 가난한 자들에게 주라 그리하면 하늘에서 보화가 네게 있을 것이다. 그리고 와서 나를 좇으라"

여러분! 주님은 오늘 여러분의 삶에 어떻게 개입하고 계십니까? 주님이 오늘 여러분을 진단하시면서 여러분들에게 어떠한 처방을 내리십니까? 여러분이 예수님을 따를 때에 한 가지 정리해야 할 일은 무엇입니까?

모든 것이 잘 진행되고 있습니다. 영생을 간구한 부자청년, 모든 것을 다 지켰지만 여전히 허전함을 억누를 수 없었던 부자청년, 그리고 그가 느끼는 안타까움을 생각하면서 그를 위해서 가장 합당한 처방을 주신 예수님이십니다. 여기에서 우리가 당연히 기대하는 것은 무엇입니까? 아름다운 열매, 합당한 결과입니다. 그러나 우리가 보는 결과는 청년이 지금까지 노력해온 모든 것, 그 모두가 단 한순간에 완전히 물거품으로 끝장나버리고 있다는 사실입니다. 영생을 얻기 위해서 어렸을 때부터 이 청년은 나름대로 자기 시대에 자기가 할 수 있는 노력을 다했습니다. 그러한 영생에 대한 목마름을 불쌍히 여기시고 그를 사랑하신 예수님께서 그에게 합당한 처방을 주셨습니다. 그리고 그 처방은 정확하게 청년이 구하는 것 - 바로 천국(영생)을 얻을 수 있는 것이었습니다. 21절에서 "네가 이렇게 하면 하늘에서 보화가 네게 있으리라" 그러나 우리가 보는 것은 아무것도 얻지 못하고 슬픈 기색을 하고서 근심하면서 터벅터벅 돌아가는 부자청년의 뒷모습입니다.

여러분! 구원은 우리가 하나님 앞에서 무엇을 한다고 해서 얻어지는 것이 아닙니다. 죄인 된 인간이 감히 하나님 앞에서 할 수 있는 것이 무엇이 있겠습니까? 마음속에 죄악의 뿌리가 남아 있는 사람이 무슨 일을 한

본문의 부자 청년에 대한 예수님의 처방을 말하면서 청중들에게 주님께서 어떻게 개입하시고, 주님이 어떠한 처방을 내리시는가를 찾게 하고, 청중들에게 적용을 한다.

예수님의 처방을 거부함으로써 모든 것

242

들 그것이 어떻게 하나님 앞에서 의롭다고 인정을 받을 수 있겠습니까? 그러나 이 청년은 구원을 얻기 위해서 감히 자신이 무언가를 해 보겠다는 생각을 가졌습니다. 그러한 생각을 가지고 있다면 그의 모든 노고는 다 헛고생이 될 수밖에 없습니다. 받은 구원에 대한 감사로 율법을 지키는 것이 아니라, 자기 자신의 힘으로 구원을 얻어 보려고 율법을 지켰다면 그는 평생 헛고생을 하는 것이에요.

을 헛수고로 끝내버리는 부자청년을 청중으로 보게 한다.

부자청년은 사실, 영생에 대한 관심보다는 재물에 대한 욕심이 더 강했습니다. 주님의 말씀인 검을 받아서 그의 썩은 마음, 세속적인 마음을 도려내야 했습니다. 그러나 부자청년의 마음 한가운데에 사탄이 준 생각이 끈질기게 버티고 있었습니다. "나를 살릴 것처럼 보이는 것, 아! 이것이 없으면 내가 어떻게 되겠는가?" 그러한 마음 때문에…… 재물과 세상의 명예와 세상의 지위에 대한 집착, 그것이, 그가 평생토록 해 온 영생을 얻기 위한 노력들을 물거품으로 만들어버리고만 것입니다. 여러분! 여러분을 살릴 것처럼, 보이는 것이 무엇입니까? 아직도 내 신앙은 깎아 먹는 것이 무엇입니까? 벼농사가 잘되어야 하는 겁니까? 밭농사가 잘되어야 합니까? 물론, 잘되어야 하지요. 그러나 그것 때문에 주일을 범하고, 온전히 성수하지 못하는 겁니까? 돈이 되는 일이어야 합니까? 자녀들이 잘되어 이 농촌에서 떠나야 하는 겁니까? 자존심입니까? 영생에 대한 관심보다도 나를 사로잡아 오는 것이 무엇입니까? 지금 이 자리에 앉아 있는 여러분의 관심은 무엇으로 가득차 있습니까?

여러분! 우리가 하나님 앞에서 할 수 있는 것은 내가 죄인인 것을 인정하는 것뿐입니다. 영생을 가지고 싶지만 그러나 세상에 대한 미련을 버릴 수 없는 형편을 하나님 앞에 인정하는 것뿐입니다. 예배를 드리겠다

농촌청중들에게 헛고생으로 끝나게 만

고 하나님 앞에 나와 앉았지만 여전히 마음 한 구석에는 세상에 대한 집착을 품고 있는 내 자신의 실상을 인정해야 합니다. 교회에 가면 좋다고 해서 왔지만 그러나 내 스스로도 어찌하지 못할 정도로 세상에 대한 염려와 여러 가지 근심, 걱정들에 얽매어 있는 내 자신의 실상을 겸손하게 하나님 앞에 고백해야 합니다. 내 자신이 죄인이기 때문에 내 스스로는 도저히 이 사망의 굴레를 벗어버릴 수 없는 비참함을 솔직하게 하나님께 고백해야 합니다. 우리가 할 수 있는 마지막 일은 바로, 이것밖에 없습니다. 오늘 이 청년이 무너질 수밖에 없는 이유도 바로 이것입니다.

자신의 불가능함을 하나님 앞에 겸손하게 인정하지 못하는 교만함이 문제입니다. 나는 아무것도 할 수 없다는 하나님 앞에서의 자신의 철저한 텅 빈 인생을 고백할 수 있어야 합니다.

그저 잠깐 앉아 있다가 그냥 돌아가지 마시기 바랍니다. 신앙생활을 하되 괜한 헛고생하지 마시기 바랍니다. 이왕 교회에 나왔으면, 이왕 하나님 앞에 나왔으면 자신의 문제를 풀고 가시기 바랍니다.

진심으로 영생을 원하지만 다른 한편으로 재물에 대한 걱정과 세상적인 것에 대한 미련과 그러한 집착이 끈질긴 불길처럼, 사그라지지 않는다면, 솔직하게 하나님께 이렇게 기도하시기 바랍니다.

"하나님! 저는 죄인입니다. 죄인이기 때문에 영생이 좋다는 것을 알지만 그러나 한편으로는 재물에 대한 욕심을 버릴 수가 없습니다. 세상에 대한 미련을 버릴 수가 없습니다. 하나님! 도와주십시오. 제가 재물에 대한 욕심을 버리고, 세상의 미련을 버리고 하나님을 선택할 수 있게 도와주십시오. 예수님! 내 인생의 구주로 오셔서 나의 참 만족 되옵소서."

하나님 앞에 자신의 문제를 놓고 솔직하게 기도할 수 있기를 바랍니다. 내 마음에 무언가 결단을 해야 할

들어버리는 욕심이 무엇인가를 지적하면서 결단을 촉구한다.

청중자신의 연약함과 무능함을 솔직히 인정하게 하고, 예수님만이 내 인생의 구원이요, 인생의 텅 빈 잔을 가득 채워 줄 참 만족이심을 인정하게 하는 결론을 내린다.

때, 절대로 적당히 덮어두고 지나가지 마시기 바랍니다. 그저 가볍게 형식적으로 적당히 덮어버리는 일이 없기를 바랍니다. "내가 지금 해야 할 일이 많은데, 논과 밭으로 나아가 봐야 하고, 조금 후에 만나야 할 사람도 많고, 지금은 너무 바빠서 내가 어떻게 이러한 데에 신경을 쓸 수 있나?" 그러면서 적당히 얼버무리고 지나가지 마시기 바랍니다. 시간은 가고 예배는 끝나게 되어 있습니다.

그러나 하나님과 해결해야 할 내 마음이 해결되지 않으면, 우리의 평생의 수고가 한순간의 물거품으로 사그라져버릴 것입니다. 재물을 버리고 하나님을 택하기로 결단해서 영생을 얻고 싶지만 도저히 재물을 포기할 수 없는 순간에라도, 절대로 이 부자청년처럼 근심하며 슬픈 기색으로 그냥 돌아가지 마시기 바랍니다.

여러분! 하나님은 우리들에게 마음을 비우라고 말씀하시지 않습니다. 하나님은 우리들에게 이것도 하고 저것도 해야 구원을 받는다고 말씀하시지 않습니다. 하나님은 우리에게 마음을 수양하고 도를 닦으라고 말씀하시지 않습니다.

청중들에게 적용하여 신앙생활에 헛고생하지 말기를 호소한다.

하나님께서 오늘 우리들에게 요구하시는 것은 우리가 죄인인 것을 인정하는 것입니다. 그리고 정말로 내 마음에 영생에 대한 욕구가 있으면 하나님께서 도와주시기를 구하는 것입니다.

부자청년은 이것을 놓친 것입니다. 그는 하나님을 의지하는 것 같지만 사실은 자신을 의지하고 재물을 의지했습니다. 그는 주님께서 요구하시는 상한 심령과 겸손한 마음을 놓쳤습니다. 진정한 믿음의 대상을 놓쳤습니다.

"주여! 나를 불쌍히 여기소서! 나는 죄인이로소이다. 나는 죄인 중에 괴수입니다. 나를 정말 불쌍히 여기소서. 나는 절대적으로 주님의 도우심이 필요합니다."

우리가 우리의 죄를 고백할 때에 그리고 우리의 무능함을 겸손히 하나님 앞에 아뢸 때에 어느 덧 하나님의 사랑은 우리의 인생을 전부 지배하게 됩니다. 그 하나님의 사랑으로 우리는 모든 것을 극복할 수 있는 것이에요.

우리를 사랑하시는 하나님은 죄인인 우리가 그러한 결단조차도 하지 못하는 미약한 존재인 것을 너무도 잘 아십니다. 하나님은 우리가 우리 혼자의 힘으로 우리의 마음에서 재물에 대한 욕심을 다 벗어버릴 것을 기대하지도 않으시고 또 그것을 원하지도 않으십니다. 우리가 우리의 마음에서 재물에 대한 욕심으로 벗어버리고 하나님을 선택하도록 친히 우리를 도와주시길 원하십니다. "너 혼자 해보라"가 아니에요.

주님께서 친히 인간의 모든 죄성을 벗겨주시겠다는 말씀입니다. "너 혼자 이것을 다 하고, 저것도 다 해야 한다"는 말씀이 아닙니다. 친히 주 예수님께서 우리의 죄를 대신하여 형벌을 받아 죽으신 십자가의 고통을 바라보라는 것입니다. 왜 주님께서 십자가에서 우리 대신 죽으셨는지를 바라보라는 것입니다. 허물 많은 인생이 주님의 십자가를 바라볼 때에, 그 인생이 결코 헛되지 않는 것입니다.

여러분! 결단조차 할 수 없는 내 자신의 비참한 처지를 하나님 앞에서 겸손하게, 솔직하게 인정할 수 있기를 바랍니다. 주님 앞에 나아가 "하나님! 나는 죄인입니다. 나를 불쌍히 여기소서!", "하나님! 농사일의 경험이 저에게 있을지라도 하나님의 전능하심에 비하면 저에게는 아무것도 없습니다. 나는 아무것도 모릅니다. 하나님! 나를 붙드시고, 나를 도와주옵소서. 아니! 내 인생의 주님! 모든 주권 주님께 맡기옵니다." 그렇게 고백하며 주님께서 준비해 두신 은혜와 사랑을 마음껏 누리는 여러분들 되시기를 우리 주 예수님의 이름으로 축원합니다.

마지막으로 결론을 정리하면서 청중들의 결단을 촉구한다.

246

(2) 도시설교

요즈음 주식이 오르다가 머뭇거리고 있습니다. 건전한 주식에 대한 투자는 좋은 일입니다. 그러나 많은 사람들이 돈에 대한 욕심 때문에 주식에 모든 것을 걸었다가 어려움에 처한 경우들이 많습니다. 젊은 시절 힘들어 장만한 재산을 하루아침에 다 날려버린 경우들이 있습니다. 그 많은 고생이 헛되고 맙니다. 돈에 대한 욕심에 강원도에까지 가서 카지노에 손을 대었다가 모든 재산 잃고, 오히려 빚까지 져서 집에도 못 들어오고, 방황하며 지내는 사람들이 많다고 합니다. 우리나라에 처음 로또 복권이 생겼을 때 사람들이 복권을 구하기 위하여 줄을 서기까지 하였고, 그 열풍은 지금도 뜨겁게 달아오르고 있습니다. 여전히 많은 사람들이 수십억 원대의 돈을 한 번 쥐어보겠다는 환상적인 기대감을 버리지 못하고 있습니다. 로또 복권이 한참 달아오를 때에는 거의 천만에 가까운 사람들이 복권을 구입했다고 합니다. 많은 사람들이 복권을 구입하는 데 수십만 원, 혹은 수백만 원씩 투자했다고 합니다. 그런데 여러분! 그 결과가 어떠합니까? 관심과 기대를 가지고 귀한 쌈짓돈을 털어서, 심지어 빚까지 내어서 복권을 구입했는데, 그 당첨 확률이 얼마입니까? 지금은 그 시행방법이 바뀌어서 모르겠지만 전에 1등에 당첨될 확률이 8백만분의 1이었습니다. 8백만 명 중 한 명입니다. 나머지는 결국 꽝을 맞고 맙니다. 생돈만 날린 거예요. 헛고생한 것이에요. 헛수고만 한 거예요. 많은 사람들이 당첨이 되기를 간절히 바랬고, 또 어떤 사람들은 분명히 당첨될 것이라고 믿기까지 한답니다. 그래서 희망을 가지고 쌈짓돈을 털어서, 심지어 빚을 내서까지 끊임없이 복권을 삽니다. 그런데 어떻게 됩니까? 그 많은 사람들이 꽝을 맞았다는 사실입니다. 헛고생한 것입니다. 과거의 모든 노력이 한순간에 물거품으	청중들을 감안하여 도시인들이 접하는 예화를 사용하였다. 주식이나 돈, 복권 등은 물론, 농촌이나 어촌에서도 사람에

로 사라져버리고만 것이에요.

　사실, 헛고생, 헛수고 했다는 느낌처럼, 사람을 공허하게 하고, 비참하게 만드는 것도 그리 많지 않습니다. 요즘음도 저의 컴퓨터 상태가 좋지 못하지만, 먼저 예전에 제가 컴퓨터에 작업해 놓은 모든 자료들을 한순간에 잃게 되었을 때-사실, 너무나 허망했습니다.

　그러나 여러분! 우리를 정말로 좌절과 절망 속에 빠뜨리는 심각한 헛고생도 있지만, 그렇다 무조건 헛고생이라는 것이 다 무익하다고만 할 수 없습니다. 헛고생을 해 보면서 우리는 인생을 배우고, 더욱 조심하고, 다음에는 이러한 실수를 하지 말아야지 하면서 우리 자신을 각성시킵니다. 또 어떤 헛고생을 했다고 해서 인생 자체가 끝장나버리는 것이 아닙니다. 우리의 생이 주어지는 한 또 다시 기회는 있습니다. 다시 만회할 기회가 우리 앞에 있어요. 그 기회가 주어질 때에 잘하면 되는 것입니다. 기회가 주어질 때에 함정에 빠지지 않으면 됩니다.

　여러분! 우리가 인간관계에서 실수를 할 수 있습니다. 관계가 깨어지고 그동안의 수고와 노력들이 헛되이 끝나버리는 절망감을 느낄 수 있습니다. 그러나 그렇다고 해서 모든 것이 끝난 것이 아닙니다. 또 다시 개선시킬 수 있는 기회가 아직은 남아 있습니다. 헛고생, 헛수고는 기분 나쁜 것이지만, 인생을 살다 보면 종종 헛고생을 할 수 있습니다. 그러나 그것 자체가 그리 대단한 것은 아닙니다. 왜냐하면 우리 앞에 아직도 가야 길이 남아 있기 때문입니다.

　그러나 여러분! 이 세상에서 절대로 범해서는 안 되는 헛고생 하나가 있습니다. 결코 실수해서는 안 되는 일입니다. 그것은 바로, 영생의 헛고생입니다. 영생의 헛수고입니다. 때로는 교회에 나오기 싫은 여러 가지 마음이 있지만, 큰마음 먹고 교회에 나오고, 또 열심을 다해 신앙생활을 합니다. 그런데 여러분! 만일 나중에 그 뚜껑을 열어보니까, 그 평생 동안의 신앙생활이 다 헛고생이

따라 간간히 관심을 끌겠지만 도시민들에게는 대체적으로 모든 사람들에게 공감을 얻을 수 있는 사항이다.

잘 못 하면 청중들이 헛고생의 좌절로 낙심할 수도 있으므로 청중을 위하여 희망의 메시지를 전한다.

248

었다는 것이 밝혀진다면, 우리가 받는 충격은 어떠할까요? 그 충격이 참으로 클 것입니다. 주식이나, 로또 복권에 돈 날리는 것은 이 땅에서 잠깐 돈을 잃는 것에 불과합니다. 그러나 만일, 영생에 대하여 헛고생을 한다면, 그것처럼 허망하고, 그것처럼 슬픈 것이 없습니다. 다른 헛고생은 다시 기회가 있습니다. 그러나 영생의 헛고생은 두 번 다시 기회가 없어요. 평생을 열심히 신앙생활 했지만 하나님 앞에 설 때에, 하나님께서 "내가 너를 도무지 모른다"고 한다면 이것처럼 허탈하고, 이것처럼 억울하고, 이것처럼 슬픈 일이 없는 것입니다.

오늘 본문 성경말씀을 보면, 영생을 위해서 많은 노력을 기울인 사람이 나옵니다. 그러나 결국 그 모든 노력이 한순간에 물거품으로 사라져버렸습니다. 한 부자청년의 슬픈 이야기입니다. 영생에 대한 관심을 가지고, 참으로 많은 노력을 기울였지만, 그 모든 노력이 한순간에 헛고생으로 끝장나버리는 부자청년의 안타까운 이야기입니다. 오늘 말씀을 살펴보면서 우리는 우리의 영적인 삶 속에서 어떻게 인생의 비참한 헛고생을 방지할 수 있는가? 그것을 찾아보고자 합니다.

오늘 본문말씀에는 예수님께 다가와서 영생을 구한 한 지혜로운 청년의 이야기가 나옵니다. 본문이 시작되는 처음 모습을 보면, 이 부자청년은 반드시 좋은 결과를 거둘 수밖에 없는 사람으로 보입니다. 예수님께 다가와서 영생에 대한 진지한 질문을 던진 이 청년은 하나님께 커다란 영적인 복을 충분히 받을 수 있었던 사람입니다. 아주 좋은 장점을 가지고 있었어요.

그는 영생에 대한 관심이 있었습니다. 이 세상의 많은 사람들이 무엇이 귀한 것인지도 모르고 삽니다. 이 땅에서 무언가를 얻기 위해서 열심히 살아갑니다. 때로는 돈을 벌기 위해서, 때로는 명성을 얻기 위해서, 때로는 권력을 쥐어보려고, 때로는 남에게 인정받기 위해서 열심

도시 생활에서 만나는 헛고생은 잠깐의 것으로 영원한 것이 못 되지만 결코 해서는 안 될 돌이킬 수 없는 실수 내지 헛수고를 강조함으로써 청중의 마음에 변화를 일으키고, 결단을 이루는 충격적 메시지를 전한다.

히 노력하면서 살아갑니다. 주말이면 야외로, 주말농장으로 땅의 것을 구하고, 땅엣 것에 만족하며 살아갑니다. 그러나 이 부자청년은 이 세상 것이 아닌 저 천국의 영원한 생명에 대한 관심으로 가득했습니다. 그래서 그는 예수님께 나아와 영생을 구했습니다.

그는 용기와 결단과 겸손함이 있었습니다. 본문의 부자청년은 영생이 중요하다는 것을 제대로 판단할 수 있는 지혜가 있었을 뿐만 아니라, 영생을 얻을 수 있는 좋은 기회라고 생각될 때에는 거기에 우선순위를 정하고 17절의 말씀처럼 길거리를 지나가고 있는 예수님께 달려오는 결단력이 있었습니다. 주위의 조롱과 핀잔을 극복할 수 있는 용기가 있었어요. 땅바닥에 꿇어앉아서 예수님께 간구할 수 있는 겸손함도 있었습니다. 참으로 훌륭한 모습이에요. 여러분! 자신에게 진리 안에서 좋은 기회가 주어졌다고 여길 때에, 부자청년처럼 용기를 내어 땅에 엎드릴 수 있을까요? 오늘날 누가 자신을 낮추며 땅에 엎드릴 수 있을까요?

그는 모든 노력을 다 감당했습니다. 물론 하나님 보시기에 여전히 부족한 것이지만 영적으로 눈이 감긴 그 시대 속에서 그래도 자신이 할 수 있는 한도 내에서 최선을 다하는 사람이었습니다. 그는 어렸을 때부터 영생을 위해서 노력하고 헌신한 사람이었습니다. 여러분! 신앙생활에 여러분은 얼마나 헌신하고 있습니까?

여러분! 신앙생활이라는 것은 사실 많은 열심과 노력이 필요합니다. 모태신앙의 사람들은 어렸을 때부터 많은 것들을 지켜옵니다. 예배에 참석하고, 헌금을 드리고, 기도회에 참석하고, 또 예수님을 믿는 사람으로서 착하고 모범적으로 살아갑니다. 여러분! 바쁘고, 지치고, 피곤한 도시생활 중에서도 항상 열심히 주일성수를 하고, 모든 신앙생활에서 열심을 내는 여러분들에게 하나님의 은혜와 복이 가득하기를 기원합니다. 그러나 여러분! 우리 마음 한 구석에는 여전히 허전함이 있습니다. 과연

250

나는 하나님으로부터 구원을 받은 사람인가? 과연 나는 하나님 앞에서 영생을 얻었는가? "선생님이여, 이것은 내가 어렸을 때부터 다 지키었나이다" "이것도 하고, 저것도 하며 정말로 어렸을 때부터 다 지켜왔습니다" 그러나 여전히 아쉬운 것이 한 가지 있습니다. 과연 저는 구원을 받았습니까? 도대체 어떻게 해야 영생을 얻을 수 있습니까? 이것이 부자청년의 물음입니다. 여러분! 여러분에게 여전히 아쉬운 점 한 가지는 무엇입니까?

이렇게 영생에 대하여 많은 관심을 가지고서 나름대로 최선의 노력을 다했다는 이 부자청년을 예수님께서는 불쌍히 여기십니다. 그리고 예수님께서는 21절에서 그를 살리시기 위하여 본격적인 대수술을 시작하십니다. 인간이 할 수 있는 모든 노력은 다하고 있지만 그러나 그 상태 그대로는 전혀 가망이 없고, 전혀 소망이 없는 이 부자청년을 향하여 이제 본격적인 하나님의 특별하신 간섭이 시작됩니다. 예수님은 이 청년의 마음이 그저 한때 기분으로 그렇게 고민하는 것이 아님을 아시고서 이제 그에게 딱 맞는 정확한 처방을 내려 주십니다.

21절에 보면, 한 구도자 청년과 선한 스승과의 일상적이고 상투적인 대화가, 이제 사람을 살리는 결정적인 처방으로 바뀌고 있습니다. 19절에서 그저 계명이나 잘 지켜보라는 형식적인 대화, 형식적인 처방에서 이제 치료를 위한 본질적인 대화, 죽어가는 한 영혼을 놓고서 그를 살려야겠다는 결단을 가지신 예수님께서 이제 그를 살리시기 위하여 그 영혼 속에 개입하시는 결정적인 만남으로 바뀌고 있습니다.

예수님은 그에게 이렇게 말씀하십니다. "네게 오히려 한 가지 부족한 것이 있으니 가서 네게 있는 것을 다 팔아서 가난한 자들에게 주라 그리하면 하늘에서 보화가 네게 있을 것이다. 그리고 와서 나를 좇으라"

여러분! 주님은 오늘 여러분의 삶에 어떻게 개입하고

그 우선순위에 용기와 결단과 겸손함이 있는지를 살피게 한다.

도시 생활의 바쁘고 피곤한 삶 속에서도 많은 열심과 노력을 다하여 신앙생활 하는 청중들을 축복한다. 그러나 열심히 신앙생활을 하였음에도 여전히 아쉬운 것 하나가 청중에게 있지 않는가를 물으면서 청중의 생각을 끌어내고, 반응을 일으키게 한다.

계십니까? 주님이 오늘 여러분을 진단하시면서 여러분들에게 어떠한 처방을 내리십니까? 여러분이 예수님을 따를 때에 한 가지 정리해야 할 일은 무엇입니까?

모든 것이 잘 진행되고 있습니다. 영생을 간구한 부자청년, 모든 것을 다 지켰지만 여전히 허전함을 억누를 수 없었던 부자청년, 그리고 그가 느끼는 안타까움을 생각하면서 그를 위해서 가장 합당한 처방을 주신 예수님이십니다. 여기에서 우리가 당연히 기대하는 것은 무엇입니까? 아름다운 열매, 합당한 결과입니다. 그러나 우리가 보는 결과는 청년이 지금까지 노력해온 모든 것, 그 모두가 단 한순간에 완전히 물거품으로 끝장나버리고 있다는 사실입니다. 영생을 얻기 위해서 어렸을 때부터 이 청년은 나름대로 자기 시대에 자기가 할 수 있는 노력을 다했습니다. 그러한 영생에 대한 목마름을 불쌍히 여기시고 그를 사랑하신 예수님께서 그에게 합당한 처방을 주셨습니다. 그리고 그 처방은 정확하게 청년이 구하는 것 - 바로 영생을 얻을 수 있는 것이었습니다. 21절에서 "네가 이렇게 하면 하늘에서 보화가 네게 있으리라" 그러나 우리가 보는 것은 아무것도 얻지 못하고 슬픈 기색을 하고서 근심하면서 터벅터벅 돌아가는 부자청년의 뒷모습입니다.

여러분! 구원은 우리가 하나님 앞에서 무엇을 한다고 해서 얻어지는 것이 아닙니다. 죄인 된 인간이 감히 하나님 앞에서 할 수 있는 것이 무엇이 있겠습니까? 마음속에 죄악의 뿌리가 남아 있는 사람이 무슨 일을 한들 그것이 어떻게 하나님 앞에서 의롭다고 인정을 받을 수 있겠습니까? 그러나 이 청년은 구원을 얻기 위해서 감히 자신이 무언가를 해 보겠다는 생각을 가졌습니다. 그러한 생각을 가지고 있다면 그의 모든 노고는 다 헛고생이 될 수밖에 없습니다. 받은 구원에 대한 감사로 율법을 지키는 것이 아니라, 자기 자신의 힘으로 구원을 얻어 보려

본문의 부자청년에 대한 예수님의 처방을 말하면서 청중들에게 주님께서 어떻게 개입하시고, 주님이 어떠한 처방을 내리시는가를 찾게 하고, 청중들에게 적용을 한다.

예수님의 처방을 거부함으로써 모든 것을 헛수고로 끝내버리는 부자청년을 청중으로 보게 한다(헛고생의 증명).

252

고 율법을 지켰다면 그는 평생 헛고생을 하는 것이에요.

부자청년은 사실, 영생에 대한 관심보다는 재물에 대한 욕심이 더 강했습니다. 주님의 말씀인 검을 받아서 그의 썩은 마음, 세속적인 마음을 도려내야 했습니다. 그러나 부자청년의 마음 한가운데에 사탄이 준 생각이 끈질기게 버티고 있었습니다. "나를 살릴 것처럼 보이는 것, 아! 이것이 없으면 내가 어떻게 되겠는가?" 그러한 마음 때문에…… 재물과 세상의 명예와 세상의 지위에 대한 집착, 그것이, 그가 평생토록 해 온 영생을 얻기 위한 노력들을 물거품으로 만들어버리고만 것입니다. 여러분! 여러분을 살릴 것처럼, 보이는 것이 무엇입니까? 아직도 내 신앙은 깎아 먹는 것이 무엇입니까? 돈이 되는 일입니까? 자녀가 잘되는 일입니까? 명예입니까? 자존심입니까? 주말농장, 주말놀이문화입니까? 영생에 대한 관심보다도 나를 사로잡아 오는 것이 무엇입니까?

여러분! 우리가 하나님 앞에서 할 수 있는 것은 내가 죄인인 것을 인정하는 것뿐입니다. 영생을 가지고 싶지만 그러나 세상에 대한 미련을 버릴 수 없는 형편을 하나님 앞에 인정하는 것뿐입니다. 예배를 드리겠다고 하나님 앞에 나와 앉았지만 여전히 마음 한구석에는 세상에 대한 집착을 품고 있는 내 자신의 실상을 인정해야 합니다. 교회에 가면 좋다고 해서 왔지만 그러나 내 스스로도 어찌하지 못할 정도로 세상에 대한 염려와 여러 가지 근심, 걱정들에 얽매어 있는 내 자신의 실상을 겸손하게 하나님 앞에 고백해야 합니다. 내 자신이 죄인이기 때문에 내 스스로는 도저히 이 사망의 굴레를 벗어버릴 수 없는 비참함을 솔직하게 하나님께 고백해야 합니다. 우리가 할 수 있는 마지막 일은 바로, 이것밖에 없습니다. 오늘 이 청년이 무너질 수밖에 없는 이유도 바로 이것입니다.

자신의 불가능함을 하나님 앞에 겸손하게 인정하지 못

도시 청중들에게 헛고생으로 끝나게 만들어버리는 욕심이 무엇인가를 지적하면서 결단을 촉구한다.

하는 교만함이 문제입니다. 나는 아무것도 할 수 없다는 하나님 앞에서의 자신의 철저한 텅 빈 인생을 고백할 수 있어야 합니다. 주 예수님께서 채워주시지 않으면 살 수 없음을 고백해야 합니다.

그저 잠깐 앉아 있다가 그냥 돌아가지 마시기 바랍니다. 신앙생활을 하되 괜한 헛고생하지 마시기 바랍니다. 이왕 교회에 나왔으면, 이왕 하나님 앞에 나왔으면 자신의 문제를 풀고 가시기 바랍니다. 진심으로 영생을 원하지만 다른 한편으로 재물에 대한 걱정과 세상적인 것에 대한 미련과 그러한 집착이 끈질긴 불길처럼, 사그라지지 않는다면, 솔직하게 하나님께 이렇게 기도하시기 바랍니다.

"하나님! 저는 죄인입니다. 죄인이기 때문에 영생이 좋다는 것을 알지만 그러나 한편으로는 재물에 대한 욕심을 버릴 수가 없습니다. 세상에 대한 미련을 버릴 수가 없습니다. 하나님! 도와주십시오. 제가 재물에 대한 욕심을 버리고, 세상의 미련을 버리고 하나님을 선택할 수 있게 도와주십시오."

하나님 앞에 자신의 문제를 놓고 솔직하게 기도할 수 있기를 바랍니다. 내 마음에 무언가 결단을 해야 할 때, 절대로 적당히 덮어두고 지나가지 마시기 바랍니다. 그저 가볍게 형식적으로 적당히 덮어버리는 일이 없기를 바랍니다. "내가 지금 해야 할 일이 많은데, 조금 후에 만나야 할 사람도 많고, 지금은 너무 바빠서 내가 어떻게 이러한 데에 신경을 쓸 수 있나?" 그러면서 적당히 얼버무리고 지나가지 마시기 바랍니다. 시간은 가고 예배는 끝나게 되어 있습니다.

그러나 하나님과 해결해야 할 내 마음이 해결되지 않으면, 우리의 평생의 수고가 한순간의 물거품으로 사그라져버릴 것입니다. 재물을 버리고 하나님을 택하기로 결단해서 영생을 얻고 싶지만 도저히 재물을 포기할 수 없는 순간에라도, 절대로 이 부자청년처럼 근심하며 슬픈 기색으로 그냥 돌아가지 마시기 바랍니다.

청중에게 적용함으로써 청중 자신의 연약함과 무능함을 솔직히 인정하게 하고, 예수님만이 내 인생의 구원이요, 인생의 텅 빈 잔을 가득 채워 줄 참 만족이심을 인정하게 하는 결론을 내린다.

청중들에게 적용하여 신앙생활에 헛고생하지 말기를 호소한다.

254

여러분! 하나님은 우리들에게 마음을 비우라고 말씀하시지 않습니다. 하나님은 우리들에게 이것도 하고 저것도 해야 구원을 받는다고 말씀하시지 않습니다. 하나님은 우리에게 마음을 수양하고 도를 닦으라고 말씀하시지 않습니다.

하나님께서 오늘 우리들에게 요구하시는 것은 우리가 죄인인 것을 인정하는 것입니다. 그리고 정말로 내 마음에 영생에 대한 욕구가 있으면 하나님께서 도와주시기를 구하는 것입니다.

부자청년은 이것을 놓친 것입니다. 그는 하나님을 의지하는 것 같지만 사실은 자신을 의지하고 재물을 의지했습니다. 그는 주님께서 요구하시는 상한 심령과 겸손한 마음을 놓쳤습니다. 진정한 믿음의 대상을 놓쳤습니다.

"주여! 나를 불쌍히 여기소서! 나는 죄인이로소이다. 나는 죄인 중에 괴수입니다. 나를 정말 불쌍히 여기소서. 나는 절대적으로 주님의 도우심이 필요합니다."

우리가 우리의 죄를 고백할 때에 그리고 우리의 무능함을 겸손히 하나님 앞에 아뢸 때에 어느덧 하나님의 사랑은 우리의 인생을 전부 지배하게 됩니다. 그 하나님의 사랑으로 우리는 모든 것을 극복할 수 있는 것이에요.

우리를 사랑하시는 하나님은 죄인인 우리가 그러한 결단조차도 하지 못하는 미약한 존재인 것을 너무도 잘 아십니다. 하나님은 우리가 우리 혼자의 힘으로 우리의 마음에서 재물에 대한 욕심을 다 벗어버릴 것을 기대하지도 않으시고 또 그것을 원하지도 않으십니다. 우리가 우리의 마음에서 재물에 대한 욕심으로 벗어버리고 하나님을 선택하도록 친히 우리를 도와주시길 원하십니다. "너 혼자 해보라"가 아닙니다.

주님께서 친히 인간의 모든 죄성을 벗겨주시겠다는 말씀입니다. "너 혼자 이것을 다 하고, 저것도 다 해야 한다"는 말씀이 아닙니다. 친히 주 예수님께서 우리의 죄를 대신하여 형벌을 받아 죽으신 십자가의 고통을 바라

마지막으로 결론을 정리하면서 청중들에게 적용하여 청중들의 결단을 촉구한다.

보라는 것입니다. 왜 주님께서 십자가에서 우리 대신 죽으셨는지를 바라보라는 것입니다. 허물 많은 인생이 주님의 십자가를 바라볼 때에, 그 인생이 결코 헛되지 않는 것입니다.

여러분! 결단조차 할 수 없는 내 자신의 비참한 처지를 하나님 앞에서 겸손하게, 솔직하게 인정할 수 있기를 바랍니다. 주님 앞에 나아가 "주님! 나는 죄인입니다. 나를 불쌍히 여기소서!", "주님! 나를 도우소서. 나는 무지하고, 무각하고, 연약하오니 주님! 내 인생의 온전한 주인으로 나를 주장하여 주옵소서." 그렇게 고백하며 주님께서 준비해 두신 은혜와 사랑을 마음껏 누리는 여러분들 되시기를 우리 주 예수님의 이름으로 축원합니다.

(3) 어촌설교

헤밍웨이는 '노인과 바다'라는 작품에서 그의 인생관을 나타내었습니다. 바다 가운데서 밤새껏 애쓰고 노력하고 힘을 다하여 노인은 큰 물고기를 잡아서 바닷가로 이끌어냅니다. 지치고 힘들지만 희망을 안고 전력을 다합니다. 그런데 그렇게 힘쓰고, 애쓰고, 정성을 다했건만, 바닷가에 끌려나온 것은 상어 떼에게 고기의 살을 다 뜯겨 빼앗겨버린, 남은 것이란 앙상한 가시 뼈밖에 없습니다. 허무와 허탈밖에 없습니다.

헛고생을 한 것입니다. 과거의 모든 노력이 한순간에 물거품으로 사라져버리고만 것이에요. 너무 허망합니다. 사실, 헛고생, 헛수고 했다는 느낌처럼, 사람을 공허하게 하고, 비참하게 만드는 것도 그리 많지 않습니다. 요즈음도 저의 컴퓨터 상태가 좋지 못하지만, 예전에 제가 컴

청중들을 감안하여 고기잡는 일을 하는 사람들이 접하는 일을 예화로 사용하였다. 이것은 어민들에게 대체적으로 공감을 얻을 수 있는 사항이다.

퓨터에 작업해 놓은 모든 자료들을 한순간에 잃게 되었을 때-사실, 너무나 허망했습니다.

그러나 여러분! 우리를 정말로 좌절과 절망 속에 빠뜨리는 심각한 헛고생도 있지만, 그렇다고 무조건 헛고생이라는 것이 다 무익하다고만 할 수 없습니다. 헛고생을 해 보면서 우리는 인생을 배우고, 더욱 조심하고, 다음에는 이러한 실수를 하지 말아야지 하면서 우리 자신을 각성시킵니다. 또 어떤 헛고생을 했다고 해서 인생 자체가 끝장나버리는 것이 아닙니다. 우리의 생이 주어지는 한 또 다시 기회는 있습니다. 다시 만회할 기회가 우리 앞에 있어요. 그 기회가 주어질 때에 잘하면 되는 것입니다. 기회가 주어질 때에 함정에 빠지지 않으면 됩니다.

여러분! 우리가 인간관계에서 실수를 할 수 있습니다. 관계가 깨어지고 그동안의 수고와 노력들이 헛되이 끝나버리는 절망감을 느낄 수 있습니다. 그러나 그렇다고 해서 모든 것이 끝난 것이 아니에요. 또 다시 개선시킬 수 있는 기회가 아직은 남아 있습니다. 헛고생, 헛수고는 기분 나쁜 것이지만, 인생을 살다 보면 종종 헛고생을 할 수 있습니다. 그러나 그것 자체가 그리 대단한 것은 아닙니다. 왜냐하면 우리 앞에 아직도 가야 길이 남아 있기 때문입니다.

그러나 여러분! 이 세상에서 절대로 범해서는 안 되는 헛고생 하나가 있습니다. 결코 실수해서는 안 되는 일입니다. 그것은 바로, 영생의 헛고생입니다. 영생의 헛수고입니다. 때로는 교회에 나오기 싫은 여러 가지 마음이 있지만, 큰마음 먹고 교회에 나오고, 또 열심을 다해 신앙생활을 합니다. 그런데 여러분! 만일 나중에 그 뚜껑을 열어보니까, 그 평생 동안의 신앙생활이 다 헛고생이었다는 것이 밝혀진다면, 우리가 받는 충격은 어떠할까요? 그 충격이 참으로 클 것입니다. 힘쓰고 애써 그물을 물 밖으로 끌어내었는데, 아무것도 걸리지 않았다면 기대를 걸고 그물을 던진 사람에게는 그것처럼 허망한 일이 없을 겁니다. 그러나 이 땅에서 잠깐 헛고생할 수 있습니다. 하지만 이것은 다시 회복할 기회가 있습니다. 다음 기회를 보고 다시 일어서면 되는 거예요. 인생길에서 좋은 때가 있고, 그렇지 못한 때가 있어요. 그러나 여러분! 만일, 영생에 대하여 헛고생을 한다면, 그것처럼 허망하고, 그것처럼 슬픈 것이 없습니다. 다른 헛고생은 다시 기회가 있습니다. 그러나 영생의 헛고생은 두 번 다시 기회가 없어요. 평생을 열심히 신앙생활 했지만 하나님 앞에 설 때에, 하나님께서 "내가 너를 도무지 모른다"고 한다면 이것처럼 허탈하고, 이것처럼 억울하고, 이것처럼 슬픈 일이 없는 거예요.

오늘 본문 성경말씀을 보면, 영생을 위해서 많은 노력을 기울인 사람이 나옵니다. 그러나 결국 그 모든 노력이 한순간에 물거품으로 사라져버렸습니다. 한 부자청년의 슬픈 이야기입니다. 영생에 대한 관심을 가지고, 참으로 많은 노력을 기울였지만, 그 모든 노력이 한순간에 헛고생으로 끝장나버리는 부자청년의 안타까운 이야기입니다. 오늘 말씀을 살펴보면서 우리는 우리의 영적인 삶 속에서 어떻게 인생의 비참한 헛고생을 방지할 수 있는가? 그것을 찾아보고자 합니다.

오늘 본문말씀에는 예수님께 다가와서 영생을 구한 한 지혜로운 청년의 이야기가 나옵니다. 본문이 시작되는 처음 모습을 보면, 이 부자청년은 반드시 좋은 결과를 거둘 수밖에 없는 사람으로 보입니다. 예수님께 다가와서 영생에 대한 진지한 질문을 던진 이 청년은 하나님께 커다란 영적인 복을 충분히 받을 수 있었던 사람입니다. 아주 좋은 장점을 가지고 있었어요.

그는 영생에 대한 관심이 있었습니다. 이 세상의 많은 사람들이 무엇이 귀한 것인지도 모르고 삽니다. 이 땅에서 무언가를 얻기 위해서 열심히 살아갑니다. 돈을 벌기 위해서, 어두움을 뚫고 새벽미명부터 어장을 찾아서 이

잘못하면 청중들이 헛고생의 좌절로 낙심할 수도 있으므로 청중을 위하여 희망의 메시지를 전한다.

어촌생활에서 만나는 헛고생은 잠깐의 것으로 영원한 것이 못되지만 결코 해서는 안 될 돌이킬 수 없는 실수 내지 헛수고를 강조함으로써 청중의 마음에 변화를 일으키고 결단을 이루는 충격적 메시지를 전한다.

258

리 뛰고, 저리 뛰고 열심히 노력하면서 살아갑니다. 물론 열심히 사는 것은 좋습니다. 그러나 땅엣 것만을 구하고, 땅엣 것에만 만족하며 살아갑니다. 많은 사람들이 보이는 것에 관심이 많지, 보이지 않는 영생에 대해서는 관심이 없어요. 그러나 이 부자청년은 이 세상 것이 아닌 저 천국의 영원한 생명에 대한 관심으로 가득했습니다. 그래서 그는 예수님께 나아와 영생을 구했습니다.

말씀 속에서 청중들의 기대를 불러일으킨다.

그는 용기와 결단과 겸손함이 있었습니다. 본문의 부자청년은 영생이 중요하다는 것을 제대로 판단할 수 있는 지혜가 있었을 뿐만 아니라, 영생을 얻을 수 있는 좋은 기회라고 생각될 때에는 거기에 우선순위를 정하고 17절의 말씀처럼 길거리를 지나가고 있는 예수님께 달려오는 결단력이 있었습니다. 주위의 조롱과 핀잔을 극복할 수 있는 용기가 있었어요. 땅바닥에 꿇어앉아서 예수님께 간구할 수 있는 겸손함도 있었습니다. 참으로 훌륭한 모습이에요. 여러분! 우리는 자신에게 진리 안에서 좋은 기회가 주어졌다고 여길 때에, 부자청년처럼 용기를 내어 땅에 엎드릴 수 있을까요? 오늘날 누가 자신을 낮추며 땅에 엎드릴 수 있을까요? 말세에 갈수록 겸손한 사람을 찾기가 어려워지고 있습니다. 여러분! 주님 앞에 자신을 낮추고 엎드릴 수 있기를 바랍니다.

열심히 깊고 낮은 곳으로 다니면서 땅엣 것만을 구하고, 찾는 어민 청중들을 말하면서 본문을 설명해 나간다.

그는 모든 노력을 다 감당했습니다. 물론 하나님 보시기에 여전히 부족한 것이지만 영적으로 눈이 감긴 그 시대 속에서 그래도 자신이 할 수 있는 한도 내에서 최선을 다하는 사람이었습니다. 그는 어렸을 때부터 영생을 위해서 노력하고 헌신한 사람이었습니다. 여러분! 신앙생활에 여러분은 얼마나 헌신하고 있습니까?

여러분! 신앙생활이라는 것은 사실 많은 열심과 노력이 필요합니다. 모태신앙의 사람들은 어렸을 때부터 많은 것들을 지켜옵니다. 예배에 참석하고, 헌금을 드리고, 기도회에 참석하고, 또 예수님을 믿는 사람으로서 착하고 모범적으로 살아갑니다. 여러분! 매일 바쁘고, 지치

부자 청년의 우선순위를 말하면서 청중들의 우선순위가 무엇인가를 되새기게 하며, 그 우선순위에 용기와 결단과 겸손함이 있는지를 살피게 한다.

제 4 장 현대한국청중을 위한 설교전달 가능성   259

고, 피곤하지만 그러한 중에서도 항상 열심히 주를 섬기며, 모든 신앙생활에서 열심을 내는 여러분들에게 하나님의 은혜와 복이 가득하기를 시원합니다. 그러나 여러분! 우리 마음 한 구적에는 여전히 허전함이 있습니다. 과연 나는 하나님으로부터 구원을 받은 사람인가? 과연 나는 하나님 앞에서 영생을 얻었는가? "선생님이여, 이것은 내가 어렸을 때부터 다 지키었나이다" "이것도 하고, 저것도 하며 정말로 어렸을 때부터 다 지켜왔습니다" 그러나 여전히 아쉬운 것이 한 가지 있습니다. 과연 저는 구원을 받았습니까? 도대체 어떻게 해야 영생을 얻을 수 있습니까? 이것이 부자청년의 물음입니다. 여러분! 여러분에게 여전히 아쉬운 점 한 가지는 무엇입니까?

이렇게 영생에 대하여 많은 관심을 가지고서 나름대로 최선의 노력을 다했다는 이 부자청년을 예수님께서는 불쌍히 여기십니다. 그리고 예수님께서는 21절에서 그를 살리시기 위하여 본격적인 대수술을 시작하십니다. 인간이 할 수 있는 모든 노력을 다하고 있지만 그러나 그 상태 그대로는 전혀 가망이 없고, 전혀 소망이 없는 이 부자청년을 향하여 이제 본격적인 하나님의 특별하신 간섭이 시작됩니다. 예수님은 이 청년의 마음이 그저 한때 기분으로 그렇게 고민하는 것이 아님을 아시고서 이제 그에게 딱 맞는 정확한 처방을 내려 주십니다.

21절에 보면, 한 구도자 청년과 선한 스승과의 일상적이고 상투적인 대화가, 이제 사람을 살리는 결정적인 처방으로 바뀌고 있습니다. 19절에서 그저 계명이나 잘 지켜보라는 형식적인 대화, 형식적인 처방에서 이제 치료를 위한 본질적인 대화, 죽어가는 한 영혼을 놓고서 그를 살려야겠다는 결단을 가지신 예수님께서 이제 그를 살리시기 위하여 그 영혼 속에 개입하시는 결정적인 만남으로 바뀌고 있습니다.

예수님은 그에게 이렇게 말씀하십니다. "네게 오히려

어촌생활의 바쁘고 피곤한 삶 속에서도 많은 열심과 노력을 다하여 신앙생활 하는 청중들을 축복한다. 그러나 열심히 신앙생활 하였음에도 여전히 아쉬운 것 하나가 청중에게 있지 않는가를 물으면서 청중의 생각을 끌어내고, 반응을 일으키게 한다.

본문의 부자청년에 대한 예수님의 처

한 가지 부족한 것이 있으니 가서 네게 있는 것을 다 팔아서 가난한 자들에게 주라 그리하면 하늘에서 보화가 네게 있을 것이다. 그리고 와서 나를 좇으라"

여러분! 주님은 오늘 여러분의 삶에 어떻게 개입하고 계십니까?주님이 오늘 여러분을 진단하시면서 여러분들에게 어떠한 처방을 내리십니까? 여러분이 예수님을 따를 때에 한 가지 정리해야 할 일은 무엇입니까?

모든 것이 잘 진행되고 있습니다. 영생을 간구한 부자청년, 모든 것을 다 지켰지만 여전히 허전함을 억누를 수 없었던 부자청년, 그리고 그가 느끼는 안타까움을 생각하면서 그를 위해서 가장 합당한 처방을 주신 예수님이십니다. 여기에서 우리가 당연히 기대하는 것은 무엇입니까? 아름다운 열매, 합당한 결과입니다. 그러나 우리가 보는 결과는 청년이 지금까지 노력해온 모든 것, 그 모두가 단 한순간에 완전히 물거품으로 끝장나버리고 있다는 사실입니다. 영생을 얻기 위해서 어렸을 때부터 이 청년은 나름대로 자기 시대에 자기가 할 수 있는 노력을 다했습니다. 그러한 영생에 대한 목마름을 불쌍히 여기시고 그를 사랑하신 예수님께서 그에게 합당한 처방을 주셨습니다. 그리고 그 처방은 정확하게 청년이 구하는 것 - 바로 천국(영생)을 얻을 수 있는 것이었습니다. 21절에서 "네가 이렇게 하면 하늘에서 보화가 네게 있으리라" 그러나 우리가 보는 것은 아무것도 얻지 못하고 슬픈 기색을 하고서 근심하면서 터벅터벅 돌아가는 부자청년의 뒷모습입니다. 예수님 없이도 살아갈 것으로 여기는 어리석은 모습입니다.

여러분! 구원은 우리가 하나님 앞에서 무엇을 한다고 해서 얻어지는 것이 아닙니다. 죄인 된 인간이 감히 하나님 앞에서 할 수 있는 것이 무엇이 있겠습니까? 마음속에 죄악의 뿌리가 남아 있는 사람이 무슨 일을 한들 그것이 어떻게 하나님 앞에서 의롭다고 인정을 받을 수

방을 말하면서 청중들에게 주님께서 어떻게 개입하시고, 주님이 어떠한 처방을 내리시는가를 찾게 하고, 청중들에게 적용을 한다.

예수님의 처방을 거부함으로써 모든 것을 헛수고로 끝내버리는 부자청년을 청중으로 보게 한다(부자청년의 헛수고를 증명).

있겠습니까? 그러나 이 청년은 구원을 얻기 위해서 감히 자신이 무언가를 해 보겠다는 생각을 가졌습니다. 그러한 생각을 가지고 있다면 그의 모든 노고는 다 헛고생이 될 수밖에 없습니다. 받은 구원에 대한 감사로 율법을 지키는 것이 아니라, 자기 자신의 힘으로 구원을 얻어 보려고 율법을 지켰다면 그는 평생 헛고생을 하는 것이에요.

부자청년은 사실, 영생에 대한 관심보다는 재물에 대한 욕심이 더 강했습니다. 주님의 말씀인 검을 받아서 그의 썩은 마음, 세속적인 마음을 도려내야 했습니다. 그러나 부자청년의 마음 한가운데에 사탄이 준 생각이 끈질기게 버티고 있었습니다. "나를 살릴 것처럼 보이는 것, 아! 이것이 없으면 내가 어떻게 되겠는가?" 그러한 마음 때문에…… 재물과 세상의 명예와 세상의 지위에 대한 집착, 그것이, 그가 평생토록 해 온 영생을 얻기 위한 노력들을 물거품으로 만들어버리고만 것입니다. 여러분! 여러분을 살릴 것처럼, 보이는 것이 무엇입니까? 아직도 내 신앙은 깎아 먹는 것이 무엇입니까? 물고기가 잘 잡혀야 하는 겁니까? 가두리 양식이 잘되어야 합니까? 물론, 잘되어야 하지요. 그러나 그것 때문에 신앙에 손해보고, 그것 때문에 하나님을 멀리하는 것은 아닙니까? 돈이 되는 일이어야 합니까? 자녀들이 잘되어 이 어촌에서 떠나야 하는 겁니까? 자존심입니까? 영생에 대한 관심보다도 나를 사로잡아오는 것이 무엇입니까? 지금 이 자리에 앉아 있는 여러분의 관심은 무엇으로 가득차 있습니까?

어촌 청중들에게 헛고생으로 끝나게 만들어버리는 욕심이 무엇인가를 지적하면서 결단을 촉구한다.

여러분! 우리가 하나님 앞에서 할 수 있는 것은 내가 죄인인 것을 인정하는 것뿐입니다. 영생을 가지고 싶지만 그러나 세상에 대한 미련을 버릴 수 없는 형편을 하나님 앞에 인정하는 것뿐입니다. 예배를 드리겠다고 하나님 앞에 나와 앉았지만 여전히 마음 한구석에는 세상에 대한 집착을 품고 있는 내 자신의 실상을 인정해야 합니다. 교회에 가면 좋다고 해서 왔지만 그러나 내 스스로도 어찌하지 못할 정도로 세상에 대한 염려와 여러 가지 근심, 걱정들에 얽매어 있는 내 자신의 실상을 겸손하게 하나님 앞에 고백해야 합니다. 내 자신이 죄인이기 때문에 내 스스로는 도저히 이 사망의 굴레를 벗어버릴 수 없는 비참함을 솔직하게 하나님께 고백해야 합니다. 우리가 할 수 있는 마지막 일은 바로, 이것밖에 없습니다. 오늘 이 청년이 무너질 수밖에 없는 이유도 바로 이것입니다.

자신의 불가능함을 하나님 앞에 겸손하게 인정하지 못하는 교만함이 문제입니다. 나는 아무것도 할 수 없다는 하나님 앞에서의 자신의 철저한 텅 빈 인생을 고백할 수 있어야 합니다.

그저 잠깐 앉아 있다가 그냥 돌아가지 마시기 바랍니다. 신앙생활을 하되 괜한 헛고생하지 마시기 바랍니다. 이왕 교회에 나왔으면, 이왕 하나님 앞에 나왔으면 자신의 문제를 풀고 가시기 바랍니다.

진심으로 영생을 원하지만 다른 한편으로 재물에 대한 걱정과 세상적인 것에 대한 미련과 그러한 집착이 끈질긴 불길처럼, 사그라지지 않는다면, 솔직하게 하나님께 이렇게 기도하시기 바랍니다.

"하나님! 저는 죄인입니다. 죄인이기 때문에 영생이 좋다는 것을 알지만 그러나 한편으로는 재물에 대한 욕심을 버릴 수가 없습니다. 세상에 대한 미련을 버릴 수가 없습니다. 하나님! 도와주십시오. 제가 재물에 대한 욕심을 버리고, 세상의 미련을 버리고 하나님을 선택할 수 있게 도와주십시오."

하나님 앞에 자신의 문제를 놓고 솔직하게 기도할 수 있기를 바랍니다. 내 마음에 무언가 결단을 해야 할 때, 절대로 적당히 덮어두고 지나가지 마시기 바랍니다. 그저 가볍게 형식적으로 적당히 덮어버리는 일이 없기를

청중 자신의 연약함과 무능함을 솔직히 인정하게 하고, 예수님만이 내 인생의 구원이요, 인생의 텅 빈 잔을 가득 채워 줄 참 만족이심을 인정하게 하는 결론을 내린다.

바랍니다. "내가 지금 해야 할 일이 많은데, 어장에도 나아가 봐야 하고, 조금 후에 만나야 할 사람도 많고, 지금은 너무 바빠서 내가 어떻게 이러한 데에 신경을 쓸 수 있나?" 그러면서 적당히 얼버무리고 지나가지 마시기 바랍니다. 시간은 가고 예배는 끝나게 되어 있습니다.

그러나 하나님과 해결해야 할 내 마음이 해결되지 않으면, 우리의 평생의 수고가 한순간의 물거품으로 사그라져버릴 것입니다. 재물을 버리고 하나님을 택하기로 결단해서 영생을 얻고 싶지만 도저히 재물을 포기할 수 없는 순간이라도, 절대로 이 부자청년처럼 근심하며 슬픈 기색으로 그냥 돌아가지 마시기 바랍니다.

청중들에게 적용하여 신앙생활에 헛고생하지 말기를 호소한다.

여러분! 하나님은 우리들에게 마음을 비우라고 말씀하시지 않습니다. 하나님은 우리들에게 이것도 하고 저것도 해야 구원을 받는다고 말씀하시지 않습니다. 하나님은 우리에게 마음을 수양하고 도를 닦으라고 말씀하시지 않습니다.

하나님께서 오늘 우리들에게 요구하시는 것은 우리가 죄인인 것을 인정하는 것입니다. 그리고 정말로 내 마음에 영생에 대한 욕구가 있으면 하나님께서 도와주시기를 구하는 것입니다.

부자청년은 이것을 놓친 것입니다. 그는 하나님을 의지하는 것 같지만 사실은 자신을 의지하고 재물을 의지했습니다. 그는 주님께서 요구하시는 상한 심령과 겸손한 마음을 놓쳤습니다. 진정한 믿음의 대상을 놓쳤습니다.

"주여! 나를 불쌍히 여기소서! 나는 죄인이로소이다. 나는 죄인 중에 괴수입니다. 나를 정말 불쌍히 여기소서. 나는 절대적으로 주님의 도우심이 필요합니다."

우리가 우리의 죄를 고백할 때에 그리고 우리의 무능함을 겸손히 하나님 앞에 아뢸 때에 어느 덧 하나님의 사랑은 우리의 인생을 전부 지배하게 됩니다. 그 하나님의 사랑으로 우리는 모든 것을 극복할 수 있는 것이에요.

마지막으로 결론을 정리하면서 청중들의 결단을 촉구한다.

우리를 사랑하시는 하나님은 죄인인 우리가 그러한 결단조차도 하지 못하는 미약한 존재인 것을 너무도 잘 아십니다. 하나님은 우리가 우리 혼자의 힘으로 우리의 마음에서 재물에 대한 욕심을 다 벗어버릴 것을 기대하지도 않으시고 또 그것을 원하지도 않으십니다. 우리가 우리의 마음에서 재물에 대한 욕심으로 벗어버리고 하나님을 선택하도록 친히 우리를 도와주시길 원하십니다. "너 혼자 해보라"가 아니에요.

주님께서 친히 인간의 모든 죄성을 벗겨주시겠다는 말씀입니다. "너 혼자 이것을 다 하고, 저것도 다 해야 한다"는 말씀이 아닙니다. 친히 주 예수님께서 우리의 죄를 대신하여 형벌을 받아 죽으신 십자가의 고통을 바라보라는 것입니다. 왜 주님께서 십자가에서 우리 대신 죽으셨는지를 바라보라는 것입니다. 허물 많은 인생이 주님의 십자가를 바라볼 때에, 그 인생이 결코 헛되지 않는 것입니다.

여러분! 결단조차 할 수 없는 내 자신의 비참한 처지를 하나님 앞에서 겸손하게, 솔직하게 인정할 수 있기를 바랍니다. 주님 앞에 나아가 "하나님! 나는 죄인입니다. 나를 불쌍히 여기소서!", "하나님! 물고기 잡는 일의 경험이 저에게 있을지라도 하나님의 전능하심에 비하면 저에게는 아무것도 없습니다. 나는 아무것도 모릅니다. 하나님! 나를 붙드시고, 나를 도와주옵소서. 아니! 내 인생의 주님! 모든 주권 주님께 맡기옵니다." 그렇게 고백하며 주님께서 준비해 두신 은혜와 사랑을 마음껏 누리는 여러분들 되시기를 우리 주 예수님의 이름으로 축원합니다.

(4) 어린이 설교

어느 건설회사에서 아파트를 잘 지었어요. 그런데 몇 년 후에 아파트가 한쪽에서부터 금이 가더니 '쿵쿵 와르르 쾅쾅'하며 무너지고 말았어요. 삼풍백화점이라는 유명한 백화점이 있었는데, 그곳도 어느 날 '콰다 쾅쾅' 무너지고 말았어요. 수백 명의 사람들이 죽고 말았어요. 인명피해, 재산피해가 많았어요(**그림을 보여준다**). 여러분! 왜 이렇게 무너지고 말았을까요? 기술자들이 조사해보니, 겉모양은 멀쩡한데 법을 어기고 재료를 제대로 사용하지 않았던 거예요. 속이 부실했던 거예요. 여러분! 이것을 뭐라고 해요? '눈감고 아웅, 한 거예요'

여러분! 겉모양보다 보이지 아니하는 속마음이 더 중요한 거예요. 어떤 사람이 다리가 아팠는데, 약국에 가서 물파스만 사다가 발랐데요. 겉만 치료한 거예요. 그런데 알고 보니, 뼈 속이 썩어간 거예요. 결국 죽고 말았어요. 우리는 보이는 것만 중요시할 것이 아니라 더 중요한 보이지 아니하는 영적 생활에 진실해야 해요. 육신은 보이지만 영은 보이지 않아요. 보이는 것만을 위하여 살면 결국은 헛수만 하는 거예요. 과거의 모든 노력이 한순간에 물거품으로 사라져버리고만 것이에요. 너무나 허망해요.

사실, 헛고생, 헛수고 했다는 느낌처럼, 사람을 억울하게 하고, 비참하게 만드는 것도 없어요.

그런데 여러분!

이 세상에서 절대로 범해서는 안 되는 헛고생 하나가 있어요. 무엇일까요? 결코 실수해서는 안 되는 일이에요. 그것은 바로, 영생의 헛고생이에요. 영생의 헛수고예요.

열심을 다하여 평생 동안의 신앙생활을 나름대로 열심히 했는데 모든 것이 다 헛고생이었다고 밝혀진다면, 우리가 받는 충격은 어떠할까요? 그 충격이 참으로 클 거예요. 평생을 열심히 신앙생활 했는데, 훗날에 하나님께

어린이 청중들을 감안하여 이야기 방법을 사용한다. 어른들도 마찬가지겠지만 어린이들은 특히, 이야기식 설교에 집중하고, 이해하기도 쉽고, 어린이의 상상력에 호소할 수 있어 어린의 인상에 강하게 남게 된다.

일방적인 메시지보다는 질문을 던지면서 대화체의 쌍방적 커

서 "내가 너를 도무지 모른다"고 한다면 어떠할까요? 이 것처럼 허탈하고, 이것처럼 억울하고, 이것처럼 슬픈 일이 없을 거예요.

오늘 본문 성경말씀을 보면, 영생을 위해서 많은 노력을 기울인 사람이 나와요.

부자청년이에요. 아주 좋은 장점을 가지고 있었던 청년이에요.

그는 영생에 대한 관심이 있었어요. 이 세상의 많은 사람들이 무엇이 귀한 것인지도 모르고 살아가고 있어요. 이 땅에서 무언가를 얻기 위해서 열심히 살아가요. 공부도 열심히 해요. 이리 뛰고 저리 뛰어요. 교회에도 열심히 나와요. 그런데 그 많은 사람들 가운데 영생천국에 대하여 관심을 가지고 살아가는 사람이 많지 않아요. 어린이 여러분! 여러분은 어떠한 데에 관심이 있어요. 컴퓨터예요. 인터넷게임이에요. 친구들과 놀이하는 거예요. 공부를 열심히 해서 좋은 성적을 내는 거예요. 여러분! 여러분은 영생천국에 대하여 얼마나 관심이 있어요? 아무리 많은 것들을 해도 영생천국 놓치면 모든 것이 허사가 되는 거예요. 따라서 하세요. '영생천국에 관심을 가집시다.'

부자청년은 이 세상 것이 아닌 저 천국의 영원한 생명에 대한 관심으로 가득했어요. 그래서 그는 예수님께 나아와 영생을 구한 거예요.

그는 용기와 결단과 겸손함이 있었어요. 본문의 부자청년은 영생을 얻을 수 있는 좋은 기회라고 생각될 때에는 거기에 우선순위를 정하고 길거리를 지나가고 있는 예수님께 달려오는 결단력이 있었어요. 주위의 조롱과 핀잔을 극복할 수 있는 용기가 있었어요. 땅바닥에 꿇어 앉아서 예수님께 간구할 수 있는 겸손함도 있었어요(**그림을 보여준다**). 참으로 훌륭한 모습이에요.

그는 모든 노력을 다 감당했어요. 부자청년은 어렸을

뮤니케이션에 어린이들의 반응이 효과적으로 나타난다.

어린이들의 관심 사항들을 말해줌으로써 어린이 청중들이 진정으로 가져야 할 관심으로 이끌어간다.

그때, 그때 상황에 맞는 그림을 보여줌으로써 어린이들의 시선을 집중시키고, 메시지 전달의 효과도 증대시킨다.

때부터 영생을 위해서 노력하고 헌신을 다 했어요. 여러분! 신앙생활에서 열심을 다하는 것은 소중해요.

그러나 여러분! 우리 마음 한 구석에는 여전히 허전함이 있을 수 있어요. 과연 나는 하나님으로부터 구원을 받은 사람인가? 과연 나는 하나님 앞에서 영생을 얻었는가? "선생님이여, 이것은 내가 어렸을 때부터 다 지키었나이다." "이것도 하고, 저것도 하며 정말로 어렸을 때부터 다 지켜왔어요." 그러나 여전히 아쉬운 것이 한 가지가 있어요. 과연 저는 구원을 받았을까요? 도대체 어떻게 해야 영생을 얻을 수 있을까요? 이것이 부자청년의 물음이에요. 여러분! 여러분에게 여전히 아쉬운 점 한 가지는 무엇이에요? 여러분은 천국을 얻었는가요?

영생에 대하여 많은 관심을 가지고서 나름대로 최선의 노력을 다했다는 이 부자청년을 예수님께서는 불쌍히 여기셨어요. 그리고 예수님께서는 21절에서 그를 살리시기 위하여 본격적인 대수술을 시작하셔요. 인간이 할 수 있는 모든 노력을 다하고 있지만 그러나 그 상태 그대로는 전혀 가망이 없고, 전혀 소망이 없는 이 부자청년을 향하여 이제 본격적인 하나님의 특별하신 간섭이 시작되는 거예요. 예수님은 이 청년의 마음이 그저 한때 기분으로 그렇게 고민하는 것이 아니라는 것을 알았어요. 그리고 이제 그에게 딱 맞는 정확한 처방을 내려 주셔요. 그 처방이 무엇일까요?

예수님은 그에게 이렇게 말씀하십니다. "네게 오히려 한 가지 부족한 것이 있으니 가서 네게 있는 것을 다 팔아서 가난한 자들에게 주라 그리하면 하늘에서 보화가 네게 있을 것이다. 그리고 와서 나를 좇으라"

영생을 얻기 위해서 어렸을 때부터 이 청년은 나름대로 자기 시대에 자기가 할 수 있는 노력을 다했어요. 그러한 영생에 대한 목마름을 불쌍히 여기시고 그를 사랑하신 예수님께서 그에게 합당한 처방을 해주셨어요. 21

부자청년의 우선순위를 말하면서 청중들의 우선순위가 무엇인가를 되새기게 하며, 그 우선순위에 용기와 결단과 겸손함이 있는지를 살피게 한다.

예수님의 처방을 거부함으로써 모든 것을 헛수고로 끝내

268

절에서 "네가 이렇게 하면 하늘에서 보화가 네게 있으리라"고 했어요. 예수님의 처방대로 순종만 하면 놀라운 복이 임하는 거예요. 그러나 우리가 보는 것은 아무것도 얻지 못하고 슬픈 기색을 하고서 근심하면서 터벅터벅 돌아가는 부자청년의 뒷모습이에요(**그림을 보여준다**).

여러분! 구원은 우리가 하나님 앞에서 무엇을 한다고 해서 얻어지는 것이 아니에요. 죄인 된 인간이 감히 하나님 앞에서 할 수 있는 것이 무엇이 있겠어요? 마음속에 죄악의 뿌리가 남아 있는 사람이 무슨 일을 한들 그것이 어떻게 하나님 앞에서 의롭다고 인정을 받을 수 있겠어요? 그러나 이 청년은 구원을 얻기 위해서 감히 자신이 무언가를 해 보겠다는 생각을 가졌던 거예요. 예수님 앞에 나왔지만 마치 예수님이 없어도 살 것 같은 생각이 이 부자청년에게 가득했어요. 그러한 생각을 가지고 있다면 그의 모든 노고는 다 헛고생이 될 수밖에 없어요. 받은 구원에 대한 감사로 율법을 지키는 것이 아니라, 자기 자신의 힘으로 구원을 얻어 보려고 율법을 지켰다면 그는 평생 헛고생을 하는 것이에요.

부자청년은 사실, 영생에 대한 관심보다는 재물에 대한 욕심이 더 강했던 거예요. 주 예수님의 말씀인 검을 받아서 그의 썩은 마음, 세속적인 마음을 도려내야 했어요. 그러나 부자청년의 마음 한가운데에 사탄이 준 생각이 끈질기게 버티고 있었어요. "나를 살릴 것처럼 보이는 것, 아! 이것이 없으면 내가 어떻게 되겠는가?" 그러한 마음 때문에…… 재물과 세상 것에 대한 집착, 그것이, 그가 평생토록 해 온 영생을 얻기 위한 노력들을 물거품으로 만들어버리고만 것이에요. 여러분! 여러분을 살릴 것처럼, 보이는 것이 무엇이에요? 아직도 내 신앙을 방해하는 것이 무엇이에요? 게임입니까? 오락이에요? 공부하는 거예요. 놀러 다니는 거예요.

영생천국에 대한 관심보다도 나를 사로잡아 오는 것이

버리는 부자청년을 청중으로 보게 하고(헛수고의 증명), 어린이 청중들이 관심을 두는 일들을 말하면서 청중들에게 적용한다.

어린이들이 따라서 기도하게 함으로써 어린이들의 결단을 촉구한다.

청중 자신의 연약함과 무능함을 솔직히 인정하게 하고, 예

무엇이에요? 여러분의 관심은 무엇으로 가득차 있어요? **(어린이들을 불러 세워 물어본다).**

어린이 여러분! 우리가 하나님 앞에서 할 수 있는 것은 내가 죄인인 것을 인정하는 것뿐입니다. 영생천국을 가지고 싶지만 그러나 세상에 대한 미련을 버릴 수 없는 형편을 하나님 앞에 인정하는 거예요. 예배를 드리겠다고 하나님 앞에 나와 앉았지만 여전히 마음 한구석에는 세상에 대한 집착을 품고 있는 내 자신의 실상을 인정하는 거예요. 나는 아무것도 할 수 없다는 하나님 앞에서의 자신의 철저한 텅 빈 인생을 고백할 수 있어야 해요. 따라서 해주세요.

수님만이 내 인생의 구원이요, 인생의 텅 빈 잔을 가득 채워 줄 참 만족이심을 인정하게 하는 결론을 내린다.

"하나님! 저는 죄인입니다. 죄인이기 때문에 영생이 좋다는 것을 알지만 그러나 한편으로는 세상의 욕심을 버릴 수가 없어요. 세상에 대한 미련을 버릴 수가 없어요. 나는 아무것도 몰라요. 하나님! 도와주세요. 제가 탐욕을 버리고, 죄악의 미련을 버리고 하나님을 선택할 수 있게 도와주세요. 하나님! 내 인생의 주인으로 좌정하여 나를 다스려 주세요."

청중들에게 적용하여 신앙생활에 헛고생하지 말기를 호소한다.

하나님 앞에 자신의 문제를 놓고 솔직하게 기도할 수 있기를 바랍니다. 하나님과 해결해야 할 내 마음이 해결되지 않으면, 우리의 평생의 수고가 한순간의 물거품으로 사그라져버릴 거예요. 내 욕심 버리고, 죄악을 버리고 하나님을 택하기로 결단하세요. 영생을 얻고 싶지만 도저히 내 욕심을 포기할 수 없는 순간에라도, 절대로 이 부자청년처럼 근심하며 슬픈 기색으로 그냥 돌아가지 마시기 바랍니다.

여러분! 하나님은 우리들에게 마음을 비우라고 말씀하시지 않았어요. 하나님은 우리들에게 이것도 하고 저것도 해야 구원을 받는다고 말씀하시지 않아요. 하나님은 우리에게 마음을 수양하고 도를 닦으라고 말씀하시지 않아요.

마지막으로 결론을 정리하면서 청중들의 결단을 촉구한다.

270

하나님께서 오늘 우리들에게 요구하시는 것은 우리가 죄인인 것을 인정하는 거예요. 그리고 정말로 내 마음에 영생천국에 대한 욕구가 있으면 하나님께서 도와주시기를 구하세요.

부자청년이 이것을 놓친 거예요. 그는 하나님을 의지하는 것 같지만 사실은 자신을 의지하고 재물을 의지했어요. 그는 주님께서 요구하시는 상한 심령과 겸손한 마음을 놓쳤어요. 진정한 믿음의 대상을 놓친 거예요.

"주여! 나를 불쌍히 여기소서! 나는 죄인이로소이다. 나는 죄인 중에 괴수입니다. 나를 정말 불쌍히 여기소서. 나는 절대적으로 주님의 도우심이 필요합니다." 우리가 우리의 죄를 고백할 때에 그리고 우리의 무능함을 겸손히 하나님 앞에 아뢸 때에 어느덧 하나님의 사랑은 우리의 인생을 전부 지배하게 됩니다. 그 하나님의 사랑으로 우리는 모든 것을 극복할 수 있는 것이에요.

우리를 사랑하시는 하나님은 죄인인 우리가 그러한 결단조차도 하지 못하는 미약한 존재인 것을 너무도 잘 아십니다. 하나님은 우리가 우리 혼자의 힘으로 우리의 마음에서 욕심을 다 벗어버릴 것을 기대하지도 않으시고 또 그것을 원하지도 않으십니다. 우리가 우리의 마음에서 재물에 대한 욕심으로 벗어버리고 하나님을 선택하도록 친히 우리를 도와주시길 원하셔요. "너 혼자 해보라"가 아니에요.

주님께서 친히 인간의 모든 죄성을 벗겨주시겠다는 말씀입니다. "너 혼자 이것을 다 하고, 저것도 다 해야 한다"는 말씀이 아니에요. 친히 주 예수님께서 우리의 죄를 대신하여 형벌을 받아 죽으신 십자가의 고통을 바라보라는 것이에요. 왜 주님께서 십자가에서 우리 대신 죽으셨는지를 바라보라는 거예요. 허물 많은 인생이 주님의 십자가를 바라볼 때에, 그 인생이 결코 헛되지 않아요.

여러분! 주님 앞에 나아가 "하나님! 나는 죄인입니다. 나를 불쌍히 여기소서!", "하나님! 저에게는 아무것도 없어요. 나는 아무것도 몰라요. 하나님! 나를 붙드시고, 나를 도와주세요. 아니! 내 인생의 주님! 모든 것 다 주님께 맡기옵니다." 그렇게 고백하며 주님께서 준비해 두신 은혜와 사랑을 마음껏 누리는 여러분들 되시기를 우리 주 예수님의 이름으로 축원합니다.

결   론

본 논문은 설교자의 청중이해가 성경본문의 이해 못지않게 중요함을 드러냄으로써 설교자들로 하여금 청중이해를 통한 효과적인 설교전달에 헌신하도록 요청하고 있다.

아무리 좋은 설교라고 해도 청중이 듣지 못한다면 그것은 비극이다. 지금까지의 전통적인 설교사역이 본문에서 '무엇을 전할 것인가?'에 치중함으로 인하여 '어떻게 전할 것인가?'에 소홀히 하였으나 본 연구는 '무엇을 전할 것인가?'를 전제하고, 설교에 있어서 청중을 바르게 이해하고, 그에 따라 '어떻게 전할 것인가?'와 '누구에게 전할 것인가?'를 발전시켜 그 설교의 적용의 적실성을 높이자는 데에 그 의의가 있으며, 시대가 급속도로 변화하는 시대에 설교자들은 변화하는 청중의 상황에 적응하여 보다 효과적으로 복음을 전하자는 데에 그 의의가 있다. 그러므로 본 연구는 설교자들에게 효과적인 설교를 하도록 도전을 주며 설교를 준비하는 데 있어서도 좋은 도전이 될 것이다. 또한 본 연구는 청중이해를 다루고 있지만, 그 지향점은 성경적 개혁주의 설교인 강해설교이다. 본문으로부터 저자의 의도인 핵심사상을 도출해 내어, 여러 재료를 동원하여 청중에게 알맞게 재구성하여, 청중의 생활상황에 적용하되, 본문의 의도대로 청중을 효과적으로 변화시키자는 데에 그 의의가 있다. 청중이해를 말하지만 먼저 본문에 대한 충분한 이해를 전제로 한다.

설교의 상황에서 성령의 역사와 바른 신학에 바탕을 둔 설교는 아무리 강조해도 지나침이 없다. 또한 성경본문을 전할 때에 하나님의 말씀은 하나님의 택한 백성인 모든 청중에게 적용되며, 하나님께서 그 대상이 되는 청중을 변화시키는 것도 사실이다. 그러나 설교의 상황에서 그 대상이 되는 청중의 상황을 올바로 파악하고 청중을 이해하는 것은 설교전달의 성패를 좌우하는 중요한 변수이다. 농부는 자신이 뿌려야 할 씨의 종자를 바로 알아야 하며 또한 동시에 밭의 토양도 바로 알고 씨를 뿌려야 한다. 그러할 때에 많은 수확을 할 수 있다. 마찬가지로 설교자도 "성령의 역사에 순종하여"346) 복음의 핵심을 바로 알고 바른 신학을 바탕으로 설교를 해야 하며, 동시에 청중의 상황을 정확히 알고, 그 이해에 적응하여 설교를 해야 한다. 그러할 때에 설교의 효과는 크게 나타날 것이 틀림없다.

또한 "설교에서 성령 하나님이 주권적으로 청중을 변화시키신다"347)고 할 때에도 청중의 상황을 전혀 무시하는 것이 아니다.

---

346) 성령의 역사에 순종하기 위해서 "설교자들은 자신들의 설교준비에 기름을 부으시는 성령님께 반드시 물어보아야 한다." Brad R. Braxton, *Preaching Paul* (Nashville: Abingdon Press, 2004), 88.

347) 설교의 사역은 성령의 역사에서 시작되고 성령의 역사로 열매가 나타난다. 성령께서 역사하심으로 설교의 효력이 나타난다. 성령께서 설교자를 붙들고 말씀을 깨닫게 하시고, 성령께서 말씀 가운데 역사하시며, 성령께서 주권적으로 청중을 변화시키신다. 성령 하나님

예수님은 하나님이시지만 성육신하시어 인간의 몸을 입고 청중이 거하는 땅에 오셨다. 그리고 청중의 상황으로 낮아지시고 청중의 언어로 말씀하셨다. 예수님은 복음에 대하여 설교하시기 전에 청중의 상황이해에 먼저 적응(適應)하셨다. 우물가의 여인에게 "물을 좀 달라"고 말씀하시고 나서 "영생하도록 솟아나는 샘물"에 대하여 말씀하셨다(요4:1-15). 또한 "보리 떡 다섯 개와 물고기 두 마리"로 굶주린 오천여 명을 배부르게 먹이신 후에 "하늘로서 내려온 생명의 떡(영생의 떡)"에 대하여 말씀하셨다(요6:1-56). 우리가 살펴보았던 베드로의 설교(행2장, 행10장)와 바울의 설교(행13장, 행17장)도 마찬가지다. 하나님의 특별계시를 익히 잘 아는 청중들에게는 성경을 적절한 증거자료로 사용하여 설교의 효과를 높이고, 하나님의 특별계시를 모르는 이방인 청중들에게 일반계시와 청중들이 알고 있는 지식과 그들이 접하는 환경들을 이용하여 설교전달을 하였다. 베드로설교와 바울설교 모두가 다 설교하기 전에 청중의 상황을 먼저 이해하고서 그 설교전달을 한 것을 볼 수 있다. 이와 같이 설교자가 청중의 상황이해에 적용하는 것은 설교전달에 필요하다는 사실이다. 그리고 설교가 청중의 상황이해를 고려해야 한다는 것은 청중이 듣기 좋아하는 내용만을 전해야 한다는 의미는 아니다. 청중이 충분히 듣고 수납할 수 있는 방법으로 의사소통을 진행해야만 한다는 의미에서의 청중의 상황이해이다. 김창훈

이 역사하지 않는 설교는 이미 설교가 아니다. 그러므로 청중의 이해에 따라 설교를 한다고 할 때에 언제나 "성령의 주권적 역사에 대한 이해"가 전제되어야 한다.

교수는 설교가 청중을 고려하여 효과적이고 설득력 있게 전달되어야 할 것을 강조한다.

> 설교는 성령의 역사에 의존해야 하겠지만, 듣든지 아니 듣든지 상관하지 않고 전달하는 것은 아니다. 설교가 능력 있고 효과적으로 전달되기 위해서는 성령께서 역사하셔야 하지만, 이를 위한 우리의 수고와 노력과 지혜를 무시해서는 안 되며 최대한 설득력 있는 방법으로 전해야 한다…… 예수님의 설교 대상은 주로 시골에 사는 유대인들이었기 때문에 하나님의 말씀과 뜻을 전할 때 그들에게 익숙하고 잘 알고 있는 새, 농사 일, 목자 등과 같은 비유를 사용하였고, 바울의 설교 대상은 로마의 지배 아래에 있었던 도시권의 사람들이었기 때문에 경주, 군대생활 등을 비유로 사용하였다. 그러므로 그동안 '무엇을 전달할 것인?'에 대해서만 관심을 가졌다면 이제는 '어떻게 효과적으로 전달할 것인가?'에 대해서도 깊은 관심을 가져야 할 것이다.[348]

우리는 앞에서 청중이해에 따른 설교전달의 중요성(필요성)을 청중의 설교학적 4중 관계, 즉 청중과 하나님, 청중과 성경, 청중과 설교자, 청중과 설교내용과의 관계에서 청중의 위치를 살펴보았으며, 청중이해의 범위와 그 한계를 지적하였다. 청중이해에 따른 사도행전의 베드로설교와 바울설교의 전달을 분석함으로써 "청중의 이해에 따라 설교전달"이 이루어져야 함을 성경에서 확인하였다. 여기에서 청중이해와 설교전달과의 관계가 필연적인 관계로

---

348) 김창훈, "설교는 무엇인가? - 설교에 있어서 네 가지 관심", 신학지남(2004년 · 가을호/통권 제280호). 138-9.

서 설교자가 청중을 향하여 설교할 때에 청중의 상황을 이해하고, 그 청중이해에 따라, 청중을 고려해야 한다는 사실을 발견하게 되었다. 고린도전서 9장 22절에서 바울사도는 "……여러 사람에게 내가 여러 모양이 된 것은 아무쪼록 몇몇 사람들을 구원코자 함이니"라고 하였다. 바울사도가 "유대인에게는 유대인과 같이 되고", "율법 없는 자에게는 율법 없는 자와 같이 되고", "약한 자들에게는 약한 자와 같이 된 것"은 바로 설교의 타당성과 효과성을 위한 성령의 위대한 사역이라고 해도 과언이 아니다. 이러한 의미에서 이번 연구에서 연구한 베드로 설교와 바울 설교가 각각 다른 형태의 청중의 상황이해에 따라 각각 다르게 전달되었음을 입증하였다.

다시 말하면, 베드로의 설교(행2장, 10장)와 바울의 설교(행13장, 17장)에서 우리는 일관된 적응 형태가 없다는 것을 발견하였다. 청중의 상황이해에 따라 융통성과 유연성이 있게 된다. 베드로설교와 바울설교 모두 그 설교의 주제와 목표, 도입부, 전개(설명, 증명, 적용)가 있는데, 모두 청중의 상황이해에 따라 결정되고 시행되었음을 발견하게 된다. 이처럼, 설교자는 '설교의 주제와 목표'를 정할 때에, 청중의 상황을 이해하고, 청중의 이해에 따라, 청중을 고려하여 하나의 주제를 결정하고 일관성 있게 외침으로 청중을 어떻게 변화시키겠다고 하는 분명한 설교의 목표가 있어야 한다. 또한 도입부에서도 청중의 상황이해에 따라 설교전달을 해가면서 청중의 집중과 관심을 끌어내야 한다. 또한 청중의 상황이해에 따라 설교를 전개해 나가되, 청중의 상황을 이해하고, 청중의 상황을 따라, 청중을 위하여 설명하고, 청중을 위하여 증명을 하며, 청중을 위하여 적용해야 한다. 넌지시 청중들에게 던지는 것이 아니라, 분명한 결론을 통하여 청중들의 결단을 촉구해야 한다. 특별히 증명을 잘하게 되면 청중들의 마음이 움직이게 되고 설교의 목적인 청중의 변화를 증대할 수 있게 된다.

여기에서 우리는 동일한 한 가지의 복음, 즉 측량할 수 없는 예수 그리스도의 풍성함과 하나님 속에 감추어진 비밀의 경륜을 전하는 데에 있어서 그 설교를 여러 가지 색다른 청중들에게 전할 때에 하나의 일관된 방법만 고집할 수 없다는 사실을 알 수 있다. 문제는 설교에서 '과녁'이 무엇이냐 하는 점이다. 베드로는 오순절에 특별계시(구약성경)의 권위를 인정하는 유대인들이 그 과녁이었고, 고넬료의 집에서는 유대인들이 부정하다고 여겼던(그러나 복음에 호의적인) 이방인들이 과녁이었다. 바울은 안디옥에서 특별히 '하나님을 경외하는 자들'이었고, 아덴에서는 우상숭배와 철학적 쟁론을 좋아하며 허무한 이념과 사상을 추구하는 사람들이 그 과녁이었다. 따라서 설교자는 설교의 그 과녁을 바로 정하고, 항상 청중의 상황을 이해하고 그 청중의 상황이해에 맞게 설교전달을 해야 한다. 그만큼 설교에서 설교자의 청중의 이해는 매우 중요한 것이다. 설교자는 청중이해를 위하여 성경본문을 연구하며 설교를 준비하다가도 때로는 성도들이 앉은 자리에 가서 성도가 설교자인 자신의 설교를 듣는 입장에 서 보아야 한다.

여기에서 본 연구는 청중이해를 감안할 때 포스트모던 시대의 현대청중에게 효과적인 설교전달을 위해서는 이야기식 설교를 활용하자고 제안한다. 모든 권위를 부정하는 청중을 이해하며 이야기식 설교를 활용하는 것이 필요하다. 물론 앞에서 지적한 것처럼, 잘못된 단점이 있다. 그러나 단점은 버리고, 효과적인 설교전달을 위하여 이야기식 설교의 장점을 설교전달에 활용하자는 것이다. 동일한 복음이지만 청중이해에 따라 설교전달은 얼마든지 바꿔질 수 있다. 연역적인 선포적 설교든, 귀납적인 이야기식 설교든 모두 가 다 청중이해에 따라 효과적인 설교전달을 위하여 채택되고 시 행될 수 있다고 하겠다. 설교자는 현대 포스트모던시대의 청중이 해에 따라 귀납법적 이야기식 설교의 장점을 활용하면서 베드로와 바울의 설교에서 나타난 연역적이며 선포적 설교전달의 장점도 청 중이해에 따라 채택되고 시행될 수 있다고 하겠다. 설교자는 설교 사역의 주인공이신 성령 하나님께 의지하고 순종하면서 성경본문 에 대한 철저한 연구 못지않게 청중의 특성, 청중의 필요, 청중의 생활상황, 청중 전체를 연구하고 알아야 한다. 설교에서 청중의 이 해가 선행되어야 본문을 청중에게 효과적으로 전달할 수 있으며, 본문의 세계와 오늘의 청중 세계를 만나게 하여 청중을 본문이 제 시하는 하나님의 세계 속으로 이끌어 설교의 궁극적 목적인 청중 의 변화를 가져오게 된다. 따라서 설교자는 올바른 설교를 위하여 설교의 본문인 성경을 심혈을 기울여 연구해야 할 뿐만 아니라, 본문의 주된 사상을 재구성하여 청중들에게 설교할 때에 그 타당 성과 효과성의 증대를 위하여 자신의 설교를 듣는 청중의 상황 알 고, 청중이해를 고려하여 설교해야 한다. 설교자는 성경의 말씀이 청중 내 각 개인에게 적용되어 그들의 삶이 변하게 해야 한다. 이 를 위하여 설교자는 필연적으로 설교에서 성령의 역사하심에 대한 이해를 바로하고, 청중의 상황에 대한 설교학적, 사회학적, 심리학적, 언어학적 이해와 청중 내 각 개인의 내면의 상태와 그가 처한 시대정황 등 청중에 대한 제반사항을 자세히 파악할 필요가 있고, 그 파악한 청중의 상황이해를 바탕으로 청중이해를 고려하여, 청중을 위하여 잘 해석된 하나님의 말씀으로 설교전달을 해야 한다. 이것이 오늘 설교자로 부름 받은 자의 갈 길이다.

이에 한국교회가 해야 할 일을 간단히 제안하고 마무리하고자 한다.

먼저, 한국교회는 일반사회의 시대상황이 계속적으로 변하는 만큼, 하나님의 말씀을 해석하는 일 못지않게 한국교회적으로 시대상황을 해석해 내고, 청중이 거하는 상황을 이해하고, 청중이해에 따라 효과적으로 설교전달을 할 수 있도록 설교자들에 대한 재교육을 제안한다. 이를 위하여 총회에 한국사회에 대한 연구기관을 개설하든지, 아니면 신학교에 기독교사회학을 개설하고, 강화시켜 현시대 상황에 대한 연구를 심도 있게 해야 한다. 개혁주의적 성경연구 못지않게 기독교적 가치관에 의하여 현시대를 해석해 낼 수 있어야 한다. 하지만, 지금까지 신학교는 사회에 대한 해석에 소홀하였음을 누구도 부인할 수 없다. 이러한 부작위(不作爲)로 신학교육을 받은 설교자들이 성경의 해석은 잘하면서도 사회에 대한 해석에 약한 편이었다. 여기에 한국교회는 바른 신학을 바탕으로 일반사회상황을 해석해 낼 수 있는 방법을 모색해야 한다. 사회상황을 해석할 수 있는 연구기관을 두고, 거기에서 얻어진 결과를 하나님 나라 확장에 사용해야 한다. 사회상황에 대한 연구 결과물들을 토대로 하여 목사안수 후, 일정한 기간이 지난 설교자들을 총회적으로 재교육을 시켜야 한다고 본다. 이를 위해서 신학교에 설교자에 대한 재교육과정을 개설해야 한다. 물론, 필자가 총신대학교 목회신학전문대학원 석사, 박사과정에서 설교학을 전공하면서 설교에 대한 시각이 조금이나마 넓혀진 것은 사실이다. 특히, 설교학을 전공하면서 설교전달을 위하여 청중이해가 중요하다는 것에 눈이 열렸다. 전에는 성경본문만 연구하고, 성령님께 의지하고 전하기만 하면 되는 것으로 여겼다. 그러나 다시 설교학을 공부하면서 설교전달에서 청중이해가 너무 중요하다는 것을 알게 되었다. 하지만 아직도 부족하다. 계속적으로 배워가야 한다. 특히, 현대사회의 청중이해를 위한 기독교적 관찰 자료가 필요하다. 총회와 신학교는 이러한 자료들을 준비하고, 설교자들을 지속적으로 재교육시켜야 한다.

또한, 한국교회는 각 청중의 특성에 맞는 설교자를 양성할 것을 제안한다. 예를 들면, 어린이전문설교자, 청소년전문설교자, 여성전문설교자, 노인전문설교자, 전도전문설교자 등을 양성하여 각 교회를 돕게 하고, 설교전달의 효율성과 타당성을 높였으면 한다. 이를 위하여 신학교에 각 전문 설교자과정을 개설하고 활용해야 한다. 물론, 많은 논의와 연구가 필요하다고 본다.

본 연구가 다루고 있는 '청중이해에 따른 설교전달방법'을 제안함에 있어 베드로설교와 바울설교의 전달분석만으로 그 모든 결론이 나왔다고 보지는 않는다. 다만, 오늘의 시대변화 속에서 청중들이 진리의 말씀을 듣도록 하는 설교전달이 우리들의 관심이 되고,

또 그러한 효과들이 강단에서 나타나기를 기대하는 바이며, 이 논문에 대한 연구는 앞으로도 계속적으로 진행되어야 할 일이다.

끝으로 필자는 본 연구가 설교현장에서 청중이해를 효과적으로 성취하며, 성경본문의 의도가 청중에게 막힘없이 전달되어 그 적용의 적실성이 증대되는 데에 기여하기를 희망한다. 또한 본 연구가 한국교회 설교자의 설교 발전에 기여함으로써 한국교회가 하나님의 말씀 가운데서 질적으로, 양적으로 성장해가기를 기대한다. 한국교회 설교자들이 본문에 나타난 말씀의 저자이신 하나님의 의도를 정확히 파악하여, 그 의도를 더 확실하게 밝혀줄 자료들을 동원하여 재구성된 메시지를, 청중에게 적실하게 적용하여 청중들로 하나님의 의도대로 변화받게 하는 강해설교를 함으로써 한국교회강단이 풍성하기를 기대한다. 이를 위하여 설교자는 끊임없이 성경본문을 연구하는 일에 전력하고, 그에 못지않게 청중의 시대와 상황을 연구하는 일에 심혈을 기울여 줄 것을 기대한다. 주님 오실 때까지 설교자는 이 일을 힘써 지속적으로 해 나가야 한다.

|참고문헌|

● 원 서

Adams, Jay E. *Preaching with Purpose: The Urgent Task of Homiletics,* Grand Rapids, Michigan: Zondervan Publishing House, 1982.

Adams, Jay E. *Truth Applied: Application in preaching,* Grand Rapids: Zondervan, 1990.

Allen, Diogenes. *Christian Belief in a Postmodern World,* Louisville: Westminster John Knox Press, 1989.

Allen, R. J. *Interpreting the Gospel,* St. Louis: Chalice Press, 1998.

Allen, Ronald J. *Theology for Preaching: Authority Truth and Knowledge of God in a Postmodern Ethos,* Nashville: Abingdon, 1997.

Anderson, Kenton C. *Preaching with Conviction: Connecting with Postmodern Listeners,* Grand Rapids: Kregel Publications, 2001.

Bailey, Raymond. *Paul the Preacher,* Nashville: Broadman Press, 1991.

Barth, Karl. *The Doctrine of the Word of God,* "Church Dogmatics", I/1, trans. G. T. Thomson, Edinburgh: T. & T.

Clark, 1936.

Barth, Karl. *The Preaching of Gospel*, trans. B. E. Hooke, Philadelphia: Westminster Press, 1963.

Baumann, John D. *An Introduction to Contemporary Preaching*, Grand Rapids: Baker Book House, 1972.

Beasley-Murray, George R. *Preaching the Gospel from the Gospels*, Preabody: Hendrickson, 1996.

Blomberg, Craig L. *Preaching the Parables*, Grand Rapids; Baker, 2004.

Braxton, Brad R. *Preaching Paul*, Nashville: Abingdon Press, 2004.

Bright, John., *The Authority of the Old Testament*, Nashville: Abingdon, 1967.

Brooks, Phillips. *Lectures on Preaching*, Grand Rapids: Baker Book House, 1978.

Brown, Harold O. J. *The Sensate Culture*, Nashville: Word Publishing, 1996.

Buttrick, David. *Homiletics: Moves and structures*, Philadelphia: Fortress, 1987.

Chapell, Bryan. *Christ-Centered Preaching*, Grand Rapids: Baker Book House, 1994. reprint, 2005.

Chartier, Myron R. *Preaching as Communication: An Interpersonal Perspective*, Nashville, Tennessee: Abingdon, 1981.

Duduit, Michael. editor. *Preaching with Power: Dynamic Insights from Twenty Top Communicators*, Grand Rapids: Baker Books, 2006.

Ellul, Jacques. *The Humiliation of the Word*, Trans. Joyce Main

Hanks, Grand Rapids: Eerdmans, 1985.

Engel, James F. *Contemporary Christian Communications: Its Theory and Practice,* Nashville, Tennessee: Thomas Nelson Puplishers, 1979.

Eslinger, Richard. *A New Hearing: Living Options in Homiletics Method,* Nashville: Abingdon, 1987.

Fasol, Al. Fish, Roy. Gains, Steve. and West, Ralph Douglas. *Preaching Evangelistically: Proclaiming the Saving Message of Jesus,* Nashville: Tennessee, 2006.

Geest, Van der. *Presence in the pulpit: The impact of personality in preaching,* Atlanta: John Knox, 1981.

Gerstner, John. "The Acts of the Apostles", *The Biblical Expositor the Living Theme of the Great Book,* Vol. Ⅲ, Philadelphia: A. J. Holman Company, 1960.

Gilman, Wilbur. Aly, Bown. and Reid, Loren. *Fundamentals of Speaking* New York: Macmillan, 1951.

Goodall, H. Lloyd. Jr. and Christopher L. Waagen, *The Persuasive Presentation: A Practical Guide to Professional Communication in Organizations,* New York: Harper & Row, Publishers, 1986.

Greidanus, Sidney. *The Modern Preacher and the Ancient Text,* Grand Rapids: Eerdmans, 1988.

Hamilton, Edith. *The Greek Way to Western Civilization,* New York: A Mentor Book Published by the New American Library, 1951.

Hardman, Keith J. *The Spiritual Awakeners: American Revivalists from Solomon Stoddard to D. L. Moody,* Chicago: Moody Press, 1983.

Holbert, John C. *Preaching Old Testament,* Nashvile: Abingdon Press, 1991.

Jonker, W. D. *Die Woord as opdrag,* Pretoria: N. G. Kerkboekhandel, 1976.

Larsen, David. *Telling the Old, Old Story: The Art of Narrative Preaching,* Wheaton, Il: Crossway Books, 1995.

Lewis, Ralph L. *Inductive Preaching: Helping People Listen,* Westchester, Ill: Crossway Books, 1983.

Litfin, Duane. *Public Speaking: A Handbook for Christians,* Grand Rapids: Baker Book House, 1981, reprint, 2003.

Lloyd-Jones, D. M. *Preaching & Preachers,* London Sydney Auckland Toronto: Hodder and Stoughton, 1998.

Loscalzo, Craig A. *Preaching Sermons That Connect: Effective Communication through Identification,* Downers Grove, Illinois: Intervarsity Press, 1992.

Loscalzo, Craig A. *Apologetic Preaching: Proclaiming Christ to a Postmodern World,* Downers Grove: InterVarsity Press, 2000.

Louw, Daniel. *A Pastoral Hermeneutics of Care and Encounter,* Cape Town: Lux Verbi, 1999.

MacArthur, John. *Rediscovering the Expository Preaching,* Chicago: Moody, 1992.

MacArthur, John. *Preaching: How to Preach Biblically,* Nashvile: Tennessee, 2005.

288

Nichols, J. Randall. *The Restoring Word: Preaching as Pastoral Communication,* San Francisco: Harper & Row, 1987.

Newbigin, Lesslie. *Unfinished Agenda,* London: SPCK, 1985.

Oliver, Robert T. Cortright, Rupert L. and Hagen, Cyril F. *The New Training of Effective Speech*(Revised Edition New York: The Dryden Press, 1946.

Overstreet, R. Larry. *Biographical Preaching: Bringing Bible Character to Life,* Grand Rapids: Kregel Publications, 2001.

Pitt-Watson, Ian. *A Primer for Preachers,* Grand Rapids: Baker, 1986.

Reu, J. M. *Homiletics: A Manual of the Theory and Practice of Preaching,* Grand Rapids: Baker, 1967.

Richard, Ramesh. *Preparing Evangelistic Sermons: A Seven-Step Method for Preaching Salvation,* Grand Rapids, Michigan: Baker Books, 2005.

Robinson, Haddon W. *Making a difference in preaching: Haddon Robinson on Biblical Preaching,* Scott M. Gibson, editor. Grand Rapids: Baker Books, 1999.

Robinson, Haddon W. *Biblical Preaching,* Grand Rapids: Baker Book House, 1980.

Rogness, Michael. *Preaching to TV Generation: The Sermon in the Electronic Age,* Lima: CSS Publishing Co., 1994.

Rosado, Caleb. "The Nature of Society and the Challenge to the Mission of the Church", *International Review of Mission,* no.77. 1988.

Rose, Lucy. "The Parameters of Narrative Preaching", *In Journal Toward Narrative Preaching, ed. Wayne Bradley Robinson,* New York: The Pilgrim Press, 1990.

Ross, Raymond S. *Speech Communication: Fundamentals and Practice,* Englewood Cliffs, N. J.: Prentice-Hall, Inc., 1965.

Sorokin, Pitirim A. *The Crisis of Our Age,* Oxford: Oneworld, 1992.

Stroup, George W. *The Promise of Narrative Theology: Recovering the Gospel in the Church,* Atlanta: John Knox, 1981.

Toffler, Alvin. *Future Shock,* New York: Random House, 1970.

Troeger, Thomas H. *Imagining a Sermon,* Nashville: Abingdon, 1990.

Turnbull, R. G. *A History of Preaching Vol.3,* Grand Rapids: Baker, 1974.

Van der Geest. *Presence in the Pulpit: The Impact of Personality in Preaching,* Atlanta: John Knox, 1981.

Van Seters, Arthur. *Preaching as a Social Act: Theology & Practice,* Nashville: Abingdon, 1988.

Willhite, Keith. *Preaching with Relevance: Without Dumbing Down,* Grand Rapids: Kregel Publications, 2001.

● 번역서

Adams, Jay E. *Preaching with Purpose: The Urgent Task of Homiletics,* 이길상 역, 『설교의 시급한 과제』, 서울: 아가페출판사, 1997.

Adams, Jay E. *Studies in Preaching*, 정양숙, 정삼지 역, 『설교연구』, 서울: 기독교문서선교회, 1994.

Black, William. 박명섭 역, 『강해설교 어떻게 준비할 것인가?』, 서울: 한국성서유니온 선교회, 2000.

Bohren, Rudolf. *Predigtlehre*, 박근원 역, 『설교학원론』, 서울: 대한기독교출판사, 2003.

Braga, James. *How to Prepare Bible Messages*, 김지찬 역, 『설교준비』, 서울: 생명의말씀사, 1993.

Brown, Jr., H. C. Clinard, H. Gordon and Northcutt, Jesse J. *Steps to The Sermon: A Plan for Sermon Preparation*, 이정희 역, 『설교 방법론』, 서울: 요단출판사, 1995.

Calvin, John. *Institutes of The Christian Religion*, vol. Ⅰ.6.1. 『기독교강요 Ⅰ』, 서울: 바라, 1989.

Campbell, Charles L. *Preaching Jesus: New Directions for Homiletics in Hans Frei's Postliberal Theology*, 이승진 역, 『프리칭 예수』, 서울: CLC, 2001.

Carnegie, Dale. *How to Develop Self-Confidence and Influence People by Public Speaking*, 정성호 역, 『감동을 주는 대화와 연설』, 서울: 삼일서적, 1995.

Craddock, Fred B. *As One Without Authority*, 김운용 역, 『권위없는 자처럼』, 서울: 예배와 설교아카데미, 2003.

Craddock, Fred B. *Preaching*, 김영일 역, 『설교』, 서울: 도서출판 컨콜디아사, 2001.

Phillips, Donald T. *Lincoln on Leadership*, 이강봉 · 임정재 역, 『비전을 전파하라』, 서울: 한스미디어, 2006.

Ezell, Rick. *Hitting A Moving Target: Preaching To The Changing*

Needs Of Your Church, 민병남 역, 『설교, 변화하는 청중을 사로잡으라』, 서울: 생명의말씀사, 2004.

Greidanus, Sidney. *Preaching Christ from the Old Testament*, 김진섭 · 류호영 · 류호준 역, 『구약의 그리스도, 어떻게 설교할 것인가: 하나의 현대적 해석학 방법론』, 서울: 도서출판 이레서원, 2003.

Goldsworthy, Graeme. *Preaching the Whole Bible as Christian Scripture*, 김재영 역, 『성경신학적 설교 어떻게 할 것인가?』, 서울: 성서유니온, 2002.

Hybels, Bill. Briscoe, Stuart. Robinson, Haddon. *Mastering Contemporary Preaching*, 김진우 역, 『현대설교, 어떻게 할 것인가?』, 서울: 도서출판햇불, 2002.

Jones, D. M. Lloyd. *Preaching & Preachers*, 서문강 역, 『목사와 설교』, 서울: 기독교문서선교회, 1989.

Liefeld, Walter W. 『신약을 어떻게 강해할 것인가?』, 황창기 역, 서울: 두란노서원, 1988.

Linde, Van der. *Die Welt hat Zukunft*, 정일웅 역, 『미래를 가진 하나님의 세계』, 서울: 여수룬, 1999.

Long, Thomas Grier. *Preaching and the Literary forms of the Bible*, 박영미 역, 『성서의 문학 유형과 설교』, 서울: 대한기독교서회, 1999.

Long, Thomas Grier. *The Witness of Preaching*, 정장복 · 김운용 역, 『증언으로서의 설교』, 서울: 쿰란출판사, 1998.

Lowry, Eugene L. *The Homiletical Plot*, 이연길 역, 『이야기식 설교 구성』, 서울: 한국장로교출판사, 2001.

Lowry, Eugene L. *How to Preach a Parable: Designs for Narrative Sermons,* 이주엽 역, 『설교자여, 준비된 스토리텔러가 돼라』, 서울: 요단출판사, 1999.

McCartney, Dan. & Clayton, Charles. *Let the Reader Understand: A Guide to Interpreting and Applying the Bible,* 김동수 역, 『성경해석학』, 서울: 한국기독학생회출판부, 2000.

Meyers, Robin R. *With Ears to: Preaching as Self-Persuasion,* 이호형 역, 『설득력 있는 설교의 비밀』, 서울: 쿰란출판사, 1999.

Pieterse, H. J. C. *Communicative Preaching,* 정창균 역, 『설교의 커뮤니케이션』, 수원: 합동신학대학원출판부, 2002.

Powell, Mark A. *What is Narrative criticism?,* 이종록 역, 『서사비평이란 무엇인가?』, 서울: 한국장로교출판사, 1993.

Reied, C. *The Empty Puldit,* 정장복 역, 『설교의 위기』, 서울: 대한기독교출판사, 1988.

Richard, Ramesh *Scripture Sculpture,* 정현 역, 『7단계 강해설교준비』, 서울: 도서출판 디모데, 2001.

Robinson, Haddon W. *Biblical Preaching,* 정장복 역, 『강해설교의 원리와 실제』, 서울: 대한기독교출판사, 1999.

Robinson, Wayne Bradley. *Journeys toward Narrative Preaching,* 이연길 역, 『이야기식 설교를 향한 여행』, 서울: 한국장로교출판사, 1998.

Stott, John R. W. *The Contemporary Christian,* 한화룡 · 정옥배 역, 『현대를 사는 그리스도인』, 서울: 한국기독학생회출판부, 1993.

Stuart, Douglas. & Fee, Gordon D. *Old and New Testament Exegesis,* 김의원 역, 『성경해석 방법론』, 서울: 기독교문서선교회, 1987.

Thielicke, H. *Leiden an der Kirche Ein persönliches Wort*. 심인섭 역,『현대교회의 고민과 설교』, 서울: 대한기독교출판사, 2000.

Whittaker, Bill D. *Preparing to Preach*, 김광석 역,『설교 리모델링』, 서울: 요단출판사, 2002.

Wiersbe, Warren W. *Preaching & Teaching with Imagination: The Quest for Biblical Ministry*, 이장우 역,『상상이 담긴 설교: 마음의 화랑에 말씀을 그려라!』, 서울: 요단출판사, 2002.

Willimon, William H. and Lischer, Richard. *Concise Encyclopedia of Preaching*, 이승진 역,『설교학 사전』, 서울: 기독교문서선 교회, 2003.

● 국내서적

곽안련,『설교학』, 서울: 대한기독교서회, 2000.

김상복, 박영선 외,『이제는 감동 중심 설교보다는 성화 중심 설교를 해야 교인들이 변한다』, 서울: 나침반출판사, 1998.

김운용,『설교의 새로운 패러다임』, 서울: 장로회신학대학교 출판부, 2004.

김의종,『릭 워렌의 설교분석 리포트』, 서울: 한국강해설교학교 출판 부, 2005.

김지찬,『언어의 직공이 되라』, 서울: 생명의말씀사, 1999.

문용식,『스피치 커뮤니케이션 이론과 실제』, 서울: 그리심, 2000.

서철원,『복음적 설교』, 서울: 총신대학교출판부, 1996.

송인규,『성경, 어떻게 적용할 것인가?』, 서울: 한국성서유니온선교회, 2001.

안병만,『존 스토트 설교의 원리와 방법』, 서울: 도서출판 프리셉트,

2001.

이승진, 『설교학 I』, 천안: 천안대기독신학대학원, 2003.

정두섭, 『진리와 삶』, 전주: 세원사, 2002.

정성구, 『개혁주의 설교학』, 서울: 총신대학교출판부, 1991.

정인교, 『정보화 시대 목회자를 위한 설교 살리기』, 서울: 생명의말씀사, 2002.

정일웅, 『기독교 예배학 개론』, 서울: 솔로몬 출판사, 1996.

정장복, 『설교의 분석과 비평』, 서울: 쿰란출판사, 1998.

정장복, 『설교전달의 클리닉』, 서울: 예배와 설교 아카데미, 2003.

정창균, 『고정관념을 넘어서는 설교』, 수원: 합동신학대학원출판부, 2002.

조용기, 『나는 이렇게 설교한다』, 서울: 서울서적, 1995.

한제호, 『설교와 신학』, 서울: 도서출판 바울, 1990.

● 주석류 및 성경

Bruce, F. F. "The Book of The Acts", *The New International Commentary On The New Testament*, Eerdmans, 1954. Reprint, 1974.

Calvin, John. *Commentary Upon The Acts Of The Apostles* Edinburgh: T. & T. Clark, 38, George Street, Vol. I, Chapters 1-13, 1552. Translated into English, 1965, Vol. II, Chapters 14-28, 1554. Translated into English, 1966.

Haechen, Ernst. *The Acts of the Apostles: A Commentary,* 1956, 14th German edition, 1965, translated into English, Basil Blackwell, 1971.

Henry, Matthew. "Vol. VI.-Acts to Revelation" *Matthew Henry's Commentary on the Whole Bible,* Fleming H. Revell Company Old Tappan, New Jersey, 1960.

Longenecker, Lichard N. "the Acts of the Apostles" *The Expositor's Bible Commentary,* Regency Reference Library, Zondervan, 1981.

New International Version fo The Holy Bible, International Bible Society.

"On Acts Ch. 1-7, Ch. 8-14, Ch. 15-21", "On Luke Ch. 17b-24", *The Oxford Bible Interpreter which Shows All The Truths of The Holy Bible From Bottom to The Top,* Disciples' Publishing House, 2002.

Stott, John R. W. *The Message of Acts: To the ends of earth,* Originally Published by InterVarsity Press, 1990.

The Greek New Testament, United Bible Societies.

Barclay, William. 『사도행전』, 정혁조 역, 서울: 기독교문사, 1972.

Blaiklock, E. M. 『사도행전 주석』, 나용화 역, 서울: 예수교 문서선교회, 1980.

Lenski, R. C. H. 『사도행전(상)』, 차영배 역, 서울: 백합출판사, 1978.

Tablert, Charles H. 『웨스트민스터 신약강해 Ⅴ. 사도행전』, 안효선 역, 서울: 에스라서원, 1999.

박윤선, 『성경주석 사도행전』, 서울: 영음사, 1988.

이상근, 『사도행전 주해』, 서울: 총회교육부, 1973.

이순한, 『사도행전 강해』, 서울: 한국기독교교육연구원, 1993.

『한글개역성경』, 대한성서공회.

● 논문 및 간행물, 기타

Maslaw, A. "A Dynamic Theory of Human Motivation" *Psychological Review*, 1943.

Osborne, G. R. "Preaching the Gospels: Methodology and Contextualization", *Journal of Evangelical Theological Society*, Vol.27(1), 1984.

김지방, "목회자 최고 덕목은 '인격'", 국민일보, 2003년 3월 7일. 제4366호.

김지찬, "설교자는 이미지스트가 되어야 한다.", 신학지남, 1997년 · 겨울호/통권 제223호.

김창훈, "설교는 무엇인가? - 설교에 있어서 네 가지 관심", 신학지남, 2004년 · 가을호/통권 제280호.

류응렬, "새 설교학: 최근 설교학의 이해와 분석", 신학지남, 2004년 · 가을호/통권 제280호.

류응렬, "새 설교학: 최근 설교학에 대한 개혁주의적 평가", 신학지남, 2005년 · 봄호/통권 제282호.

류응렬, "적용을 향해 나아가는 개혁주의 강해설교", 신학지남, 2005년 · 여름호/통권 제283호.

류응렬, "개혁주의 강해설교가 나아가야 할 다섯 가지 방향", 신학지남, 2005년 · 가을호/통권 제284호.

정성구, "박윤선 목사의 신학과 설교 연구", 신학지남, 1991 여름호 통권 228호.

정성구, "강해설교론", 대한예수교 장로회 총회, 『목사계속교육강의집 Ⅱ. 예배와 설교』, 서울: 유니온 학술 자료원, 1990.

· 저자 ·

이강률   · 약 력 ·

이강률 목사는 전주대학교 법학과와 총신대학교 신학대학원을 졸업하고,
계속적으로 공부하는 목사로서 총신대학교에서 신학석사(Th.M. 설교학전
공)와 신학박사(Th.D. 설교학전공)학위를 취득하고, 현재는 동대학원에서
설교학을 가르치는 교수사역으로 봉사하고 있다. 1994년 10월에 대한예수
교 장로회 군산노회에서 목사안수를 받았으며, 사역으로는 동인천교회
(1990~1991), 서울세광교회(1992~1993), 군산개복교회(1993~1999)에서
부교역자로 시무하였으며, 봉동제상교회(1999~2004)에서 담임사역을 하
던 중, 청빙을 받아 현재 삼례동부교회(2004~현재)에서 담임목사로 시무
하고 있다.

청중이해와 설교전달

· 초판 인쇄   2008년 3월 31일
· 초판 발행   2008년 3월 31일

· 지 은 이   이강률
· 펴 낸 이   채종준
· 펴 낸 곳   한국학술정보㈜
             경기도 파주시 교하읍 문발리 513-5
             파주출판문화정보산업단지
             전화 031) 908-3181(대표) · 팩스 031) 908-3189
             홈페이지 http://www.kstudy.com
             e-mail(출판사업부) publish@kstudy.com
· 등   록   제일산-115호(2000. 6. 19)
· 가   격   29,000원

ISBN 978-89-534-8442-9 ㅇㅇㅇㅇㅇ (Paper Book)
      978-89-534-8443-6 98230 (e-Book)